KB063777

고려의 중앙과 지방의 네트워크

Network between Centre and Locality of Goryeo Dynasty

Chai, Oong-Seok ed.

고려시대 역사·문화의 다원성과 통합성 연구총서 2

고려의 중앙과 지방의 네트워크

채웅석 편저

혜안

고려시대 역사·문화의
다원성과 통합성, 개방성을 찾아서

2018년에 '한반도의 평화와 번영 및 통일을 위한 판문점선언'이 이루어 짐으로써 한반도의 새로운 역사 전개에 대한 기대가 커졌다. 그동안 경색되었던 남북과 북미관계가 대화를 통한 평화적 관계로 전환되고 있다. 이대로 평화·협력관계가 발전된다면 고려 역사 연구에도 매우 긍정적인 영향이 미칠 것이 분명하다. 고려의 수도 개경을 비롯하여 북한 땅에 있는 많은 유적들은 물론 비무장지대 안에 산재한 유적들에 대한 공동 조사·발굴 및 연구의 희망이 현실화 될 수 있을 것이다. 더구나 2018년에 고려 건국 1100주년을 맞아, 학회와 박물관 등에서 많은 기념학술발표회나 유물전시회를 개최하였다. 이에 따라 한국사 연구·교육에서 그동안 존재감이 미미했던 고려시대에 대한 관심이 늘어나고 연구가 활성화되는 계기를 마련하였다.

고려시대사 연구는 1980년대까지 사회구성체적 성격이나 지배층의 성격 등을 둘러싸고 활발하게 논쟁이 이루어진 이후 개별적이고 세분화된 연구 중심으로 진행되어 왔다. 그러다가 21세기에 새로운 역사적 전환을 맞이하여 거시적인 관점에서 새롭게 고려사회를 바라보는 연구가 매우 절실해졌다. 가톨릭대학교 고려다원사회연구소에서는 그런 새로운 관점에서 바라보는 토대를 마련하고자 하였고, 2014년 11월부터 2017년 10월 까지 3년에 걸쳐 '고려시대 역사·문화의 다원성과 통합성'이라는 주제로 한국연구재단의 토대연구지원사업에 선정되었다.

오늘날 한국 사회는 자율과 공존에 바탕을 둔 사회통합 및 남북통일이라는 시대적 과제에 직면해 있다. 그리고 그 비전과 역량을 역사 경험에서 찾아보는 연구가 필요하다는 것은 두말할 나위가 없다. 본 연구소의 연구 목표는 약 500년 장기 지속했던 고려시대의 역사·문화적 가치를 재발견하여 오늘날 현실에 맞는 새로운 역사인식의 가능성 제시에 두었고, 그와 관련하여 주목한 것이 고려시대의 다원성에 관한 논의였다. 특히 지방세력의 대두와 후삼국의 분열 등으로 확대된 다원적 상황에 대한 고려의 통합 방식 및 개방성·역동성을 지향했던 역사전통에 주목하였다.

고려사회는 안으로 사상·문화·사회 등의 분야에서 다양한 요소들이 각각의 색깔을 띠면서 공존하면서, 밖으로 오대·송·거란[요]·여진[금] 등으로 구성되었던 다원적 국제환경이나 몽골[원] 세계제국의 간섭에 대응하여 자기 정체성을 유지하면서 동시에 개방성을 높였다. 다만 고려는 신분제 사회였기 때문에 '다원성' 또는 '다양성'이라는 용어만으로 그 계서적 성격을 드러내기가 어렵다는 문제가 있고, 또 다원적이다가 일원적으로 변화한 국제환경 속에서 고려의 위상을 어떻게 자리매김할 수 있을지도 문제가 된다.

이에 본 연구소에서는 '고려의 문화적 다원성·다층위성과 소통의 이중주-경쟁·자율·통합의 조건을 중심으로-'라는 담론적 문제의식을 제시하여 연구를 진행하였다. 고려 역사와 문화의 특징과 가치를 드러내는 여러 요소를 정리하면서, '또 다른 전통사회'가 오늘날까지 어떻게 존속하고 작용했는지를 추적하고, 오늘날 한국 사회 내부의 갈등과 국제환경의 위기를 극복할 수 있는 역사담론을 타진해 보려고 노력하였다.

이를 위해 3개년에 걸쳐 크게 '경쟁과 조절', '관계와 소통', '개방성과

정체성'이라는 관점으로 연차별 대주제를 정하고 이에 부합하는 개별 소주제를 개발하였다. 그리고 각 주제와 관련된 국내외 문헌자료 및 고고·미술사 관련 유물들에 대한 기초 정리를 수행하였으며, 그 분석을 통해 연구주제를 확산시키는 한편 학제적 접근을 통해 학문적 융합을 시도하였다.

1차년에서는 '경쟁과 조절－고려인의 다양한 삶의 양식과 통합 조절'이라는 주제를 설정하고 각 분야별로 연구를 진행하였다. 그 과정에서 고려사회의 다원성과 다양성 혹은 다층위성 사이에 어떠한 개념 차이가 있는지, 수평적인 다원성과 수직적인 계서성이 서로 구조적으로 연결될 수 있는 것인지, 중앙집권적 성격을 가진 고려사회에서 다원성이란 어떻게 발현되는 것인지 등에 대한 문제를 많이 논의하였다.

2차년에서는 '관계와 소통－고려왕조 중앙과 지방의 네트워크'라는 주제로 고려사회의 다원성·통합성에 대해 고찰하였다. 여기서는 중앙과 지방사회의 관계에서 나타나는 '다원성과 지역성' 및 '소통과 관계망'을 중심으로 살펴보는 데에 연구의 주안점을 두었다. 그 과정에서 다원성과 계서성을 중심으로 고려사회를 파악할 때 '공존과 조화', '대립과 갈등' 같은 문제들을 제대로 짚어내고 소화할 수 있어야 한다는 점들이 부각되기도 하였다.

3차년에는 '개방성과 정체성－고려의 국제적 개방성과 자기인식의 토대'라는 주제로 연구를 진행하였다. 이를 통해 고려전기의 다원적 국제관계에서 다중심성과 계서성이 작동하였으며, 고려가 자기 정체성을 유지하면서 보편문화를 수용하였고 타자 인식에서 개방적인 성격을 갖고 있다는 점을 지적할 수 있었다. 또한 유학·불교·도교 등 종교와 사상을 다원적으로 이용했던 양상과 함께 국가의례로 승화된 팔관회·연등회의 통합적이고 개방적인 성격을 재인식하였다.

그동안 연구과정에서 관련 분야 및 인접 분야의 전문가들을 모시고 콜로키움을 개최하여 주제의식을 심화시켰고, 학술발표대회를 통하여 연차별로 연구 성과를 대외적으로 발표하고 토론을 거쳐 고려사회의 다원성에 대한 논의를 확장시키고자 하였다. 학술발표대회에서 발표된 논문들은 토론과정에서 지적된 사항을 반영하여 수정한 뒤 한국중세사학회의 학술지『한국중세사연구』등에 게재하여 학술적 성과를 인정받았다. 이 학술총서는 본 연구소의 연구 성과를 수정·보완하고 연차별로 종합하여 묶은 것이다. 여기에 더하여 비록 학술발표대회에서 발표되지는 않았지만 각 연차별 주제와 관련하여 연구원들이 집필한 별도 논문들도 수록하여 총서의 내용을 보강하였다.

본 연구소에서 연구를 진행하면서 많은 분들에게 도움을 받았다. 한국연구재단에서 재정 지원을 받았기 때문에 이 연구가 가능하였다. 그리고 16차례의 콜로키움에 모셨던 여러 선생님들의 발표와 토론은 연구원들에게 많은 자극이 되었다. 또한 세 차례의 학술발표대회를 공동으로 개최할 수 있도록 배려해 주신 한국중세사학회 임원진과 토론으로 질정을 해주신 여러 선생님들께 큰 은덕을 입었다. 총서 간행에 도움을 주신 가톨릭대학교 산학협력단과 도서출판 혜안의 오일주 사장님을 비롯한 편집부 여러분께도 고마움의 뜻을 전한다.

이 학술총서가 앞으로 고려시대 역사·문화의 연구 지평을 넓히는 데 작으나마 도움이 될 수 있기를 기대하며, 지난 3년간 함께 연구하고 토론하면서 학문적 발전을 이루고자 노력한 연구원들 개개인에게도 한 단계 도약할 수 있는 계기가 되기를 바란다.

2019년 1월
연구원들을 대표하여 채웅석 씀

제1부 다원성과 지역성

제2부 소통과 관계망

제3부 유통과 확산

고려의 다양한 삶의 양식과 통합 조절

고려의 국제적 개방성과 자기인식의 토대

관계와 소통, 통합과 자율의 다양성

홍 영 의

1. 다양한 개성이 존중되는 다원화의 시대

고려왕조가 500년 동안 장기간 지속할 수 있었던 작동원리가 무엇인가? 더 구체적으로 들어가 '왕조의 존망을 걸고 두 차례나 거란·몽골 등 이민족과의 전쟁을 극복하고 왕조의 정체성을 유지한 비결은 무엇일까?'라는 의문을 던져 볼 수 있다. 물론 시스템의 체계화와 운영원리가 있었기 때문에 가능한 것으로 여겨진다.

그렇다면 그것을 움직이는 힘은 어떻게 만들어 냈을까? 그러한 사실을 밝히는 일이 고려왕조의 특성을 이해하는 일이 될 것이다. 우리는 이를 논리적으로 해명하기 위해 그동안 봉건제·귀족제·관료제 사회론을 바탕으로 한 사회구조의 틀에서 찾았다. 이들 사회론은 각각 사적 유물론, 귀족제론, 가산관료제론을 통해 고려왕조의 역사적 특성을 드러내고자 했다.[1]

이를 통하여 그동안 정치제도의 구조와 정치 지배세력의 역학관계,

---

[1] 박종기, 「고려 다원사회론의 과제와 전망」『한국중세사연구』45, 2016(본 연구총서 1권 참조).

신분구조의 특성[귀족제와 관료제 등], 사상 이데올로기의 불교·유교의 작용문제, 지방제도의 군현관계와 지방민 등에 대한 연구는 일정한 성과를 얻었다. 그러나 이 역시 고려왕조의 역사적 특성을 이해하는 데는 한계가 있었다. 고려사회의 시스템이 어떻게 구성, 유지되고 운영되었는가의 근원적 문제는 아직 해결되지 못했다. 더구나 갈등구조가 드러날 때 어떻게 효율적으로 조절하였는가의 문제는 풀어야할 또 하나의 과제이다. 즉 고려왕조는 체제 내에서의 갈등과 변화, 그 변화의 수용과정에서 이를 극복하고 어떠한 틀로 유형화하고 체계화하는 과정을 겪었는가는 주요 쟁점이 된다.

이 과정에서 1998년부터 고려의 여러 사회구성에서 다원성(多元性)에 주목하여,[2] 다원적인 요소를 사상·문화·사회구조에서 찾고 이 과정에서 한국사의 역대 왕조 가운데 다원주의 이념과 그에 기초한 다원사회의 요소가 두드러진 왕조임을 제기하였다. 이른바 고려사회의 '다원사회론(多元社會論)'이다.[3]

다원주의(사회)가 유지될 수 있는 것은, 각 개체들이 차이점을 지니면서 유지되는 상태의 다원성과 함께 각 개체가 서로 대립 경쟁하면서 그것을 유지하는 통합성(조화)을 동시에 갖는 특징을 갖는다. 이 통합성은 복합적이면서 층위가 다른 여러 개체 사이의 조화와 균형, 융합과 창조의 역할을 한다.[4] 따라서 고려가 지닌 다원사회론에서 제시된 통합성은 다양한 사상과 문화가 공존하면서, 거기에서 나타날 상호 모순 및 갈등과 대립을 방지하고 조화와 균형을 유지하는 한편, 또한 다양한 사상과 문화를 융합하여 새로운 문화를 창조하는 역할을 하는 것으로 이해하고 있다.

---

2) 박종기, 「민족사에서 차지하는 고려의 위치」 『역사비평』 45, 1998.
3) 박종기, 「고려 다원사회의 형성과 기원」 『한국중세사연구』 36, 2013(본 연구총서 2권 참조).
4) 박종기, 앞의 논문, 2016, 22쪽(본 연구총서 1권 참조).

즉, 고려의 사상·문화·사회·신분 등에서 다양한 여러 요소들이 서로 충돌하거나 대립하지 않고 공존하는 형태의 다원성을 특징으로 하며, 고려사회는 다양한 인간집단과 사회조직, 다양한 사상과 문화의 융합에 의해 이끌린 다원사회라는 것이다. 그것은 사상과 문화에서 다양성과 통일성을 지닌 모습으로, 대외적으로는 개방적이고 대내적으로는 하층민의 정치진출이 활발한 역동적인 모습으로 구체화된다고 보았다.[5]

따라서 앞서 제시된 다원사회론을 따르면, 고려시대는 문화적으로 다원성·다층위성을 보이면서도 층위·영역 간의 경쟁과 소통이 이루어진, 다른 말로 표현해서 '문화적 다원성·다층위성과 소통의 이중주' 양태를 보이는 가운데 역동성도 컸다는 특징을 보인다.[6] 그럼 '문화적 다원성·다층위성과 소통의 이중주' 양태를 보이는 고려 문화의 특색은 어떻게 나타날까? 당시 지배층·지배체제의 성격과 국제환경, 그리고 그 영향의 문화 양태를 고찰하면 이 문제에 대한 해답을 찾을 수 있을 것으로 보인다.

고려시대처럼 정치적으로 중앙집권화된 신분·계급사회에서는 주류문화를 구성하는 지배층·지배체제의 성격 및 경쟁상황을 조절하는 사회기재(器材)의 성격 등에 따라 문화의 특색이 달라진다. 그리고 그 사회를 둘러싼 국제환경은 문화의 국제적 개방성과 자기인식의 수준에 영향을 주기 마련이다.[7]

그러한 다원적 요소는 '국가정책과 의례[팔관회·연등회]와 지방 공동체 의례[향도·성황 신앙]를 통한 통합이데올로기', '특수계층[문벌·관료·지방유력자·부곡제지역민·상인·수공업자 등], 특정시기[문종대·의종대 등], 특정인물[김부식·윤언이·정지상 등], 특정지역[서경·동경·남경]을 통한

---

5) 박종기, 『새로 쓴 5백년 고려사』, 푸른역사, 2008, 26~36쪽 참조.
6) 채웅석, 「고려왕조의 문화적 특색」 『고려 왕릉·고분 문화와 세계문화유산적 가치』, 2014년 11월 7일 강화고려역사문화재단 발표문(본 연구총서 1권의 「고려 사회·문화의 다원성·다층위성과 소통의 이중주」 참조).
7) 채웅석, 위의 논문, 2014.

시·공간적 변화과정', '사상적[불교·유교·도교·민간신앙] 접근을 통한 지역의 공동체 결속과 통합과정의 추이', '문화사적 접근[공예·불화·불상·석탑 등의 유물]을 통한 중앙과 지방의 다양성', '중앙과 지방사적 관점[대도회와 지방−3경·12목 등]을 통한 지역성과 차이', '대외 교류[송·요·금·원]와 구성원, 문화 수용의 영향'을 통해 찾아볼 수 있을 것이다.

고려가 지닌 다원사회의 특징을 위에서 제기한 문제인식을 통하여 고려민들의 다양한 삶의 방식, 국가 내지 중앙과 지방의 지역성, 사상적·문화적 특성, 국제간의 개방성의 동력 등에 대한 실체 파악이 이루어져야 한다. 따라서 본 연구의 주제의식은 고려왕조가 장기 지속할 수 있었던 독특한 역사성이나 시대의 성격이 무엇이었을까? 하는 의문을 제기하고 그에 대한 답을 얻고자 하는 데 있다. 즉 '고려시대 역사 문화의 다원성과 통합성'이라는 연구주제는 장기지속성의 가치[다양성과 통합의 효율성]를 발견하여 현 사회구조의 여러 양태와 비교하고, 현재의 정치와 사회구조의 틀에서도 당대 역사학의 적용과 제시라는 유용성을 함께 제기한다는 점에서 새로운 인식 전환의 가능성을 탐색해 보고자 하는 것이다.

2. 다원과 일통의 공존, 자기 질서의 구축

고려는 적어도 몽골 침입 이전까지는 대내외적으로 존주권(尊主權)과 자존의식을 가진 나라였다. 고유성을 지니면서도 외부 세계와 빈번한 접촉과 충돌을 통해 왕조를 유지해 왔다. 다양한 국가(민족)들과 문물을 교류하면서 내재적인 변화와 발전을 이룩하였다.

한반도에서 실질적인 통일왕조인 고려왕조는 10~14세기에 이르는 기간 동안 동아시아 세계의 중요한 구성원으로서 당시 세계질서의 형성과 변동에 일정한 역할과 기능을 수행하였다. 대외적으로 대륙의 한족(漢族)

과 호족(胡族) 문화가 때로는 침략자의 형태로서, 때로는 우호적인 모습으로 한반도를 엄습하는 과정에서 고려국가는 대륙정세의 변동에 대처하면서 민족국가의 정체성과 민족구성원의 동질성을 지켜나갔다. 대내적으로는 전근대 한국사의 고유한 자기 질서 구축과 운동의 법칙을 관철시켜 나갔다. 고려왕조는 바로 이러한 역사운동 과정에서 그 기초와 토대가 마련되었으며, 고려사회의 역사적인 성격은 그러한 운동과정 속에서 정형화되었다.

그런 면에서 고려왕조는 다원사회에 기반을 둔 다양성과 통일성을 보여준다. 다원사회는 다양한 개별 실체를 인정하는 가운데 유지되면서도 이들이 서로 유기적으로 어우러져 사회적인 통합력을 발휘한다.[8] 다원주의는 다수의 독립된 실재를 인정하고 그것에 의해 근본이 유지될 수 있다는 세계관이다.

다원사회의 기원은 고려왕조가 성립된 직후부터이다. 대외적으로 다양한 종족과 주민 등 유이민의 고려 유입과 함께 대내적으로 성주·장군의 내투(來投) 등을 통해 고려사회는 다양한 인적·문화적 자원이 유입되었다. 고려왕조는 이러한 다양한 요소를 배제시키지 않고 공존하게 하였다. 후삼국이 통일된 후 성주와 장군의 내투는 중단되었으나 발해의 멸망과 부흥운동, 고려와 거란의 전쟁, 거란 내부의 정쟁 등 불안한 동아시아 정세로 인해 다양한 종족과 주민들의 유입은 금나라가 건국되는 12세기 초까지 계속되었다. 고려는 이때까지 주변의 수많은 종족과 주민을 받아들이고, 그들을 신민으로 삼아 고려의 울타리인 번병으로 삼았다. 이러한 가운데 고려를 천하의 중심으로 인식하는 고려 특유의 천하관이 나타났다. 이를 바탕으로 고려초기 다원사회와 천자국체제가 형성되었다.[9]

---

8) 박종기, 앞의 책, 2008, 26~36쪽 참조.
9) 박종기, 「고려 전기 주민 구성과 국가체제—來投문제를 중심으로」, 『동북아역사논총』 23, 2009, 128쪽 참조.

이러한 사회와 국가체제를 뒷받침했던 이념이 '일통(一統)' 의식이다. 일통 의식은 '삼한'이 하나로 통합되었다는 '삼한일통의식'과 함께 천하를 통일한 천자가 등극하여 새로운 통치를 시작한다는 '대일통(大一統)'의 두 가지 의미가 있다. 고려초에는 두 가지 의미가 함께 사용되었으나, 다원사회와 천자국체제를 뒷받침한 이념은 후자인 '대일통' 의식이다. 또한 태조가 작성한 「훈요십조」는 고려왕조 다원사회의 이념이 집약되어 있다.10)

고려왕조의 다원사회 특성 가운데 하나는 사상과 문화에서 나타난 다양성과 통일성이다. 고려의 문화와 사상은 이같이 중앙문화와 지방문화, 다양한 사상과 문화가 독자성을 지니면서 서로 충돌하거나 배격하지 않은 다양성을 특징으로 한다. 문화와 사상의 또 다른 특성인 통일성은 다양한 사상과 문화가 공존하면서, 여러 사상과 문화 사이에 나타날 상호 모순 갈등과 대립을 방지하고 조화와 균형을 유지하는 역할을 한다. 또한 다양한 사상과 문화를 융합하여 새로운 문화를 창조해 내었다. 국가의례인 팔관회 행사와 대장경 조판은 사상과 문화의 통일성을 보여주는 상징적인 사례이다. 팔관회는 다양하고 이질적인 사상과 문화를 왕조질서 속에 포섭하여 지역 공동체와 사회의 통합을 지향했다. 대장경은 목판 인쇄술과 종이제작 기술, 불교에 대한 높은 학문수준, 몽골 침입에 대한 저항정신 등 과학기술과 인문정신이 결합된 사상과 문화에서 나타난 통일성의 산물이다.11)

다원사회의 또 다른 특성은 사회와 경제 분야에서 나타나는 개방성이다. 수도 개경의 관문인 벽란도는 송·거란·여진뿐만 아니라 아라비아 상인들까지 교역을 할 정도로 대외 교역과 문물 수용의 중심지였다. 벽란도가

---

10) 박종기, 「고려 다원사회의 형성과 기원」, 『한국중세사연구』 36, 2013, 136쪽(본 연구총서 2권 참조).
11) 박종기, 앞의 책, 2008, 224~239쪽 참조.

위치한 서해안 일대는 당시 동아시아 무역의 중심지였다. 외국에서 우리나라를 부르는 '코리아(Korea)'라는 명칭은 '꼬레(Corée)', 즉, 고려의 국호(國號)에서 유래했다. 이러한 개방성은 선진문물을 수용하여 왕조의 면모를 일신하여 고려왕조가 크게 번성한 원동력이었다.[12]

다원사회의 또 다른 특성은 밑으로부터 분출하는 역동성이다. 고려사회는 우리 역사에서 그 유례를 찾아볼 수 없을 정도로 하층민의 저항운동과 그들의 정치적 진출이 가능하여, 신분 이동이 활발하게 이루어진 역동적인 사회였다. 무신정변(1170년) 이후 약 1세기 동안 노비·부곡인 등 하층민이 각종 봉기를 통해 그들에게 가해진 신분의 제약을 벗어나기 위해 노력하였다. 또한 하층민들은 몽골과의 전쟁과 원나라의 고려 지배 이후 무력 혹은 역관·환관 등을 통해 고려와 원나라에서 고위층으로 진출한 경우가 많아졌다. 이같이 고려사회는 무신정권기과 원 간섭기를 거치면서 노비·부곡민 등 하층민이 지배층으로 진입한 역동성을 지닌 사회였다.[13]

다원사회의 특성은 사회구조에도 잘 나타난다. 고려왕조 건국에 협력한 다양한 성향의 지방세력에게 왕조정부는 성씨와 함께 그들의 근거지를 본관으로 삼게 했다. 또한 본관 지역의 중요성 즉 행정·교통·전략·생산의 조건에 따라 그곳을 다시 주현과 속현으로 편제하는 한편, 개간으로 신설된 촌락을 지배질서에 포섭하고 국가가 필요로 한 물품생산을 위해 향·부곡·소 같은 특수 행정구역을 설정했다. 주현과 속현으로 구성된 군현영역과 향·부곡·소 등으로 구성된 부곡영역 등 다양한 영역 구성은 마치 수많은 벌집 방이 모여 하나의 벌집을 이룬 벌집 구조와 같은 모습이라 할 수 있다. 이러한 모습은 고려사회 구조의 특성이자 다원사회의 또 다른 모습이라 할 수 있다.[14]

---

12) 박종기, 앞의 책, 2008, 26~36쪽 참조.
13) 박종기, 위의 책, 2008, 324~342쪽 참조.
14) 박종기, 위의 책, 2008, 26~36쪽 참조.

3. 경쟁과 조절의 이상향, 신분의 예치질서

사회의 발전은 경쟁의 결과로 나타난다. 이 과정에서 권력의 독점과 분배의 갈등 요소가 이해관계를 달리하는 집단 내 또는 개인간의 충돌을 발생시킨다. 이때 권력을 독점하려는 집단이나 개인은 물리적 우위에 있어야 한다. 물리적이라 함은 정치적, 군사적, 경제적, 사상적 힘이다. 여기에 권력의 독점과 분배를 위해 집단이나 개인간의 위계를 신분으로 규정한다. 이것에 기초한 사회가 집단으로는 신라의 골품제, 고려의 문벌 귀족 또는 권문세족, 조선의 양반사회이다. 개인은 관료와 사(士) 계층이다. 이들은 군신관계나 사서(士庶)관계를 통해 자신의 지위를 유지해 나간다. 고려는 특정혈통의 독점적 지위를 보장하지 않고 사·서의 구분을 통하여 지배층을 구별하였다. 사·서 구분은 천인을 배제하고 양인 내부에서 사와 그렇지 못한 서인으로 구분하는 것이다.[15]

고려의 신분 계층질서는 본관제와 밀접하게 관련되었다. 양인이 본관제를 통해 국가의 예치질서에 포함된 것은 향촌 지역사회의 자율성에 바탕을 둔 것이다. 양인들은 본관을 갖는 공민으로서 동질적이었다. 그렇지만 사회적 분업과 직무·직능의 전문화에 바탕을 두고 혈연과 지연, 직업과 국역, 국가의 지배와 향촌사회의 자율성 등 서로 다른 원리들이 작동하면서 다원성과 계서성이 부각되는 계층질서를 구성하였다.[16] 그리고 그런 계서적 지배를 유지하기 위하여 영역 규제를 하고 영역 사이의 이동을 엄격하게 통제하였다.

고려의 신분 계층질서는 확대된 사회적 분업과 경쟁 갈등하는 다양한

---

15) 채웅석, 「고려전기 사회적 분업 편성의 다원성과 신분 계층질서」, 『한국중세사연구』 45, 2016, 36쪽(본 연구총서 1권 참조).
16) 본 연구총서 1권의 채웅석, 「고려사회·문화의 다원성 다층위성과 소통의 이중주」 참조.

존재들을 포섭하여 다원적인 면모를 띠게 되었다. 양·천, 사·서, 사·농·공·상, 일반 평민과 잡척(雜尺) 등이 상이한 기준들에 따라 구별 분리되어 국가질서로 통합되었다. 그러나 본관제에서 배제된 천인을 분리하여 국가의 예치질서 밖에 두었다. 양천제에 따라 양인의 신분적 평등성을 지향하는 한편, 양인 내에서 경쟁하는 부류들과 국가 사회적 필요 등에 따라 형성된 다양한 부류들을 다원적으로 편성하였던 것이다.[17]

그러나 다원적이라고 하더라도 계서적 신분 계층화에 따른 힘의 관계가 작용하였으며, 각각 사회적 정체성을 부여 받아 정당화되었다. 달리 말하면, 제도적으로 계서화하여 정체성을 부여한 것은 경쟁적 상황에서 합의가 어려운 차이를 차별로 덧씌우고 혜택이나 규제에 의하여 굴복시키려 한 것이라고 할 수 있다. 물론 사회적 존재들은 그렇게 계서적 질서 속에 편제되었다고 하더라도 여전히 경쟁적이고 역동적이었으며, 사회 변화에 대응하여 차별 해소를 지향하였다.[18]

이러한 특성을 고려가 지닌 다원사회에서 찾을 수 있다. 즉 고려 다원사회의 다원성 개념은 병렬성, 평면성만을 갖기보다는 권력 배분(행사)에서의 일정한 위계성을 동시에 지니고 있다. 즉 각 개체(집단)들은 신분을 통해 권력 배분(행사)에서 위계성, 계서성, 층위성을 드러낸다.[19]

다만, 고려시대는 신분제 사회로 특징지어지기 때문에 다원성 또는 다양성이라는 용어만으로는 그 계서적 성격을 드러내기가 어렵다. 따라서 다원성은 각 개체의 독립성을 유지하는 '병렬적 다원성'을 뜻하며, 다층위성은 신분제 사회에서 나타난 신분 위계질서가 반영된 '계서적 다층위성'을 뜻한다. 다층위성과 다원성을 구성하고 있는 각 층위와 요소들이 서로

---

17) 채웅석, 앞의 논문, 2016, 30쪽 참조.
18) 본 연구총서 1권의 채웅석, 「고려사회·문화의 다원성·다층위성과 소통의 이중주」 참조.
19) 채웅석, 위의 논문.

소통과 경쟁을 통해 사회적 통합력을 발휘함으로써 고려왕조가 500여 년간 장기 지속할 수 있었다. 경쟁과 소통은 변화에 대한 유연성을 통하여 정치와 사회의 측면에서 독점적인 지배의 거부와 역동적인 자기 혁신을 가능케 했다. 고려왕조의 역사와 문화는 다원성과 다층위성을 특성으로 하면서 여러 층위와 요소 간의 경쟁과 소통이 이루어진, 이른바 '다원성 다층위성과 소통의 이중주' 양태를 보여주고 있다.[20]

그러나 고려왕조는 다원성과 다층위성을 특징으로 하면서도 그렇다고 층위 간에 격절되었던 것만은 아니고 서로 소통이 이루어졌기 때문에 500여 년간 한 왕조로서 통합을 유지할 수 있었다. 소통은 중앙집권화의 기조 속에서도 지역사회의 자율성을 인정한 지방지배제도, 경쟁원리를 전제로 한 입사(入仕)제도와 관료제도, 전국적으로 잘 정비된 교통 및 물류 제도 등에 의하여 제도적으로 뒷받침되었다. 각 층위나 영역의 문화요소나 문화 영위자 등이 한편으로는 서로 경쟁적이면서 다른 한편으로는 공존을 지향하고 소통·교류하는 시스템을 구성하였던 것이다.

층위·영역 간에 소통과 경쟁이 이루어졌기 때문에 경직되지 않고 변화에 유연하여 역동성을 지녔다. 정치의 주도층이 '호족→ 문벌→ 무신→ 권문세족→ 신흥사대부'로 변화하면서 고대의 골품귀족, 조선의 사대부처럼 장기지속성을 보이지 않은 것은 그러한 역동성의 일면을 잘 보여준다. 그렇게 상대적으로 잦았던 정치 주도층의 변화를 정치적 불안정성 탓으로 파악할 것이 아니라 특정 신분이나 이데올로기가 장기적으로 독점적인 지배력을 장악하지 못하도록 만드는 역동성의 결과라고 보는 것이 좋을 것이다.[21]

고려왕조의 다원사회 특성을 이러한 논지를 통해 지난 1차 년도에는

---

20) 본 연구총서 1권의 채웅석, 「고려사회·문화의 다원성·다층위성과 소통의 이중주」 참조.
21) 채웅석, 위의 논문.

'경쟁과 조절-고려인의 다양한 삶의 양식과 통합 조절'의 주제로 다양한 연구를 진행하였다. 총론으로 다원사회론의 과제와 전망(박종기)과 통합 조절과 물질적 다양한 삶의 양식으로 6편의 글이 발표되었다.

다원주의 이념의 기원과 전개, 전망과 과제 등 서구사회에서 제기된 다원사회론 전반에 대해 이론적인 검토(박종기-고려 다원사회론의 과제와 전망), 고려전기의 다원적 신분계층질서를 양천제와 사·서 구분, 문무의 분화와 중간계층, 농·공·상의 분리와 차별, 부곡제 실시와 잡척 등으로 나누어 고찰하고(채웅석-고려전기 사회적 분업 편성의 다원성과 신분·계층질서), 고려왕조의 성립에서부터 문벌귀족사회가 완성되는 현종 때까지를 하한으로 고려초기 다원적 사상구조가 어떠한 과정을 거쳐서 만들어졌으며, 그것이 고려국가의 성격을 어떻게 규정지을 수 있을 것인가를 사상사 영역에서 국가정책과의 연계성을 이해하고자 하였다(최봉준-고려 태조~현종대 다원적 사상지형과 왕권 중심의 사상정책).

또한 고려시대 분묘가 다수 확인된 경기·충청도와 경상도 지역 분묘를 중심으로, 부장도기 선택에 미친 사회적 배경으로써 향촌사회의 역할과 자율성을 찾고자 했고(한혜선-고려후기 분묘 출토 도기의 지역적 차이와 그 배경), 현종 때 건립된 석탑 명문 분석과 양식연구를 통해 새롭게 고려식 석탑의 창안을 가져온 양식 발전과정을(홍대한-고려식 석탑양식의 완성과 지방사회 통합), 고려 금속제 유물인 불구류(佛具類)의 범종이나 금고(金鼓), 향완(香垸) 등에 보이는 명문을 통해 장인의 범주화와 제작활동, 그들의 조직 구성원과 위계관계를 파악하였고(홍영의-고려 금속제 불구류 명문에 보이는 경·외 장인의 제작활동), 고려시대 농업사와 사회사 연구성과를 기초로 하여 고고학 자료인 철제 농기구를 이용하여 농구의 실용적인 측면과 의례분석(김재홍-고려시대 철제농구와 농경의례) 등 6편의 논문을 발표하여 게재하였다(『한국중세사연구』 45, 46).

4. 관계와 소통을 통한 자율과 통합 : 중앙과 지방의 균형 네트워크

중앙집권화와 지방분권 중 사회발전 과정에서 그 유효성을 찾을 때 어느 것이 효율적이고, 타당한가? 그동안의 연구는 우리의 역사가 중앙집권을 지향한 것으로 파악했다. 우리는 매력적인 중앙과 중앙권력이라는 절대가치에 우선하여 집권력의 강도의 차이에 따라 국가의 발전의 척도로 보고, 고대사회 이래 군현제를 중앙집권적인 틀로 이해하였다. 과연 중앙과 군현간의 관계는 수직적, 일방적인 관계였을까? 선행 연구에서 왕권 중심의 중앙집권국가라는 역사상을 강조하고 왕권 강화와 일원적 지방지배체제 구축을 역사 발전으로 평가하는 경향이 많았다. 그런 시각에서는 주-속현제를 비롯한 고려시대의 지방지배체제에 대하여 중앙집권화의 미숙성으로 해석하였다. 그러나 중앙집권이 역사발전에 타당한 것인지는 아직 확언하지 못하고 있다.

사실 중앙집권은 조직화된 사회집단에서 결정권이 집단의 정점인 국왕 또는 중앙부에 집중되는 것을 말한다. 이러한 중앙집권은 중앙정부와 군현 사이에서, 군현과 군현 사이의 관계에서도 나타나며, 상급관청과 하급관청 사이에서도 나타난다. 지방분권은 각종 권한과 기능을 중앙에서 지방 또는 지역으로 이양하거나 분산시켜 지역의 자율성과 독립성을 높여 나가는 것이다.

군현제는 기본적으로 국가권력이 지방사회를 편제한 제도이다. 국가에서 군현제를 설정하는 것은 행정을 수행하고, 치안을 유지하며, 부세를 수취하고 체제를 유지하고자 함에 일차적인 목적이 있다. 이 제도를 통해 권농·교화의 기능을 수행하기도 한다. 때문에 군현제는 국가권력·지방유력자·지방민의 관계가 응축되어 있다. 군·현·부곡·촌락 등은 행정 명령 전달과 조세·역역·수취를 위해 왕조정부가 설치한 지배의 거점단위였다.[22]

군현제는 지방사회와 왕조정부가 끊임없는 긴장과 견제, 조화와 균형을 유지시키는 역할을 하였다. 곧 지방사회는 각 영역 단위별로 왕조 건국의 주역인 지방세력의 정치적 의지가 관철되는 곳인 동시에 각 영역에는 하층민의 다양한 삶과 문화가 용해되어 있다. 따라서 지방세력과 민의 입장에서 지방사회는 하나의 자율적인 공간이었다.[23]

지방사회는 지방세력과 민에게는 각종 생산물과 재화를 창출하고, 그것을 바탕으로 자신들의 의지를 정치적으로 실현하는 자율의 공간이었으며, 왕조정부로서는 지방제도를 통해 견제하고 그를 통해 각종 조세와 역역을 수취하여 왕조정부의 물적인 토대를 구축하려는 지배의 거점이었다.

고려사회는 '왕조'라는 통합체와 '지방세력'이라는 다양체의 조화와 균형을 통해 건국되고 유지되었다. 아울러 지방세력이 다양한 신분제를 통해 통합되었다가, 다양성과 통합성의 조화가 깨졌을 때 결국 왕조가 붕괴되었다.

다양성과 통합성의 균형은 안정과 발전의 본질적 기재이며, 고려는 건국 전의 다원주의 성향을 이어받아 그 세를 지속시켰고 다원적 사회가 유지되었다. 그러나 중심이 약해지면서, 또는 다원성이 극대화되면서 지방을 통제하지 못하고 쇠퇴했다. 다원성은 사회운영 방안과 관련하여 이중적 측면의 잠재성을 갖는다. 한편으로 다원성의 확산은 견고한 통합성이 동반된 경우라면 중심세력과 지방세력이 적절한 긴장 속에서 서로 상대적인 자율성을 확보함으로써 사회의 안정과 발전에 기여하는 핵심적 기제가 된다.

다른 한편, 다원성과 통합성의 균형이 와해될 경우는 사회구조의 변형이

---

22) 李奎報는 京師를 '一身', 郡縣을 '四支'로 보고, 이 둘의 관계를 '脣亡齒寒'으로 파악하였다(『동국이상국전집』 권41, 釋道疏, "京師若一身也 雖幸免於毒牙 郡縣乃四支也 雖幸免於毒牙 郡縣乃四支也 無奈委於饑吻 未聞皮剝而毛之能傳 豈有脣亡而齒得不寒.").

23) 채웅석, 앞의 논문, 2014.

불가피해지며 기존사회가 붕괴되거나 다른 유형의 사회로 대체된다. 다원적 구조로 출발한 고려왕조의 발전과 쇠퇴는 다양성과 통합성의 균형여부에 의해 결정된 것으로 보인다. 다원성과 통합성의 균형을 유지할 수 있는 구조적 장치를 적시에 마련할 때 사회적 안정성을 확보할 수 있다는 점도[24) 유의해야 할 점이다.

따라서 고려 지방 지배체제 성립 당시, 그 기반이 되었던 지방사회의 상황이 어떠했는가? 군현제나 본관제 등을 통한 지방 지배가 통일적이고 단일한 양상으로 이루어졌는가? 중앙권력이 지방 지배를 실현하는 인적 통로가 외관으로 일원화 되었는가? 이러한 문제들을 다원성의 관점에서 재해석하면서 새롭게 주목되는 점을 부각시킬 필요가 있다.[25)

2차년의 연구내용은 고려왕조의 중앙과 지방의 '관계와 소통 : 고려왕조 중앙과 지방의 네트워크'라는 주제로 6가지 측면에서 연구될 것이다. 우선 고려사회의 '다원사회론'이 제기된 연유와 논리를 정리하였고(홍영의-관계와 소통, 통합과 자율의 다양성 ; 박종기-고려 다원사회의 형성과 기원), 고려 중앙정부의 지방 지배체제가 갖고 있는 성격과 의미를 지방제도의 편성, 지방 지배권력 구성을 통해(채웅석-고려전기 지방지배 체제의 다원성과 계서성) 중앙과 지역의 상호 갈등에 따른 삼국부흥운동과 같은 저항성을 통해 지역성의 표출 방식(신안식-고려중기 삼국부흥운동의 '지역성'과 '저항성'), 지방 통치를 위해 왕명을 받고 파견된 지방관을 포함한 관료층이 지방사회 구성원과 공적·사적으로 관계를 가지고 영향을 주고받으며 교류·소통하는 양상을 지방을 매개로 한 관료(서성호-고려시대 지방과 지방 사람에 대한 관인층의 관계 양상)와 승려들 사이의 관계망, 즉, 지방사회의 수렴과 교류의 매개체로서 사찰과 승려의 기능(한준수-나

---

24) 이근세, 「다양성과 통합성의 조화-고려사회와 라이프니츠의 조화론을 중심으로」 『동아시아문화연구』 63, 2015, 25~34쪽 참조.
25) 본서에 수록된 채웅석, 「고려전기 지방지배체제의 다원성과 계서성」 참조.

28

말여초 금석문에 나타난 불교사원과 승려의 교류와 소통)을 살펴보았다.

나아가 고려시대의 중앙과 지방을 이어주는 실제적인 사례를 보여주는 청자와 목간을 통해 물질문화를 통해서 중앙과 지방의 관계를 살피고자 했다. 도자기가 소형의 음식기를 중심으로 한 청자와 중대형의 저장·운반을 중심으로 한 도기로 구성되어 있으므로, 도자기의 해상운송 과정과 소비와 관련된 여러 가지 문제를 해결하기 위하여 청자 해무리굽완을 통해 전국적인 확산현상과 분묘부장품으로의 활용은 이를 향유하고 소비할 수 있는 계층이 지방사회에도 자리잡고 있었음을 주목하였다(한혜선-고려전기 분묘 출토 자기해무리굽완의 확산과 소비양태). 또한 고려시대는 바닷길을 중심으로 한 조운을 통해 공물의 운송과 물자의 이동이 이루어졌기 때문에 최근에 발굴된 태안 해저 출토 목간에 기재된 부세대장과 물품을 통하여 최종목적지인 개경을 중심으로 고려시대 중앙과 지방간의 물류 네트워크를 파악하고자 했다(김재홍-태안 침몰선 고려 목간의 문서양식과 운송체계).

이러한 2차 연구주제인 고려왕조의 중앙과 지방의 '관계와 소통 : 고려왕조 중앙과 지방의 네트워크'를 통해 국가 내지 중앙과 지방의 지역성, 나아가 중앙과 지방의 균형관계가 어떻게 발현, 유지되는지를 살펴볼 수 있을 것이다.

고려 다원사회의 형성과 기원

박 종 기

1. 머리말

필자는 1998년 고려의 여러 사회구성에서 다원성(多元性)에 주목하여, 다원적인 요소를 사상·문화·사회구조에서 정리한 적이 있다. 당시 필자는 고려사회를 다원주의(多元主義) 이념에 토대한 다원(多元)사회라 규정하진 않았지만, 이미 그런 사회의 특성을 지니고 있음을 처음으로 제기했다.[1] 이후 다원사회론의 입장에서 고려사회를 새롭게 해석한 저서를 출간했다.[2] 고려 다원사회는 사상과 문화에서 다원성과 통합성, 정치와 사회에서 개방성과 역동성을 특징으로 한다.[3] 그런 한편 고려사회 성격에 관한 연구사 정리 과정에서 귀족제 및 관료제론과 함께 다원사회론을 소개한 바 있다.[4]

---

1) 박종기, 「민족사에서 차지하는 고려의 위치」『역사비평』1998년 겨울호(통권45호).
2) 박종기, 『5백년 고려사』, 푸른역사, 1999 ;『새로 쓴 5백년 고려사』, 푸른역사, 2008.
3) 박종기, 위의 책, 2008, 224~239쪽 및 324~342쪽. 한편 이후 다원사회의 개념과 특성에 관한 진전된 논의와 성과는 필자의 다음 글에 잘 정리되어 있다(본 연구총서 1권의 「고려 다원사회론의 과제와 전망」참고).
4) 박종기, 「고려사회 성격론」『한국전근대사의 주요쟁점』, 역사비평사, 2002, 124~138쪽 ;「고려사회 성격론」『논쟁으로 읽는 한국사-전근대편』, 역사비평사, 2009,

네덜란드의 브뢰커(Remco Breuker) 교수는 2010년 『중세한국(918~1170) 다원주의 사회 성립』(2010)이라는 저서5)를 발간했다. 약 450쪽에 달하는 방대한 분량의 저서에서 브뢰커 교수는 고려왕조는 다원사회이며,6) 11세기 고려 현종 때 다원사회가 형성되었다고 했다. 물론 이 글을 서술하는 과정에서 브뢰커 교수의 주장은 보다 자세하게 소개할 것이다.

그런데 브뢰커 교수의 다원사회론은 그보다 10년 전 필자가 제기한 다원사회론과 무관하게, 자신이 처음 제기한 것으로 되어있다. 브뢰커 교수는 2천년 초반 연구차 한국에 수년간 체류한 바 있다(브뢰커 교수 저서의 서문에 따름). 브뢰커 교수가 2010년 저서를 출간할 전후에 필자의 다원사회론은 여러 형식을 통해 학계에 많이 소개되었다(각주 3과 4 참고). 그럼에도 불구하고 필자의 연구는 전혀 언급되어 있지 않다. 혹시 논문이 아닌 개설서의 글은 연구 성과로 인정하지 않는 우리 학계의 잘못된 관행에 이미 익숙해버린 것은 아닐까? 개설서라도 새로운 논의가 담겨 있으면, 그를 중심으로 검토가 이루어져 또 다른 논의로 발전하는 가운데 학계의

116~128쪽 ; 「정치사의 전개와 고려사회의 성격론」, 『한국사의 길잡이 상』, 한국사연구회, 2008, 187~210쪽.

5) Remco Breuker, 『Establishing a Pluralist Society in Medieval Korea, 918~1170 : History, Ideology and Identity in the Koryo Dynasty』, Brill's Korean Studies Library, Vol. 1, Leiden, 2010.

6) 참고로 브뢰커 교수가 제기한 다원주의 개념은 서양의 인류학자·정치학자·사회학자의 다원주의 개념을 정리한 것이다. 그 개념은 다음과 같다.
"다원주의는 여러 구성 요소 가운데 모순과 불일치, 모호함 혹은 불분명함이 지속적으로 존재하는 것을 허용하는 개념이라 했다. 예를 들어 검은 색깔과 흰 색깔은 물론 넓은 범위의 회색과 같은 색깔들도 존재한다고 한다. 즉 다원주의 개념은 전부가 아니면 아무것도 아니라는 거친 이분법으로 포착하기 어려운 미묘한 양식화(樣式化)도 포함되어 있다고 했다."(In this study the notion of a pluralist worldview shall be defined as a worldview that allows the continued existence of contradictions and inconsistencies in its constituent elements. Such a worldview uses the ambiguity in its constituent elements to deal with the surrounding world as best as it possibly can. Black and white do exist, but so does an infinite range of shades of grey (and any other colour, for that matter). A pluralist worldview resolves around subtle patterning rather than crude dichotomies that demand all or nothing at all(위의 책, 2010, p.15).

연구역량은 축적된다. 국내의 연구 성과를 무시하고 참고하지 않은 것도 연구자로서 귀책사유가 된다. 그렇지 않으면 학문의 단절이 일어난다. 필자가 브뢰커 교수의 저서를 읽은 것도 이 글을 작성한 이유의 하나이다.

이 글은 필자의 고려 다원사회론을 보완하기 위해, 다원사회의 형성과 기원 문제를 새롭게 밝히고자 한다. 이 글의 논지는 다음과 같다. 먼저, 고려왕조 성립기 대외적으로 다양한 종족과 주민 등 유이민(流移民)의 고려 유입과 대내적으로 성주 장군의 내투 등을 통해 고려질서에 편입된 다양한 인적 문화적 자원에 대한 재편 과정이 고려 다원사회의 형성과 기원이 되었다. 구체적인 증거로 고려초기 주민·사회·신분·군사 구성에서 다원적인 요소, 즉 다원성(多元性)을 검출할 것이다. 다음, 다원사회 형성의 이념적 기초로 일통의식(一統意識)의 개념과 다원주의 이념이 반영된 자료인 「훈요십조」를 새롭게 해석할 것이다.

2. 다원사회 형성의 대외적 조건 – 이민족 유입과 주민구성의 다원성

고려왕조가 건국된 10세기 초 동아시아 세계는 중국 당나라 제국의 붕괴로 인해 상당 기간 힘의 공백상태가 지속된다. 중국 대륙에는 5대 10국과 같이 평균 40~50년 정도의 단기 왕조가 부침을 거듭하다, 960년 송나라(960~1279)가 건국되었다. 만주 일대의 동북아 지역에는 발해국 (699~926)과 거란국이 존재했다. 한반도엔 통일신라 – 후백제 – 고려가 자웅을 다투고 있었다. 이같이 고려왕조가 건국된 10세기 초 동아시아 세계는 다원적인 국제질서가 형성되었다. 강력한 중심국가가 없어 여러 국가 사이에 동아시아 세계의 주도권을 둘러싸고 극심한 분열과 대립이 나타남에 따라 동아시아 각국으로 다양한 종족과 주민이 대규모 형태로 이동하는 현상이 빚어졌다.

그런 가운데 5대 10국 및 송나라 주민, 거란 발해 및 여진 계통 주민 등 다양한 국가의 주민과 종족이 고려왕조로 들어와 고려의 신민(臣民)이 된 기록이 많이 나타난다. 1116년(예종 11) 12월 거란인 33명, 한인(漢人) 52명, 해인(亥人) 155명, 숙(熟)여진 15명, 발해인 44명이 내투(來投)했다.[7] 이듬해 1월엔 발해인 55명, 해인 99명, 한인(漢人) 6명, 거란인 18명, 숙여진 8명이 거란으로부터 고려에 내투했다.[8] 당시 거란의 내부 혼란을 틈타 그곳에 거주한 다양한 종족들이 고려로 내투한 대표적인 기록이다. 뒤에서 다루겠지만, 936년(태조 19) 후백제 신검군과의 전투에 동원된 고려 군사 속에는 '흑수(黑水)·달고(達姑)·철륵(鐵勒) 등 제번(諸藩)의 경기병(勁騎兵) 9,500명'도 포함되어 있다. 유이민(流移民) 속에는 이같이 국적을 알 수 없는 다양한 종족과 함께 다양한 계층도 포함되어 있다. 왕족과 관료집단, 문사(文士)와 진사(進士)와 같은 지식인, 무장(武將)과 추장(酋長) 등 군사집 단, 승려와 상인, 공장(工匠), 의술인(醫術人), 점술인(占術人), 가악인(歌樂人) 등 특수한 기능자 등이 그러한 예가 된다.[9] 고려초기 주민 속에는 이같이 다양한 종족의 주민이 포함되어 있어, 주민구성의 다원성을 보여준다. 이런 현상은 금나라가 건국되는 12세기 초까지 지속된다.[10]

한편 『고려사』 기록엔 이민족의 유입을 '스스로 고려왕조에 와서 신민(臣 民)이 되었다'는 뜻의 '내투(來投)'로 표현했다. 또한 고려왕조에 귀순한 신라와 후백제의 성주와 장군도 '내투'로 표현했다. 또한 고려왕조는 내투 한 여러 종족을 '번인(藩人)'[11] '동번(東藩)' '제번(諸藩)'[12] 등으로 표현해,

---

7) 『고려사』 권14, 예종 11년 12월, "是月 契丹三十三人漢五十二人奚一百五十五人熟女眞十 五人渤海四十四人來."

8) 『고려사』 권14, 예종 12년 1월, "壬辰 渤海五十二人奚八十九人漢六人契丹十八人熟女眞 八人 自遼來投."

9) 박옥걸, 『고려시대의 귀화인 연구』, 국학자료원, 1996, 77~79쪽.

10) 박옥걸 교수는 고려에 유입된 주민은 크게 漢人·契丹·渤海·女眞 系統으로 나누어, 이들의 내투 과정을 실증적으로 분석한 바 있다(위의 책, 1996, 참고).

그들을 제후로 인식했다. 이러한 표현 속에는 국내외의 다양한 종족과 주민을 고려의 천하질서 속에 포섭하려는 고려왕조 특유의 천하관(天下觀), 즉 고려 중심의 화이관(華夷觀)이 반영되어 있다. 즉 이러한 천하관을 토대로 그들을 고려의 신민(臣民)으로 간주하는 한편으로 그들의 거주지를 동번(東藩) 서번(西藩) 등 번국(藩國) 즉, 제후국으로 간주했던 것이다.13)

원래 화이관은 천하를 중심과 주변으로 나누고, 중국 한족(漢族)을 천하의 중심으로, 그 주변을 오랑캐로 간주하는 중국 중심의 전통적인 대외관이다. 주변의 오랑캐는 천하의 중심을 지키는 울타리, 즉 '번(藩)'으로 인식했다. 10세기 초 동아시아 국제정세의 파장으로 다양한 종족과 계층이 고려에 유입되면서, 고려의 주민 구성은 다원성을 띄게 되었다. 그에 따라 고려왕조는 그들을 고려의 '울타리[藩]'로 인식하고, 고려를 천하의 중심으로 자처하는 고려 중심의 천하관이 형성되었던 것이다.14) 이러한 천하관을 유지하기 위해서는 새로운 국가체제를 필요로 한다. 그러한 예는 다음의 사실에서 확인된다.

896년(진성여왕 10) 태조 왕건의 아버지 세조(世祖)는 태봉국의 궁예에게 귀부하면서, "'대왕(궁예)께서 만약 조선(朝鮮), 숙신(肅愼), 변한(卞韓)의 땅에 왕이 되고자 하면 먼저 송악(松嶽)에 성을 쌓고 저의 장남을 성주(城主)로 삼는 것이 좋겠습니다'라고 하자, 궁예가 그 말을 따랐다."고 했다.15) 세조

---

11) 『고려사』 권9, 문종 27년 4월, "丙子 制曰 東北邊十五州外蕃人 相繼歸附 願置郡縣 于今不絶."
12) 『고려사』 권9, 문종 27년 5월, "丁未 西北面兵馬使奏 西女眞酋長曼豆弗等諸蕃 請依東蕃例 分置州郡 永爲藩翰 不敢與契丹蕃人交通 制 許來朝 因命後有投化者 可招諭而來."
13) 박종기, 「고려 전기 주민구성과 국가체제－來投 문제를 중심으로」『동북아역사논총』 23, 2009, 106~109쪽.
14) 노명호 교수는 이를 다원적인 천하관이라 했다. 천하는 하나의 중심이 아니라 몇 개가 존재하는 것이라 했다. 이외 중국을 천자로, 고려를 제후로 보는 화이론적 천하관과 고려를 천하의 중심으로 보는 고려 중심의 천하관이 있다고 했다(「해동천자의 천하와 '번(藩)'」『고려국가와 집단의식』, 서울대학교출판문화원, 2009, 140~142쪽).

는 미래의 국왕은 '조선 숙신 변한의 땅'을 지배하는 자이기를 바랐다. 참고로 '조선'은 옛 고조선 지역과 한사군의 영역, '숙신'은 말갈과 발해 주민 등이 거주했던 만주와 한반도의 동북지역, '변한'은 지금의 한반도 남부지역인 삼한 지역이다.[16)

　이들 지역에는 다양한 갈래의 많은 종족이 살고 있었다. 궁예에게 건의한 세조의 바람 속에는 아들 왕건이 장차 건국하게 될 고려왕조의 지배 영역과 국가체제에 대한 그의 꿈과 이상이 담겨있다. 즉 옛 고조선과 고구려의 영역을 포괄하는 넓은 영역과 그 속에 거주한 다양한 종족을 아우르는, '다종족(민족) 영역국가'를 건설하려는 의지가 담겨있다. 고려왕조는 건국 직후부터 고구려의 옛 영토를 회복하여 만주와 동북지역의 옛 고조선−고구려의 영토와 한반도 전역을 지배의 영역으로 삼고, 그곳에 거주하는 다양한 종족과 주민을 신민으로 하는 '다민족(종족) 영역국가'를 지향했다.[17)

　고려왕조는 이를 위해 주변의 여러 종족과 주민을 받아들이는 개방정책을 펼쳤는데, 한반도 첫 통일국가인 통일신라와는 다른 국가체제를 수립하려 했다. 고려왕조가 대내적으로 황제국(천자국) 체제를 유지한 것은 이러한 왕조 성립과정상의 특성에서 비롯한 것이다. 고려의 천하관은 새로 유입된 다양한 종족과 주민의 고유한 문화와 전통을 배격하고 고려의 문화와 전통을 강조하는 정책으로는 유지될 수 없다. 그들의 문화와 전통

---

15) 『고려사』 태조세가, 총서, "世祖 時爲松嶽郡沙粲 乾寧三年丙辰 以郡歸于裔 裔大喜 以爲金城太守 世祖說之曰 大王 若欲王朝鮮肅愼卞韓之地 莫如先城松嶽 以吾長子 爲其主 裔從之."

16) 김광수, 「고려 건국기 일국가의식의 이념적 기초」 『고려사의 제문제』, 삼영사, 1986, 489~491쪽.

17) 또한 김광수 교수는 고려왕조의 영역은 후삼국 지역과 서경과 압록강을 아우르는 보다 확대된 지역이며, 자연히 그 주민은 특정 계통의 주민이 아니라 넓은 영역에 산재한 다양한 종족을 아우르는 다종족(민족)으로 구성된 통일 영역국가를 지향했다고 한다(위의 논문, 1986, 488~489쪽). 필자 역시 10세기 초 고려왕조의 국가체제는 '다민족 영역국가'를 지향했음을 밝힌 바 있다(앞의 논문, 2009, 111~116쪽).

을 인정하고 공존하기 위해 다원주의에 기초한 다원사회의 형성은 불가피
하다. 나아가 다원사회는 고려중심의 화이관(천하관)과 밀접한 관련을
지닌다. 그런 사회를 수용할 새로운 왕조(국가)체제가 황제국(천자국) 체제
이다.[18)

3. 다원사회 형성의 대내적 조건

1) 사회·신분 구조의 다원성

다원사회가 형성된 대내적 조건의 하나는 고려초 시행된 본관(本貫)제와
군현제도다. 고려정부는 왕조 건국에 협력한 지방세력에게 성씨를 주고
그들의 근거지를 본관으로 부여하여, 권위와 자율성을 부여했다. 한편
그들에게 주민의 교화, 조세와 역역 수취의 의무를 지웠다. 이를 통해
지방세력을 지배질서에 편입하여 후삼국전쟁으로 분열된 지역과 민심을
통합하려 했다.

성씨가 분정된 지역 본관은 대체로 지역촌에서 기존의 성읍(城邑 : 군현)
까지 일정한 영역을 단위로 했다.[19) 고려정부는 이러한 영역을 중심으로
이른바 '치읍(置邑)과 적(籍)의 작성'을 통해 군현을 편제하여 지방 지배를
실현하려 했다. 한편 각 영역의 행정·교통·전략·생산의 중요성과 인구와
토지 규모에 따라 경·목·도호부·지사부·지사군 등의 주현(主縣)으로 편성
하고, 그렇지 못한 상대적으로 영세한 지역은 속현(屬縣)으로 편성하여

---

18) 박종기, 앞의 논문, 2009, 116~131쪽. 김기덕 교수는 고려왕조에서 행해진 封爵制에
   대한 분석을 통해, 고려전기 왕조체제를 처음으로 황제국 체제로 규정한 바 있다(『고
   려시대 봉작제 연구』, 청년사, 1998).
19) 채웅석, 「토성분정과 본관제」 『고려시대의 국가와 지방사회』, 서울대학교출판부,
   2000, 125~144쪽 참고.

주현의 행정지배를 받게 했다.

약 130개의 주현과 390개의 속현지역을 군현영역이라 한다. 한편 개간을 통해 형성된 새로운 촌락 가운데 인구와 토지 규모가 군이나 현이 될 수 없는 지역과 반 왕조세력의 근거지엔 향(鄕)과 부곡(部曲)의 특수 행정구역을 설치하고, 특정의 역을 추가로 부담하게 했다. 국가가 필요로 한 수공업제품·광산물·농수산물을 생산하기 위해 소(所)라는 특수 행정구역을 설치했다. 왕실과 사원에 조세를 바치는 토지를 경작하는 곳에 장(莊)과 처(處)라는 특수 행정구역을 설치했다. 이러한 특수 행정구역은 약 920개나 된다. 향·소·부곡 등으로 구성된 지역을 부곡영역이라 한다. 속현과 부곡지역의 주민은 주현의 행정 지시와 감독을 받았으며, 주현 주민에 비해 더 무거운 조세를 부담하는 등 차별을 받았다. 주현과 속현(부곡영역 포함)은 상하의 관계였다.[20]

고려의 지방 행정단위는 경·목·도호부 등의 주현, 속군과 속현, 향·부곡·소·장·처 등의 부곡영역 등 다양한 영역 단위로 구성된 다원성을 특징으로 한다. 거기에다 주현과 속현, 군현영역과 부곡영역 사이에 행정적으로 지배와 피지배의 계서적(階序的)인 상하관계가 존재했다. 주현은 수령이 파견되어 독자의 지방행정을 펼친 곳인데, 1개 주현에 평균 3개 속현(390/130)과 7개 부곡집단(920/130)이 각각 소속되어 있는, 복합적인 형태이다. 이같이 다양한 영역으로 구성된, 다원성을 특징으로 한 지방 사회구조는 마치 수많은 벌집방이 모여 하나의 벌집을 이룬 벌집구조와 같은 사회구조였다.[21] 한편 본관제와 군현제 시행으로 국왕과 관료집단을 중심으로 한 중앙의 지배집단과 함께 성씨와 본관을 가진 자율적이고 독립적인 지방 지배세력이 공존했다. 중앙과 지방의 지배집단은 초기엔 국가 관료기

---

20) 박종기, 「군현제의 내부구조」『지배와 자율의 공간, 고려의 지방사회』, 푸른역사, 2002, 178~193쪽.
21) 박종기, 『새로 쓴 5백년 고려사』, 푸른역사, 2008, 204~207쪽.

구(지배질서)에 참여할 권한을 가진 계층으로 정호층(丁戶層)이라 한다. 이외에도 군현에 거주한 일반 주민을 백정층(白丁層), 부곡에 거주한 주민을 중심으로 한 잡척층(雜尺層)이 존재했다. 이는 고려 신분구조의 다원적인 구성, 즉 다원성을 보여준다. 이상과 같이 고려초기 본관제와 군현제 시행은 고려 다원사회 형성의 기원이 되었다.

2) 군사 구성의 다원성

이민족의 유입과 지방 성주·장군의 내투에 따라 고려의 주민·사회·신분 구성에서 다원성을 살펴볼 수 있었는데, 고려초기 군사구성에도 그런 모습이 나타난다. 936년(태조 19) 9월 후백제 신검(神劍) 군사와의 최후 전투가 일리천(一利川 : 경북 선산)에서 벌어졌는데, 이때 동원된 고려의 군사는 87,500명이다. 이 숫자는 태조가 직접 장악한 군사숫자는 아니며, 매우 다양한 성향의 군대로 구성되어 있다. 당시 동원된 군사를 정리하면 다음과 같다.[22]

좌강(左綱)

마군(馬軍) 1만, 견훤 대상(大相) 견권(堅權)·술희(述希)·황보금산(皇甫金山) 원윤(元尹) 강유영(康柔英)

---

22) 『고려사』 권2, 태조 19년 9월, "秋九月 王率三軍 至天安府 合兵 進次一善郡 神劍 以兵逆之 甲午 隔一利川而陣 王與甄萱 觀兵 以萱及大相堅權述希皇甫金山元尹康柔英等 領馬軍一萬 支天軍大將軍元尹能達奇言韓順明昕岳正朝英直廣世等 領步軍一萬 爲左綱 大相金鐵洪儒朴 守卿元甫連珠元尹萱良等 領馬軍一萬 補天軍大將軍元尹三順俊良正朝英儒吉康忠昕繼等 領 步軍一萬 爲右綱 溟州大匡王順式大相兢俊王廉王乂甫仁一等 領馬軍二萬 大相庚黔弼元 尹官茂官憲等 領黑水達姑鐵勒諸蕃勁騎九千五百 祐天軍大將軍元尹貞順正朝哀珍等 領步軍 一千 天武軍大將軍元尹宗熙正朝見萱等 領步軍一千 杆天軍大將軍金克宗元甫助杆等 領步 軍一千 爲中軍 又以大將軍大相公萱元尹能弼將軍王含允等 領騎兵三百 諸城軍一萬四千七 百 爲三軍援兵."

보군(步軍 ; 支天軍) 1만, 대장군 원윤(元尹) 능달(能達)·기언(奇言)·한순명(韓順明)·흔악(昕岳) 정조(正朝) 영직(英直)·광세(廣世)

우강(右綱)

마군(馬軍) 1만, 대상(大相) 김철(金鐵)·홍유(洪儒)·박수경(朴守卿) 원보(元甫) 연주(連珠)·훤량(萱良)

보군(步軍 ; 補天軍) 1만, 대장군 원윤 삼순(三順)·준량(俊良)·영유(英儒)·길강충(吉康忠)·흔계(昕繼)

중군(中軍)

마군(馬軍) 2만, 명주(溟州) 대광(大匡) 왕순식 대상 긍준(兢俊)·왕렴(王廉)·왕예(王乂)·인일(仁一)

제번(諸藩 ; 黑水 達姑 鐵勒) 경기병(勁騎兵) 9,500, 대상 유검필(庾黔弼) 원윤 관무(官茂)·관헌(官憲)

보군(步軍 ; 祐天軍) 1천, 대장군 원윤 정순(貞順) 정조 애진(哀珍)

보군(步軍 ; 天武軍) 1천, 대장군 원윤 종희(宗熙) 정조 견훤(見萱)

보군(步軍 ; 杆天軍) 1천, 대장군 김극종(金克宗) 원보 조간(助杆)

원군(援軍)

기병(騎兵) 300, 대장군 공훤(公萱) 능필(能弼), 장군 왕함윤(王含允)

제성군(諸城軍) 14,700

몇 가지 사실을 확인할 수 있다.

첫째, 고려군사는 좌강(좌군), 우강(우군), 중군의 3군으로 편성되어 있다. 원군(援軍)은 3군을 지원하는 예비부대의 성격으로 전투 주력부대는 아니다. 각 군은 마군(중군의 경기병과 원군의 기병 포함)과 보군의 2개

병종(兵種)으로 구성되어 있다. 다만 원군의 제성군(諸城軍)만 병종이 구분되어 있지 않다. 제성군의 실체는 고려가 장악한 지방 군현(邑城)에서 징발한 군사로 추정된다.

둘째, 중군 속에 대상(大相) 유검필(庾黔弼)과 원윤(元尹) 관무(官茂) 관헌(官憲) 등이 거느린 흑수(黑水) 달고(達姑) 철륵(鐵勒) 등 '제번(諸蕃)'의 경기병(勁騎兵) 9,500명'은 전체 군사 87,500명의 10%를 넘는 숫자이다. 이러한 군사는 어떤 경로를 통해 고려군에 편입되었을까? 930년(태조 3) 북계의 골암성(鶻巖城 : 지금의 함경도 安邊)이 북쪽 오랑캐의 침입을 받자, 태조는 유검필에게 명령하여 3,000명의 개정군(開定軍 : 북방 영토 개척과 획정 등에 동원된 군사로 추정)을 파견한다. 유검필은 큰 성을 쌓아 주둔하면서, 북방지역을 안정시켰다.[23] 다른 기록에는 유검필이 그곳에서 북번(北藩) 추장 300여 명을 회유한 결과, 고려인 포로 3천여 명과 추장들이 거느린 여진 부락 주민 1,500명이 고려왕조에 귀순했다.[24] 이때 고려에 귀순한 여진 계통 300여 명의 추장과 1,500명의 무리는 유사시 고려의 군사로 동원되었을 것이다. 일리천 전투에 동원된 '제번'의 군사도 이런 과정을 통해 고려군에 편입된 군사일 것이다. 통합전쟁이 끝난 후 이러한 군사 집단의 상당수는 고려의 정규 군사조직으로 편제되었을 것이다. 고려군 편성의 다원성, 나아가 고려 다원사회의 특성을 보여주는 구체적인 예이다.

셋째, 3군에 각각 소속된 지천군(支天軍)·보천군(補天軍)·우천군(祐天軍)·천무군(天武軍)·간천군(杆天軍)은 모두 군호(軍號)가 붙어있다. 『고려사』 기록에 이런 예를 찾을 수 없는 유일한 기록이다. 이 부대의 성격이 궁금하다.

---

23) 『고려사』 권82, 병지 鎭戍軍, "太祖三年三月 以北界鶻巖城 數爲北狄所侵 命庾黔弼 率開定軍三千 至鶻巖 於東山 築一大城以居 由是 北方晏然."

24) 『고려사』 권92, 庾黔弼, "太祖 以北界鶻岩鎭 數爲北狄所侵 會諸將議曰 今南兇未滅 北狄可憂 朕 寤寐憂懼 欲遣黔弼 鎭之如何 僉曰可 乃命之 黔弼 卽日 率開定軍三千以行 至鶻岩 於東山 築大城以居 招集北蕃酋長三百餘人 盛設酒食 饗之 乘其醉 脅以威 酋長皆服 遂遣使諸部曰 旣得爾酋長 爾等亦宜來服 於是 諸部相率來附者千五百人 又歸被虜三千餘人."

참고로 신라 헌덕왕 11년(819) 당나라는 반란 진압을 위해 신라에 군사를 요청한다. 그에 응해 신라는 순천군(順天軍)이란 군호의 군대를 편성한 적이 있다.[25] '순천(順天)'이란 군호는 제후국 신라가 천자국 당나라의 명령에 따라 파견한 군대라는 뜻일 것이다.

그런데 일리천 전투에 동원된 5개 부대의 군호엔, '순천군(順天軍)'과 같이, 모두 '천(天)'자가 들어 있다. 또한 '지천(支天)' '보천(補天)' '우천(祐天)' '천무(天武)' '간천(杆天)'은 글자 그대로 천자를 지지하고, 도우고, 지킨다는 뜻이다. 신라 '순천군'과 같은 역할을 한 부대로 판단된다. 그럴 경우 '천(天)'은 태조 왕건 혹은 고려왕조를 가리킨다. 즉 순천군의 예와 같이 '지천(支天)' '보천(補天)' 등 5개 군호를 가진 부대는 성주와 장군들이 거느린 군대를 제후로 간주하고 그렇게 부른 것은 아닐까? 물론 이때의 천자는 바로 태조 왕건을 가리킨다. 또한 이들 부대의 지휘자는 다른 부대와 달리 모두 무반직인 대장군의 직함을 가진 사실도 그를 뒷받침한다.[26] 즉 일리천 전투에 동원된 군대 속에는 성주와 장군이 거느린 사병이 포함되어 있음을 확인하게 된다. '제번'의 군사와 같이 고려 군사조직의 다원성을 확인하는 또 하나의 사례이다. 물론 이들 부대는 통일전쟁 후 2군 6위와 같은 정규 군사조직으로 흡수되어, 고려 중앙군의 기원이 될 여지[27]는 많다고 생각된다.

---

25) 순천군이 임시로 편성된 군대인 것으로 보아, 일리천 전투의 군호를 띤 부대도 임시로 편성된 군대로 파악하였다(정경현, 「고려 태조의 일리천 전투」 『한국사연구』 68, 1990, 27쪽). 한편 군호를 띤 5군은 뒷날 성종 때 2군 6위의 기원이 된 부대이며, 당시 태조의 친위부대로 본 경우도 있다(이기백, 「고려 경군고」 『이병도박사화갑기념논총』, 일조각, 1956 ; 『고려 병제사 연구』, 일조각, 1977 재수록, 51쪽).

26) 한편 '지천군 대장군', '보천군 대장군', '우천군 대장군' 식으로 '대장군'을 현직 무반직이 아니라 군호를 띤 부대 명칭으로 해석한 경우도 있다(유영철, 『고려의 후삼국 통일과정 연구』, 경인문화사, 2005, 211~212쪽). 그러나 대장군은 '지천군' '보천군' 등 군호를 띤 부대 지휘자의 무반직으로 해석하는 겟(홍승기, 「고려 초기 중앙군의 조직과 역할」 『고려군제사』, 육군본부, 1983, 29쪽)이 타당하다.

27) 이기백, 앞의 책, 1977, 51쪽.

마지막으로 위의 군대편성에서 37명의 성주와 장군의 이름이 등장한다. 고려에 투항한 견훤을 제외하면 36명이다. 이들이 지휘한 부대는 중앙군일까 아니면 그들의 사병일까? 궁금하다. 후백제와의 조물군(曹物郡 : 지금 안동) 전투 때 태조는 3군을 편성했다. 상군(上軍)은 대상(大相) 제궁(帝弓), 중군(中軍)은 원윤(元尹) 왕충(王忠), 하군(下軍)은 박수경(朴守卿)과 은녕(殷寧)이 각각 지휘하였다.[28] 3군으로 편성되어 있고, 지휘자는 모두 관계(官階)를 가진 점은 일리천의 전투부대 편성과 같다.

하군 지휘자 박수경은 평주(平州) 출신 호족으로, 이 전투 이전에 이미 그는 태조를 섬겨 원윤(元尹)이 되었다. 후백제가 신라를 공격하자, 태조는 그를 장군으로 삼아 신라를 지키게 했다.[29] 박수경을 장군으로 임명한 것은 편의상 그의 군대를 고려군으로 편제하기 위한 절차의 하나로 판단된다. 5개 군호를 가진 부대의 지휘자가 유독 대장군이란 무반직을 가진 것도 이와 같은 경우라 생각된다. 후삼국 통일 전쟁에서 유력한 호족(성주와 장군)의 군사는 이런 방식으로 고려왕조와 군사 협력관계를 유지했을 것이다. 일리천 전투의 군대 편성에 36명 성주와 장군의 이름이 기록된 것은 그들의 군대(사병)가 전투에 참여한 증거가 된다. 통일전쟁 이후 고려 정규군의 전투 편성은 현직 관료가 지휘자로 임명된다.[30] 그런 점에

---

28) 『고려사』 권92, 朴守卿, "朴守卿 平州人 父大匡尉遲胤 守卿 性勇烈多權智 事太祖爲元尹 百濟數侵新羅 太祖命守卿爲將軍以往鎭之 値甄萱再至 守卿輒以奇計敗之 曹物郡之戰 太祖部 分三軍 以大相帝弓爲上軍 元尹王忠爲中軍 守卿殷寧爲下軍 及戰 上軍中軍失利 守卿等獨戰 勝 太祖喜陞元甫 守卿曰 臣兄守文 見爲元尹 而臣位其上 寧不自愧 遂幷爲元甫."
조물군 전투는 924년(태조 7)과 925년 두 차례 있었는데, 924년 전투에서 장군 왕충이 패했다는 기록으로 미루어 보아 924년 때의 일이다(『고려사』 권1, 태조 7년 7월, "甄萱 遣子湏彌康 良劍等 來攻曹物郡 命將軍哀宣王忠 救之 哀宣戰死 郡人固守 湏彌康等 失利而歸").

29) 『高麗史』 권92, 朴守卿, "朴守卿 平州人 父大匡尉遲胤 守卿 性勇烈多權智 事太祖爲元尹 百濟數侵新羅 太祖命守卿爲將軍以往鎭之 値甄萱再至 守卿輒以奇計敗之."

30) 1010년(현종 1) 5월 거란 침입 때 고려군은 행영도통사(行營都統使), 행영도병마사(行營都兵馬使), 좌군병마사, 우군병마사, 중군병마사, 통군사(統軍使 : 援軍)의 5군으로 편성된다. 일리천 전투(936년) 후 처음 나타난 군대편성이다. 지면상 행영병마사의

서 936년(태조 19) 당시 관료조직과 관원이 없는 것이 아닌데도, 관계(官階)만 가진 36명의 성주와 장군이 군대를 지휘한 사실은 매우 이례적이다. 그것은 달리 그들이 거느린 사병이 전투에 동원되었음을 알려준다. 이역시 군대편성의 다원성을 보여주는 증거이다.

그렇다면 성주와 장군 등이 거느린 군사숫자는 어느 정도일까? 기존의 연구에 따르면 4만 4천 5백 명 설[31] 혹은 2만 4천 5백 명 설이 있다.[32] 그런데 앞에서 검토했듯이 5개 군호의 2만 5천 명의 보군과 제번의 군사 9천 5백 명 등 모두 3만 2천 5백 명은 지방 성주와 장군의 군사로 보아야 한다.[33]

한편 전체 마군 4만 명을 태조가 거느린 중앙군으로 파악한 경우가 있는데,[34] 중군 소속 마군 2만 명은 전적으로 중앙군으로 구성되지 않았다. 이 부대의 지휘자에 왕순식이 포함되어 있다. 왕순식은 928년(태조 11) 1월 고려에 귀부했고, 명주(강릉)에서 군대 3천명을 이끌고 일리천 전투에 참여한 기록[35]으로 보아, 중군 소속 마군에는 왕순식이 거느린 사병이

군대 지휘자만 정리하면 다음과 같다. 다른 군대편성도 이같은 방식이다. 행영도통사(行營都統使) 강조(康兆), 부사(副使) 이현운(李鉉雲) 병부시랑 장연우(張延祐), 판관(判官) 기거사인(起居舍人) 곽원(郭元), 시어사(侍御史) 윤징고(尹徵古), 도관원외랑(都官員外郎) 노전(盧戩), 수제관(修製官) 우습유(右拾遺) 승리인(乘里仁), 서경장서기(西京掌書記) 최충(崔冲).
위 조직은 3군을 기본으로, 상위 기구로 행영도통사-행영병마사 및 별도 임무의 통군사로 구성되었다(홍승기, 앞의 논문, 1983, 56쪽). 그러나 위 조직은 오히려 5군의 편제조직으로 생각된다.
31) 왕순식이 지휘한 중군의 마군 2만과 보군 2만 3천명 등 4만 3천명은 사병인데, 뒤에 2군 6위의 4만 5천 명으로 편입된다. 따라서 나머지 4만 4천 5백 명이 36명의 성주와 장군이 거느린 군사로 보았다(이기백, 앞의 논문, 1977, 51쪽).
32) 마군 4만 명과 보군 2만 3천 등 6만 3천 명은 태조 때부터 조직된 중앙군이며, 나머지 제번 경기병 9천 5백, 원군 만 5천 명 등 2만 4천 5백 명을 동원된 사병으로 보았다(홍승기, 앞의 논문, 1983, 28~29쪽 ; 정경현, 앞의 논문, 1990, 17~18쪽).
33) 한편 원군 1만 5천 명(300명의 기병과 각 성읍(城邑)의 군사인 14,700명의 제성군)은 고려정부가 직접 거느린 군사로 보아야 한다.
34) 홍승기, 앞의 논문, 1983 ; 정경현, 앞의 논문, 1990.
35) 『고려사』 권92, 王順式, "太祖討神劒 順式自溟州 率其兵會戰 破之 太祖謂順式曰 朕夢見異

포함되어 있다. 이 부대 지휘자엔 왕순식 외에 긍준(兢俊)·왕렴(王廉)·왕예(王乂)·인일(仁一) 등이 있다. 긍준은 운주(運州)의 성주로, 927년(태조 10) 3월 태조와 싸워 패한 인물이다.[36] 패전 후 그의 부대 일부가 일리천 전투에 동원된 것으로 판단된다. 왕렴은 왕순식의 아들 장명(長命)인데, 부하 600명을 거느리고 개경에 와서 숙위한 대가로 태조로부터 염(廉)이란 이름을 얻었다.[37] 왕예(王乂)는 태조 후비인 대명주원부인(大溟州院夫人) 왕씨의 부친이다.[38] 모두 왕순식의 일족으로 판단된다. 한편 인일(仁一)은 일찍 나주 정벌에 참여한 인일(仁壹)과 동일 인물로서[39] 충주 정토사비 음기에도 등장한 것으로 보아 태조 3비 충주 유씨(劉氏) 계열의 인물로 판단된다. 왕순식의 경우를 미루어 보아, 이들도 사병을 거느리고 중군에 소속되어 일리천 전투에 참여했을 가능성이 높다.

일리천 전투에 동원된 사병은 5개의 군호를 가진 부대와 제번의 군사를 합한 3만 2천 5백 명에다, 숫자를 알 수 없지만, 중군의 마군에 포함된 사병을 합하면 최소한 전체 군사의 40%를 웃도는 수치이다.[40] 고려가 건국된 지 19년이 지난 시점에 고려 군사의 상당수는 독립적인 성격의 성주와 장군이 거느린 군대에 의존하고 있다. 다원성을 특징으로 한 고려 군사구성의 모습을 잘 보여준다.

고려가 건국된 10세기 초 고려사회는 이상과 같이 주민과 군사구성, 사회 및 신분구조 등 여러 측면에서 다양하고 이질적인 요소가 결합되어

僧 領甲士三千而至 翼日 卿率兵來助 是其應也 順式曰 臣發溟州至大峴 有異僧祠 設祭以禱 上所夢者 必此也 太祖 異之."

36) 『고려사』 권1, 태조 10년 3월.
37) 『고려사』 권92, 王順式.
38) 『고려사』 권88, 太祖 后妃.
39) 『고려사』 권92, 庾黔弼.
40) 필자는 이전 글에서 견훤을 제외한 36명의 성주 장군이 거느린 군사는 6만 3천 명(마군 4만과 보군 2만 3천)으로 보았다(앞의 책, 2008, 41쪽 참고). 이 글을 통해 성주와 장군이 거느린 군사는 최소 32,500명에서 그보다 많은 것으로 수정하고자 한다.

특유의 질서와 구조를 형성하고 있다, 이러한 다양한 요소들을 통합하여 새로운 질서를 수립하기 위해 새로운 이념이 필요했다. 고려 특유의 천하관은 이러한 질서를 통합하는 이념이었으며, 그런 이념에 바탕하여 천자국 체제가 형성되었다. 고려 다원사회는 이런 체제 위에서 형성된 사회로서, 10세기 초 고려왕조 건국 무렵부터 형성되었다.[41] 다음에는 다원사회, 천자국 체제, 고려적인 천하관을 유지하게 한 이념에 대해 검토하기로 한다.

4. 다원사회의 이념적 기초—일통의식(一統意識)

고려왕조의 천자국 체제와 다원사회를 유지한 이념 기반의 하나는 일통의식이다. 일통의식은 두 가지 뜻을 가진다.

먼저, 삼한일통의식이란 뜻의 일통의식이다. 삼한일통의식은 삼국이

---

41) 한편 브뢰커(Remco Breuker) 교수는 다원주의 세계관은 11세기 초 현종 때 형성되었다고 했다. 구체적으로 거란의 침입, 견제를 받지 않은 현종 총신(寵臣)의 통치, 무신 쿠데타(김훈·최질의 난), 왕씨 가계의 붕괴와 정부 기능의 다양화와 같은 여러 국내외의 정치변동 속에서 다원주의 세계관이 형성되었다고 한다[The period before Hyonjong, roughly most of the tenth century, seems to have been the period in which the foundations of a pluralist worldview were first laid. … It probably took the occurrence of a traumatic incident to cement a pluralist view on the world into place. Such events, which created a period of sustained trauma, were plentiful during this period : the Liao invasions of the early eleventh century following on the murder of Mokchong ; the enthronement of the young monk Hyonjong ; the virtually unopposed rule of Hyonjong's most intimate advisors ; a short-lived military coup and subsequent rule ; the near-collapse of the Wang lineage ; an increasingly multifunctioning government apparatus ; and the continued pressure from Liao (and thr Song as well) created a period of sustained trauma. To this should be added that Koryo's history, its family system and its international position made wide spread acceptance of pluralism a viable option. As a result, unpredictably and contingently, a consensus emerged that the accommodation of contradictions and inconsistencies might be a viable way to deal with many challengers Koryo faced domestically and internationally](앞의 책, 2010, pp.305~306).

하나로 통합되어, 삼국의 주민이 하나가 되었다는 의식이다.[42] 삼한일통의
식의 개념과 전개과정을 처음 체계적으로 밝힌 연구[43]에 따르면, 668년
신라와 중국 당나라 사이에 전쟁이 시작되면서 신라와 옛 고구려 백제
유민 간의 결속이 진전되면서 삼국인 사이의 대결의식 대신 삼국인이
동일 역사체 의식을 느끼고 현실의 분립과 상쟁을 지양하는 가운데 삼한일
통의식이 형성되기 시작했다. 이같이 삼국이 하나로 통합되어, 삼국의
주민이 하나가 되었다는 삼한일통의식은 신라의 삼국통일에서 기원한다
고 한다. 그런 용례는 고려초기 기록에서 찾아볼 수 있다.

가-① 태조가 최응에게 말했다. "신라가 9층탑을 세워서 일통의 업(一統之
業)을 이룩했다. 지금 나는 개경에 7층탑, 서경에 9층탑을 세워 부처의
힘을 빌려 나쁜 무리를 제거하고, 삼한을 통합하고자 한다."라고 하면서,
그대는 그 발원소를 짓도록 했다. 최응이 발원소를 지었다.[44]

가-② 태조가 그의 이름(최총진)을 듣고 불러 꿈을 해몽하게 했다. (최총진
이) 길조를 얻어, "반드시 삼한을 통합하여 다스릴 것입니다."라 했다.
태조가 기뻐하여 지금의 이름인 지몽(知夢)으로 고쳤다.[45]

가-③ (박영규가) "고려의 왕공(王公 : 태조 왕건)은 매우 어질고 부지런하며
검소하여 민심을 얻어, 하늘도 반드시 그를 삼한의 주인이 되게 할 것이

---

42) 노명호, 「삼한일통의식과 고려국가」『고려국가와 집단의식』, 서울대학교출판문화
원, 2009, 89쪽.
43) 노태돈,『한국사를 통해 본 우리와 세계에 대한 인식』, 풀빛, 1998, 80~85쪽.
44) 『고려사』권92, 崔凝, "太祖謂凝曰 昔新羅造九層塔 遂成一統之業 今欲開京建七層塔 西京
建九層塔 冀借玄功 除群醜 合三韓爲一家 卿爲我作發願疏 凝遂製進."
45) 『고려사』권92, 崔知夢, "崔知夢 初名聰進 南海靈巖郡人 元甫相昕之子 性淸倹慈和 聰敏嗜
學 學於大匡玄一 博涉經史 尤精於天文卜筮 年十八 太祖聞其名 召使占夢 得吉兆曰 必將統御
三韓 太祖喜 改今名 賜錦衣 授供奉職 常從征伐 不離左右 統合之後 侍禁中備顧問."

다. 어찌 편지를 보내 우리 왕(견훤)을 위로하는 동시에 왕공에게 뜻을 전해 앞으로의 복을 도모해야 하지 않겠는가?"라고 하자, 그 부인이 "그대 말씀이 곧 저의 뜻과 같습니다."라고 했다.[46]

사료 가-①에서 태조 왕건은 신라가 황룡사 9층탑을 세워 삼국을 통일한 사실을 '일통지업(一統之業)'이라 표현했다. 자신도 부처의 힘을 빌려 삼한을 하나로 통합하려는 뜻을 밝히고 있다. 이때의 일통은 삼한을 통합한다는 의미이다. 사료 가-②의 태조가 '삼한을 통합하여 다스릴 것'이라는 표현과 사료 가-③의 태조가 '삼한의 주인이 될 것'이라는 표현은, '일통'을 바로 언급하지 않았지만, 삼한일통의식을 간접적으로 표현한 것이다.

다음, '대일통(大一統)'으로서의 '일통의식'이다. '대일통'은 새로운 천하국가의 탄생 혹은 천하의 통일이라는 뜻으로, 삼한일통의식과 다른 의미인데, 중국의 고전에 근거한다. 『춘추(春秋)』에 따르면, 일통(一統)의 '통(統)'은 시작을 뜻한다. 왕자(王者)가 천명(天命)을 받아 천하에 정교(政敎)를 반포하고, 공후(公侯)·서인(庶人)에서 만물에 이르기까지 천명을 받은 군왕을 받들어 새로운 정치가 시작되는 것을 말한다. 이를 대일통(大一統)이라 했다.[47]

대일통은 이같이 천명을 받은 왕자가 새로운 정치를 펼치는 일, 즉 천자의 등극과 천자국의 출발, 즉 천하를 통일했다는 의미이다. 그동안 우리 학계는 '일통'을 이같이 '대일통'의 의미로 해석한 적은 없다. 고려왕조 역시 조선왕조와 같이 제후국으로 보았던 학계의 일반적인 인식 때문에 '일통'의 또 다른 의미인 '대일통'에 대해 주목하지 않았던 것이다. 『춘추』의 기록과 같이 중국사에서 '일통'은 '대일통'의 의미로 주로 사용되어

---

46) 『고려사』 권92, 朴英規, "況聞高麗王公 仁厚勤儉 以得民心 殆天啓也 必爲三韓之主 盍致書以安慰我王 兼致慇懃於王公 以圖將來之福乎 其妻曰 子之言 是吾意也."

47) 『春秋』 공양전, "隱公 元年 何言乎正月 大一統也 (注) 統者 始也 揚繫之辭 夫王者始受命改制布政 始敎於天下 自公侯至於庶人 自山川至於草木昆蟲 莫不一一繫正月 故云政敎之始 (疏)王者受命 制正月以統天下 令萬物無不一一皆奉之以爲始 故言大一統也."

왔다. '대일통'은 하늘에 두개의 태양, 땅에 두 왕이 없다는 뜻에서 새로운 천하를 건설한 천자의 일통(一統)사업을 존숭하는 뜻으로 사용되었다. 왕자가 천하를 통일하여, 역(曆)을 만들고 정교를 천하에 반포하여 새로운 정치를 시작한다는 뜻이 '대일통'이다. 우리 역사에도 그런 의미로 사용된 예가 있다.

나-① 엎드려 생각건대 대송(大宋)이 흥하여 천년이 시작되는 아침에, 일통(一統)이 하늘의 운수에 닿았고 대도(大道)의 근원(根源)이 크게 드러나 여러 폐단을 없애게 되었습니다.[48]

나-② 생각건대 황제 폐하의 지극한 덕은 앞선 제왕보다 높으며, 천하에 큰 믿음을 주었습니다. 이에 일통(一統)을 밝히 열어 사방을 차지했습니다. 이에 큰 나라는 그 위엄에 떨고, 작은 나라는 그 은혜를 생각하게 되었습니다.[49]

나-③ 중국의 삼대(三代, 하은주)가 정삭(正朔)을 고치고, 연호를 칭한 것은 모두 대일통(大一統)으로 백성들이 보고 듣는 것을 새롭게 하고자 하는 것이다. 이 때문에 때를 틈타 나라를 세워 천하를 다투거나 간웅들이 천하의 패권을 엿보는 경우가 아니면 변두리 작은 나라가 천자에 신속했다면 사사롭게 연호를 칭해서는 안 된다.[50]

---

48) 『고려사』 권14, 예종 11년 7월, "仍遣進士金端甄惟底趙奭康就正權適等五人 赴大學 表曰 … 伏惟大宋之興也 千齡接旦 一統當天 發揚大道之源 掃蕩積年之弊."
49) 『고려사』 권16, 인종 7년 11월, "丙辰, 遣盧令洪若伊 如金 進誓表 曰 … 伏惟皇帝陛下 至德高於帝先 大信孚於天下 光開一統 奄有四方 大邦震其威 小邦懷其惠."
50) 『삼국사기』 권5, 진덕왕 4년, 金富軾 史論, "論曰 三代更正朔 後代稱年號 皆所以大一統 新百姓之視聽者也 是故非乘時起 兩立而爭天下 與夫姦雄 乘間而作 神器 則偏方小國 臣屬 天子之邦者 固不可以私名年."

사료 나-①은 고려가 유학생을 송나라 대학에 입학을 요청하면서, 송나라 황제에게 올린 글이다. 고려는 송나라가 천하통일을 일통으로 표현했다. 사료 나-②는 고려가 금나라에 보낸 표문으로, 금나라의 건국을 역시 일통이라 표현했다. 사료 나-③은 『삼국사기』(1145)에서 650년(신라 진덕왕 4) 신라가 당나라 연호를 사용한 사실에 대한 김부식의 사론이다. 중국의 삼대가 건국되어 정삭과 연호를 사용한 사실을 '대일통'이라 했다. 즉 위 사료에서 사용된 용례 '일통(一統)'은 단순히 삼한을 통일했다는 뜻이 아니라 천자가 천하를 통일한 사실을 뜻하며, 고려전기에도 실제 사용되었음을 보여준다. 다음의 기록은 '대일통'의 용례가 고려후기에도 사용되었음을 알려주고 있다.

우왕은 1382년(우왕 8) 7월 명나라가 남쪽의 운남지역을 평정하자, 밀직사사 유번(柳藩)을 명나라에 보내 그 표문에서,

춘추(春秋)의 대일통(大一統)의 운세가 중원을 열게 하여, 우레와 같은 천자의 군대[六師]를 정돈하여 그 위엄이 남쪽 끝까지 이르렀습니다. 승전의 소식이 멀리 전파되었으니, 기뻐하는 기운이 높이 올랐습니다.[51]

라고 했다. 이때의 '대일통' 역시 천자가 천하를 통일한 사실을 뜻한다. 또한 대일통의 '통(統)'은 만물을 통합하여 하나가 되는 것이며, 제후가 천자의 통솔을 받아 함부로 하지 않은 것이라 했다.[52] 대일통은 천자가 천하를 통일하여, 천자—제후 관계가 확립되었다는 뜻이다. 1279년(충렬

---

51) 『고려사』 권134, 우왕 8년 7월, "帝 平定雲南 發遣梁王家屬 安置濟州 禑,遣密直司使柳藩 如京師 賀表曰 大春秋之一統 運啓中邦 整雷霆之六師 威加南極 捷音遠播 喜氣旁騰."
52) 『漢書』 董仲舒전에는 『春秋』 은공 원년조를 '春秋大一統者 天地之常經 古今之通誼也'라 해석했다면서, 그 주석에 「統者 萬物之統 皆歸於一也 春秋公羊傳 隱公元年 春王正月何言 乎 王月 大一統 此言 諸侯皆係統天子 不得自專也」를 인용하여 본문과 같이 해석했다 (동아대학교 고전연구실 편, 『역주 고려사』 11책, 1971, 365쪽 재인용).

5) 원나라가 역을 반포하면서 고려에 보낸 표문에 따르면, "짐이 하늘의 운세[天象]를 살펴 사람이 해야 할 때[人時]를 내리는 것은 천하를 통일함으로[大一統] 백성의 일을 중하게 여긴 까닭이다. 그대(충렬왕)는 대대로 번방(藩方)을 지키고 해마다 조공을 닦았다. 마땅히 새로운 달력을 반포하여 이로써 동문(同文)을 보이는 것이다."[53]라고 했다. 대일통을 천하통일의 의미로 사용했으며, 이 같은 '대일통'의 용례는 고려 일대에 줄곧 사용되었음을 확인하게 된다.

고려왕조가 천자국(天子國) 체제를 갖게 된 이념적 기반은 '대일통'의식이다. 이는 고려적인 천하관을 표현하는 또 다른 이념이다. 이러한 '대일통'의 이념 위에서 고려왕조는 옛 삼국의 다양한 인적·문화적 자원 및 지역과 주민을 하나로 통합하여 마침내 천자국 체제를 확립했다는 자부심을 가졌던 것이다. 다원사회는 천자국 체제와 그를 뒷받침 한 '대일통'의식 위에서 형성되었으며, 나아가 '대일통'의식은 다원사회 형성의 이념적 기초가 되었던 것이다.

5. 훈요십조에 담긴 다원주의 이념

943년(태조 26) 태조 왕건이 작성한 훈요십조 속에는 다원주의 이념과 다원사회의 특성이 집약되어 있다. 구체적으로 살펴보기로 한다.

훈요십조의 1조와 2조는 불교에 관한 태조 왕건의 입장이 나타나 있다. 태조 왕건은 1조에서 고려왕조 건국에 커다란 역할을 한 불교를 높이 평가했다. 그러나 뒷날 간신들이 승려들의 청탁을 받아 사원을 바꾸고 빼앗는 것을 금지했다.[54] 또한 사원을 함부로 지어 지덕을 훼손하여 신라

---

53) 『高麗史』 권29, 충렬왕 5년 1월 을묘, "校尉李應柱康渭成 頒曆詔 還自元 詔曰 朕 若稽天象 敬授人時 所以大一統重民事也 卿 世守藩方 歲修貢職 宜頒新朔 用示同文."

가 망한 것을 교훈으로 삼아 사원을 함부로 건립하는 것을 경계했다.[55] 1조와 2조는 왕조 건국에서 불교의 역할을 높이 평가했지만, 앞으로 나타날 불교의 폐단을 경고하는 데 더 무게를 두고 있다. 불교와 같은 특정 종교나 사상이 독주하는 것을 허용하지 않겠다는 태조 왕건의 의지를 읽을 수 있다.

5조에서 태조 왕건은 불교와 함께 풍수지리 사상도 왕조 건국에 큰 역할을 했음을 높이 평가했다. 태조 왕건은 풍수지리 사상의 입장에서 서경은 매우 중요한 지역이며, 국왕들이 매년 정기적으로 이곳에 머물면 왕조의 평화와 안정이 유지될 것이라 했다.[56] 2조에서 사원은 풍수지리 사상에 적합한 곳에 사원을 건립해야 한다고 했다. 8조에도 풍수지리 사상을 강조했다. 즉 차현 이남 공주강 밖의 지역은 풍수지리상 좋지 않은 지역이기 때문에 이곳 출신 인물을 등용하지 말 것을 지시했다.[57] 등용을 금지한 지역은 현재의 공주·논산·전주 등 후삼국 통합전쟁에서 태조 왕건에게 가장 완강하게 저항한 후백제 세력의 근거지이다.[58] 훈요십조의 여러 조항에서 태조 왕건은 왕조의 안정과 평화를 위해 풍수지리 사상을 중시했다.

6조에서 부처를 섬기는 연등회와 천지 산천의 여러 신에게 제사를 올리는 팔관회를 반드시 행하고 변경하지 못하게 했다.[59] 불교행사인 연등회를

---

54) 『고려사』권2, 태조 26년 4월조(이하 「훈요십조」로 줄임), "其一日 我國家大業 必資諸佛 護衛之力 故創禪敎寺院 差遣住持焚修 使各治其業 後世姦臣執政 徇僧請謁 各業寺社 爭相換 奪 切宜禁之."

55) 「훈요십조」, "其二日 諸寺院 皆道詵 推占山水順逆而開創 道詵云 吾所占定外 妄加創造 則損薄地德 祚業不永 朕念後世國王公候后妃朝臣 各稱願堂 或增創造 則大可憂也 新羅之末 競造浮屠 衰損地德 以底於亡 可不戒哉."

56) 「훈요십조」, "其五日 朕賴三韓山川陰佑 以成大業 西京 水德調順 爲我國地脈之根本 大業萬 代之地 宜當四仲巡駐 留過百日 以致安寧."

57) 「훈요십조」, "其八日 車峴以南 公州江外 山形地勢 並趨背逆 人心亦然 彼下州郡人 參與朝廷 與王侯國戚婚姻 得秉國政 則或變亂國家 或啣統合之怨 犯蹕生亂."

58) 김갑동, 『고려의 후삼국 통일과 후백제』, 서경문화사, 2010, 263~270쪽.

강조한 사실은 1조와 2조의 내용으로 보아 자연스러운 일이다. 그런데 태조 왕건이 팔관회 행사를 중시한 점이 주목된다.

원래 팔관회는 불교행사에서 기원한 것인데, 6조에 따르면 팔관회는 고려 때 천지 산천에 대한 제사의식으로 그 성격이 변화되어 있다. 『고려사』 기록에 따르면 팔관회 행사 때 다양한 사상에 입각한 의례(儀禮)가 행해졌다. 행사 처음 국왕은 태조 왕건의 진전(眞殿)이 있는 사원에서 제례(祭禮)를 올리는 등 역대 국왕에 대한 숭배의식을 행한다. 팔관회가 불교 의례와 조상 숭배 의례가 결합되어 있음을 보여준다. 또한 천자를 자처한 고려 역대 국왕들과 하늘의 신[천령(天靈)]에 대한 숭배는 제천(祭天)의례이다. 12세기 초 송나라 사신 서긍(徐兢) 또한 팔관회를 고구려의 제천행사인 동맹(東盟)에 비유했다.60)

팔관회 행사 때 신라 화랑도 가운데 가장 많은 문도를 거느린 영랑(永郞)·술랑(述郞)·남랑(南郞)·안상(安詳) 등 사선(四仙)이 각각 악부(樂部)를 거느리고 등장한다. 이는 신라 이래의 고유한 전통사상인 낭가(郞家)사상을 계승하고 있다. 또한 지방 수령이 국왕에게 축하의 글인 표문(表文)을 올리는데, 표문은 제후가 천자에게 올리는 글의 형식이다. 공식적인 사신이 파견되지 않았으나, 송나라·거란·여진·일본의 상인과 탐라의 추장이 국왕에게 축하의 예를 올렸다. 이러한 의례를 통해 고려왕조는 스스로 천자국임을 내외에 과시했다. 고려의 천하관이 팔관회 행사에도 반영되어 있다.

이같이 고려왕조에서 행해진 팔관회 행사는 조상 숭배신앙, 제천신앙, 불교와 도교신앙 및 낭가사상 등 다양한 사상의 의례가 행해졌다. 이

---

59) 「훈요십조」, "其六日 朕所至願 在於燃燈八關 燃燈 所以事佛 八關 所以事天靈及五嶽名山大川龍神也 後世姦臣 建白加減者 切宜禁止 吾亦當初誓心 會日 不犯國忌 君臣同樂 宜當敬依行之."

60) 노명호 교수는 고려 팔관회를 송나라와 거란의 독자적인 제천의례와 같은 고려가 중심이 되는 천하의 제천의례라 했다(「해동천자의 천하와 '번(藩)'」 『고려국가와 집단의식』, 서울대학교출판문화원, 2009, 172쪽).

행사에 참석한 외국의 상인들은 그들의 특산물을 국왕에게 바치고, 행사기간 중 물건을 판매하고 필요한 물품을 구입하는 상거래 행위를 했다. 이같이 팔관회는 고려왕조가 동아시아 국제질서의 중심 국가의 하나로서, 개방적이고 국제적인 면모를 보여주는 좋은 예가 된다.

7조는 군왕이 나라를 통치하는 방법은 신하와 백성의 마음을 얻는 것이며, 그 방법은 신하의 의견을 잘 듣고 백성에 대한 세금과 부역을 가볍게 하는 것이라 했다.[61] 9조는 관료의 정원과 녹봉 등은 재정형편에 따르고, 불필요한 관직을 줄이고, 변방의 군사와 무예가 있는 자들을 격려하라고 했다.[62] 10조는 군왕은 언제나 유교 경전과 역사서를 읽어야 한다고 했다.[63] 위의 3개 조항의 내용은 고려초기뿐만 아니라 어느 시기에나 유교이념에 입각한 정치를 강조할 때 강조되는 내용이다. 태조 왕건은 유교 정치이념을 강조하고 있다.

4조는 외래 문물의 수용에 대한 태조의 입장을 보여주고 있다. 태조 왕건은 선진적인 중국문화라도 무조건 수용을 반대했지만, 전통문화만을 고수하지 않았다. 그는 외래문화와 전통문화를 대립과 갈등이 아니라, 공존과 보완의 관계로 보았다.[64] 3조는 왕위 계승의 원칙을 밝히고, 있어, 나머지 9개 조항과는 다르다.

태조 왕건은 옛 삼국의 다양한 사상과 문화의 독자성을 인정하고 그들과 서로 공존함으로써 진정한 통합에 실패한 통일신라의 잘못을 극복하여 지역과 민심의 통합을 통해 고려왕조를 오랫동안 유지하려 했다. 그러한

---

61) 「훈요십조」, "其七曰 人君 得臣民之心 爲甚難 欲得其心 要在從諫遠讒而已 從諫則聖 讒言如蜜 不信 則讒自止 又使民以時 輕徭薄賦 知稼穡之艱難 則自得民心 國富民安."

62) 「훈요십조」, "其九曰 百辟群僚之祿 視國大小 以爲定制 不可增減 … 又以强惡之國爲隣 安不可忘危 兵卒 宜加護恤 量除徭役 每年秋閱 勇銳出衆者 隨宜加授."

63) 「훈요십조」, "其十曰 有國有家 儆戒無虞 博觀經史 鑑古戒今 周公大聖 無逸一篇 進戒成王 宜當圖揭 出入觀省."

64) 「훈요십조」, "其四曰 惟我東方 舊慕唐風 文物禮樂 悉遵其制 殊方異土 人性各異 不必苟同 契丹 是禽獸之國 風俗不同 言語亦異 衣冠制度 愼勿效焉."

자신의 뜻을 훈요십조에 담아 후세의 국왕들에게 전해주려 했다. 훈요십조
속에는 이같이 태조 왕건의 정치이념이 담겨있다. 또한 후세의 지배층들은
왕조 통치의 모범을 훈요십조에서 얻으려 했다. 따라서 훈요십조는 고려왕
조의 통치이념이기도 했다. 태조의 통치이념, 즉 훈요십조 속에는 앞에서
설명했듯이 다원주의 이념에 기반한 고려 다원사회의 여러 특성이 집약되
어 있다. 브뢰커 교수 또한 훈요십조는 다원주의 세계관이 체계화 되어
있는 자료라 했다. 그런데 훈요십조는 11세기 초 현종(1009~1031 재위)
때 작성되어 현종의 이념이 반영된 것이며, 고려 다원사회는 이때 형성된
다고 했다.[65]

　　그러나 훈요십조는 고려 태조가 작성한 것이다.[66] 예를 들면 태조의
훈요십조는 '태조의 유훈(遺訓)',[67] '조종(祖宗)의 유훈',[68] '옛 성인이 권계

---

65) "Instead of Taejo's instructions to his successors, the injunctions are in fact Hyonjong's(顯宗)
vision for the future of Koryo dynasty. The imprint of the eleventh century is left clearly
in each and every one of the injunctions(351쪽). ⋯ A pluralist conception of the world
was enshrined in the injunctions, which was continually confirmed on account of the
injunctions' position as the most authoritative guide available to those who ruled the
country. ⋯ The role of the injunctions played in codifying a pluralist view on the world,
in sanctioning the explicit presence of contradiction and incommensurability in Koryo
policy, thought, and general perception of the world can hardly be overestimated"(Remco
Breuker, 앞의 책, 405~406쪽).

66) 학계는 훈요십조가 현종 때 조작되었다는 일본 식민사학자 今西龍의 주장(위작설)은
이미 사실이 아닌 것으로 판명된 바 있다. 이에 대한 최초의 비판은 이병도 박사의
연구이다. 최근에는 이재범, 김갑동 교수의 연구에 의해 위작설에 대한 비판은
더욱 보완되었다.
이병도, 『고려시대의 연구』, 을유문화사, 1948(개정판, 아세아문화사, 1980, 59~85
쪽) ; 이재범, 「고려 태조의 훈요십조에 대한 재검토」 『성대사림』 12·13, 성균관대학
교 사학과, 1977 ; 김갑동, 「위작설과 그에 대한 비판」 『고려의 후삼국 통일과 후백제』,
서경문화사, 2010, 256~262쪽.

67) 예를 들면 예종 때 화폐 사용을 반대한 신하들은 당나라와 거란의 풍속을 쓰는
것을 금한다는 '태조의 유훈'(4조)을 인용했다(『고려사』 권79, 식화2 화폐 예종
1년조). 이런 용례는 『고려사』 권98, 林完조와 『고려사』 권48, 천문2 星變조에도
나타난다.

68) 예를 들면 1106년(예종 1) 7월 예종에 대해 신하들은 '조종(祖宗 : 태조)의 유훈'을

한 유훈'69) 등의 명칭으로 고려왕조기 내내 주요한 정치 논쟁과 개혁 과정에서 정책 결정의 판단 기준과 근거로 국왕과 지배층들에게 인용되어 왔다. 브뢰커 교수는 현종 때 작성되었다는 주장을 입증하기 위해선 먼저 기존의 연구에 대한 엄밀한 비판과 반증(反證)이 필요하다. 나아가 고려 일대를 통해 태조의 훈요십조가 정책 판단의 근거로 인용된, 위에서 제시한 여러 사실들을 부정할 수 있는 근거를 제시할 필요가 있다.70)

따를 것을 요구했다(『고려사』 권12, 예종 원년 7월 신축).

69) 예를 들면 의종(1146~1170 재위)은 '옛 성인이 권계한 유훈'(5조)에 따라 신령(新令)을 반포했다(『고려사』 권18, 의종 22년 3월)는 사실에서 확인할 수 있다. 그 외 '태조 신성왕의 훈요십조'(『고려사』 권95, 崔惟善)라는 표현도 있다. 명종은 금나라에 보낸 표문에서 동생 신종의 즉위 근거로서 훈요십조 3조를 인용했다(『고려사』 권21, 신종 즉위 10월). 최충헌은 '태조 때 산천의 순역에 따라 건립한 비보사찰'(2조) 외에 모두 없애자고 했다(『고려사절요』 권13, 명종 26년 5월). 고려 당대인들이 태조가 훈요십조를 작성한 사실을 알고있음을 알려주는 증거이다.

70) 브뢰커 교수의 현종 때 훈요십조가 작성되었다는 주장은 자신의 2008년 논문에 근거한 것이다. 브뢰커 교수는 이 논문에서, 현종 때 역사와 훈요십조의 내용을 비교했다. 예를 들면 연등회 팔관회 등 불교행사를 중시한 6조는 불교를 중시한 최항과 현종이 태조의 권위를 빌려 작성한 것이며, 거란을 금수의 나라 한 4조는 현종 때 거란 침입에 대한 적개심에서 작성된 것이며, 차현 이남 공주강 밖의 인물을 등용하지 말라는 8조는 현종이 나주와 전주 피난 때 받은 수모 때문에 작성한 것이라 했다. 백성과 군사를 잘 보살피라는 9조는 현종 때 거란전과 김훈과 최질의 난의 경험에서 작성한 것이라 했다. 3조에서 장자계승을 못 박지 않은 것은 현종의 아들인 덕종-정종-문종이 왕위를 계승하기 위한 길을 터주기 위한 것이라 한다. 브뢰커 교수는 현종 때 조작되었다는 일본 식민사학자 今西龍의 주장을 보완할 수 있는 새로운 자료를 제시하지 못했다. 다만 今西龍의 조작설을 전제로, 현종대 역사사실과 훈요십조를 비교하는 선험적이고 연역적인 방식을 구사했다. 이는 귀납적이고 실증적인 역사해석의 보편성을 무시한 대단히 위험하고 무모한 발상이다. 그럴 경우 태조 때는 물론 고려 역대 어느 국왕 때의 역사와 훈요십조를 비교해도 브뢰커 교수와 비슷한 결론이 나올 수 있다. 심지어 태조가 훈요십조를 만들어 박술희에게 전했다고 하는데, 태조가 죽기 직전 유언을 남길 때 박술희가 참석하지 않은 것도 훈요십조가 조작된 근거의 하나로 보았다(「Forging the Truth : Creative Deception and National Identity in Medieval Korea」『East Asian History』 35, June 2008).

6. 맺음말

고려 다원사회는 고려왕조 성립 직후부터 형성되었다. 사상 문화 사회 신분 등 여러 구조 속에 다양한 여러 요소가 서로 충돌하거나 대립하지 않고 공존하는 형태, 즉 다원성은 다원사회의 전형적인 모습이자 특징이다.

고려 다원사회는 10세기 초 한반도를 둘러싼 대내외의 변화과정에서 형성되고 기원했다. 대외적으로 10세기 초 동아시아 세계의 주도권을 둘러싸고 송, 거란, 고려 사이에 나타난 분열과 대립으로 다양한 종족과 주민이 대규모 형태로 고려에 유입되었다. 대내적으로 후삼국의 성립과 통합전쟁의 여파로 수많은 후백제 계통의 신라의 성주와 장군들이 고려로 내투했다.

이러한 현상은 후삼국이 통일된 후 성주와 장군의 내투는 중단되었으나, 발해의 멸망과 부흥운동, 고려와 거란의 전쟁, 거란 내부의 정쟁 등 불안한 동아시아 정세로 인해 이민족의 다양한 종족과 주민은 금나라가 건국되는 12세기 초까지 계속되었다. 고려는 이때까지 주변의 수많은 종족과 주민을 받아들이고, 그들을 신민(臣民)으로 삼아 고려의 울타리인 번병(藩屛)으로 삼았다. 고려왕조에 내투하여 후삼국 통합전쟁에 협조한 지방세력 역시 고려의 울타리로 인식했다. 이러한 인식은 고려를 천하의 중심으로 간주하는 고려 특유의 천하관을 낳게 했다.

고려 다원사회와 천자국 체제는 이같이 동일한 과정을 통해 형성되고 기원했다. 이러한 사회와 국가체제를 뒷받침하는 이념은 일통의식이다. 일통의식은 삼한이 하나로 통합되었다는 '삼한일통의식'과 함께 천하를 통일한 천자가 등극하여 새로운 통치를 시작한다는 '대일통'의 두 가지 의미가 있다. 고려초 두 가지 의미가 함께 사용되었으나, 다원사회와 천자국 체제를 뒷받침한 이념은 후자인 '대일통'의식이다. 또한 태조가 작성한 「훈요십조」는 고려 다원사회의 이념이 집약되어 있다.

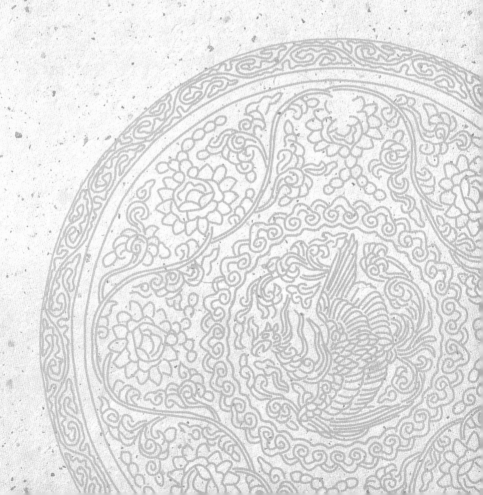

제1부
다원성과 지역성

제1장

고려전기 지방지배체제의 다원성과 계서성

채 웅 석

1. 머리말

고려왕조는 신라말기에 대두하여 지역을 자치하던 지방세력 내지 관반
(官班)을 흡수 통합하면서 그들의 자율적 지배를 인정하였다. 그런 지배를
토대로 삼은 한, 중앙정부가 일원적인 지방제도를 시행하여 지방사회
지배질서를 강제적으로 개편하는 것은 곤란하였다. 중앙집권화를 추구하
면서도, 일원적 기준에 따라 행정구역의 규모나 읍격(邑格) 등을 정하거나
지역 차와 무관하게 단일한 지배방식을 관철시키지 않았다.

그런데 선행 지방제도 연구에서, 왕권 중심의 중앙집권국가라는 역사상
을 강조하고 왕권 강화와 일원적 지방지배체제 구축을 역사 발전으로
평가하는 경향이 있다. 그런 시각에서는 거점지역에만 지방관을 파견한
주현(主縣)-속현(屬縣)제도나 성립시기에 편차가 있고 다원적이었던 광역
행정기구 등에 대하여 중앙집권화의 미숙성으로 해석하였다.[1]

그렇지만 지방자치와 다원성의 가치에 주목하는 현 시점에서는, 기존의

---

1) 蔡雄錫, 「군현제와 향촌사회」『한국역사입문 ②』, 풀빛, 1995.

시각으로 해석하였던 역사상을 재검토할 필요가 있다. 고려왕조가 지방지배체제를 구축할 당시, 그 기반이 되었던 지방사회의 상황이 어떠했는가? 군현제나 본관제(本貫制) 등을 통한 지방지배가 일원적인 양상으로 이루어졌는가? 지방지배를 실현하는 인적 루트가 지방관 중심으로 일원화 되었는가? 중앙과 지방 사이에 일방적인 지배관계였는가? 이러한 기본적인 문제들에 대하여 지방사회의 자율성과 지배방식의 다원성·계서성이라는 관점에서 새롭게 검토할 필요가 있다.

본고는 이러한 문제의식을 갖고 지방지배체제가 성립·운영된 토대를 살피고 그 위에서 구축된 지방제도와 지방지배 권력의 양태를 고찰하려고 한다. 그 결과 지방 지역사회의 자율성과 다양성에 토대를 두고 구축된 지방지배체제의 다원적이고 계서적인 면모가 총체적으로 부각될 수 있기를 기대한다.

2. 지방지배체제 성립의 토대 : 지방사회의 자율성과 지역적 다양성

신라말기에 사회모순이 심화되어 경주 6부 중심으로 운영된 골품귀족제가 해체되어 갔다. 그리고 신분·계층이나 지역 차원에서 다양한 정치·사회적 주체들이 대두하였다. 골품제에 의하여 제약을 받던 육두품을 비롯한 하위두품 출신과 함께 지방세력 및 지방지식인 등의 성장이 두드러졌다. 유망하거나 초적이 된 농민들도 조직을 갖추어 세력화하거나 지방세력에 흡수되어 활동하였다. 이와 같은 당시의 정치·사회상황을 읽는 키워드는 사회이동상의 개방성 확대와 정치·사회적 주체의 다양화라고 할 수 있다.

고려의 지배체제는 그렇게 확대된 사회이동의 개방성을 수용하고 다양한 정치·사회적 주체들을 통합하면서 성립하였다. 그리고 본고에서 특히 주목하는 것은 지방지배체제가 새롭게 정치적 주체로 부상한 지방세력의 자율성을 토대로 하고 그들이 활동한 공간의 지역적 다양성을 반영하여 성립, 운영되었다는 점이다.

신라말에 지방세력이 자위조직을 이끌면서 분권적 자치성을 확보하였다.[2] 『삼국사기』 궁예전의 기록에 따르면, 9세기 말에 정치가 어지럽고 민들이 흩어지며 왕기(王畿) 외에서 신라에 반(叛)·부(附)하는 주현(州縣)이 반반이었다고 하였다. 친신라적 성향의 지방세력이라고 하더라도 자위조직을 바탕으로 자립적이었다. 예컨대 효공왕 때 이재(異才)가 벼슬에서 물러나 수창군에 돌아와서 호국성(護國城)이라고 불린 의보(義堡)를 쌓고 호국의영도장(護國義營都將) 중아찬(重閼粲)이라는 지위로 활동하였다. 그는 신라 왕기의 서쪽을 지키고 지역민들을 보살피면서 10년이 넘게 자위조직을 이끌었다.[3]

자위조직은 기존의 군현 범위에서 구성되기도 하고 군현을 쪼개어 분립하기도 하였다. 신라의 의창군이 고려초기에 남·북미질부성(南·北彌秩夫城)으로 나뉘었던 사례가 있다.[4] 수창군(壽昌郡)은 양성(壤城), 구구성(句具城), 잉조이성(仍助伊城)으로 나뉘고, 해안현(解顔縣)은 성화성(省火城), 무가성(無價城), 불좌성(佛座城), 명성(鳴城)으로 나뉘었다.[5] 또한 930년(태조 13)에 신라 동쪽 연해의 명주(溟州)부터 흥례부(興禮府)까지 1백여 성이 귀부하였는데, 명주에서 흥례부 사이에 존재한 신라의 군현 수는 30~40개였기 때문에 1백여 성이라고 한 것은 기존 군현에서 분립한 자위조직들을 계산한 것이라는 추측이 가능하다.[6]

2) 蔡雄錫,『高麗時代의 國家와 地方社會―本貫制의 施行과 地方支配秩序』, 서울대학교출판부, 2000, 33~43쪽.
3)『동문선』권64, 新羅壽昌郡護國城八角燈樓記(崔致遠).
4)『고려사』권1, 태조 13년 2월 경자 ;『신증동국여지승람』권22, 흥해군 고적 彌秩夫城.
5)『신증동국여지승람』권26, 대구도호부 성씨.
6)『고려사』권1, 태조 13년 2월 을미. 윤경진,「나말려초 城主의 존재양태와 고려의 대성주정책」『역사와 현실』40, 2001, 96~97쪽 ; 최종석,「羅末麗初 城主·將軍의

지방세력은 자위조직을 강화하기 위하여 지역의 안보와 함께 권농·교화·구휼 등에 노력하면서 공동체적 결속을 다졌다. 그들은 호부층(豪富層)의 계급적 지배를 실현하면서도 공공적 역할을 내세워 지역사회 리더로서 위상을 부각시켰다. 그에 따라 지역사회에 대한 지배를 인(仁)·의(義) 등의 덕목을 실천하는 것으로 수식하고, 그런 덕목들을 가풍(家風)으로 계승했다고 내세웠다.[7]

선행연구들이 밝힌 것처럼,[8] 지방세력은 관반을 통하여 지역사회를 체계적으로 지배하였다. 그리고 '관반' 또는 '주관(州官)' 등의 용어를 사용함으로써 골품제 하의 촌주 또는 이(吏)라는 직제에서 벗어나 관인으로서 자임하였다. 관반의 직명도 신라의 중앙관제와 동일하게 대등(大等)·낭중(郎中)·병부경(兵部卿) 등의 명칭을 사용하였다.

이렇게 자치기반을 갖춘 지방세력들은 이해관계에 따라 협력하거나 갈등을 빚기도 하였다. 신라의 의창군이 남미질부성과 북미질부성으로 분리되었으면서도 그 성주들이 함께 고려에 귀부한 것을 보면 우호적인 관계였다. 서로 인접한 매곡성(昧谷城)과 일모산군(一牟山郡)의 경우는 후백제에 속하였다가, 매곡성의 본읍장군(本邑將軍) 공직(龔直)이 고려에 귀부하자 대립, 충돌하였다.[9] 또 진례성(進禮城)의 지방세력 충지(忠至)가 금관성(金官城)을 공격하여 장악한[공취(攻取)] 사례처럼[10] 충돌을 거쳐 결합하기도 하였다. 자위조직 간의 결합은 신라시기의 군현 영속관계가 바탕이

정치적 위상과 城」『韓國史論』 50, 2004, 123~127쪽 참고.

7) 蔡雄錫, 앞의 책, 2000, 38~43쪽 ; 146~148쪽.

8) 官班에 대해서는 金光洙, 「羅末麗初의 豪族과 官班」『韓國史研究』 23, 1979 ; 姜恩景, 「高麗初 州官의 形成과 그 構造」『한국중세사연구』 6, 1999 ; 하일식, 「고려 초기 지방사회의 주관과 관반−금석문 자료 분석을 통한 시론적 해석」『역사와 현실』 34, 1999 ; 윤경진, 「高麗初期 在地官班의 정치적 위상과 지방사회 운영」『韓國史研究』 116, 2002 참고.

9) 『고려사』 권92, 龔直.

10) 『삼국유사』 권2, 기이2 가락국기.

64 제1부 다원성과 지역성

된 경우도 많았지만,11) 이와 같이 지방세력의 힘이나 귀부의 향배에 따라 유동적이었다.

결합의 결과, 유력 지방세력이 중심이 되어 세력권을 형성하였다. 「고려세계(高麗世系)」에 왕건의 조부 작제건이 서해 용녀와 결혼하고 돌아왔을 때 백주(白州)의 정조(正朝) 유상희(劉相晞) 등이 축하하면서 개주(開州)·정주(貞州)·염주(塩州)·백주(白州)와 강화(江華)·교동(喬桐)·하음(河陰) 3현의 사람들을 동원하여 영안성을 쌓고 궁실을 지어주었다고 전한다. 그 내용은 왕건의 선대가 송악의 지방세력으로 출발하여 작제건 대에 7개 군현을 아우르는 세력권을 확보하였다는 사실을 보여준다. 북원(北原)의 지방세력 양길은 국원성(國原城) 등 10여 성을 지배하면서 그 성주들이 거느린 군사력을 동원하여 899년(효공왕 3)에 궁예를 공격하였다. 사료에 따라서는 양길이 30여 성의 성주들을 동원하였다고 기록하였다.12) 양길의 지시를 받아 군사력을 제공한 10 또는 30여 성은 그의 세력권 안에 있던 자위조직들이었다.

성보(城堡)라는 자위조직을 기반으로 하여 성주·장군으로 지칭된 지방세력은 다른 세력과 결합하더라도 자립적인 기반을 유지하였다. 세력권의 중심인 유력 지방세력도 본거지 성읍의 성주·장군을 칭하였고, 드물게는 그곳을 기반으로 광역을 통솔하는 관(군)직을 표방하였다. 북원을 본거지로 하여 큰 세력권을 형성하였던 양길은 '북원적수(北原賊帥)'라고 표기되었다. 그리고 진례성과 김해부지역의 동향을 보여주는 사료로서 금석문에 지김해부(知金海府) 진례성제군사(進禮城諸軍事) 명의장군(明義將軍) 김인광

---

11) 신라 때 醴泉郡은 殷正縣을 영현으로 거느렸는데, 고려초에 각각 甫州(輔州)와 赤牙縣으로 명칭이 바뀌었으면서도 보주 관반이 적아현 관반을 상급에서 관할하였다. 윤경진, 「고려 태조대 군현제 개편의 성격-신라군현제와의 상관성을 중심으로」『역사와 현실』 22, 1996 참고.

12) 『삼국사기』 권12, 효공왕 3년 7월 ; 같은 책 권50, 弓裔. 전자에는 10여 성, 후자에는 30여 성이라고 기록하였다.

(金仁匡. 효공왕대, 봉림사진경대사비), 진례성제군사(進禮城諸軍事) 김율희(金律熙. 봉림사진경대사비), 금관고성(金官高城) 성주장군(城主將軍) 충지(忠至.『삼국유사』권2, 紀異2 駕洛國記), 김해부(金海府) 소공충자(蘇公忠子) 지부(知府) 아우[제(弟)] 율희(律熙) 영군(領軍. 907년 경, 태자사랑공대사비), 김해부 지군부사(金海府知軍府事) 소공율희(蘇公律熙. 911년, 광조사진철대사비) 등의 기록이 있다. 그 사료들을 검토한 연구에 따르면, 소충자[충지]·소율희[김율희] 형제가 처음에는 진례성을 장악하여 지김해부 진례성제군사 김인광 휘하의 지방세력으로 활동하다가, 김인광이 몰락한 뒤 김해부(금관성)를 공취(攻取)하여 907년 무렵에 두 지역을 아우르는 실력자로 성장하였다.[13] 소충자가 두 지역을 장악하여 최고 직책인 지김해부를 칭하고 그의 동생 소율희는 김해부의 영군이면서 동시에 진례성제군사를 칭하였으며, 911년 무렵에는 소율희가 형을 이어 최고 권력을 차지하였다.

한편 관반의 구성을 보면 모두 똑같지는 않았다. 983년(성종 2)의 향직 개편기록을 보면 당대등·대등 이하의 직명과 병부·창부 등의 조직으로 통일되었던 것 같지만, 962년(광종 13)에 건립한 청주 용두사 당간의 기문에는 학원(學院)이라는 직제가 더 나타난다. 그리고 924년(태조 7)에 지은 흥녕사 징효대사탑비문에는 명주의 관반으로서 아간(阿干)과 대감(大監) 등을 기록하였다. 그밖에 상사찬(上沙喰)·사간(沙干)·일길간(一吉干) 등의 명칭을 사용한 사례들도 있다. 대등과 아간(또는 아찬)은 주로 원주·청주·충주와 명주처럼 소경(小京)이나 주(州) 급의 큰 고을이었던 곳에서 사용하였으며, 군·현 급이었던 곳에서는 그보다 낮은 사간(또는 사찬) 등을 사용하였다.[14]

각 자위조직의 정치, 경제상황 자체도 비균질적이고 다양하였다. 호구수

---

13) 최병헌,「新羅末 金海地方의 豪族勢力과 禪宗」『韓國史論』4, 1978 ; 구산우,「신라말 고려초 김해 창원지역의 호족과 鳳林山門」『한국중세사연구』25, 2008.
14) 姜恩景, 앞의 논문, 1999.

와 토지결수, 비옥도와 같은 농업여건이나 교통로와 특산물 생산 등의
여건이 지역에 따라 다를 수밖에 없었다. 특히 정치·군사적 요충지로서
지리적 여건과 각 자위조직이 갖춘 군사력에 차이가 났다. 관반의 구성에
서 기존의 소경·주 급과 군·현 급 사이에 차이가 있었던 것은 전자가
정치·군사적인 힘이 우세하고 문화가 발달한 데에서 연유하였을 것이다.

그런 여러 여건들이 복합적으로 작용하여 중심과 주변의 관계로 지역적
생활권 내지 세력권을 형성하였다. 그리고 당시 전란 상황에서는 정치·군
사적 여건의 차이가 중심과 주변관계로 권역을 형성하는 주요 계기로
작용하기 마련이었다. 신라 지방제도상의 영속관계에서 영향을 받는 것에
못지않게, 지방세력들이 대두하여 신라 정부와의 관계가 약화 내지 단절되
고 각축을 벌이는 새로운 상황이었다는 점에 주목할 필요가 있다. 양길은
북원경에서 세력을 확대하여 국원경을 비롯한 10 내지 30여 성을 지배하는
세력권을 형성하였다. 박적오(朴赤鳥[積古])가 평주(平州)에 들어가서 설치
하였고 뒤에 그와 함께 궁예에게 귀부하였던 십곡성(十谷城) 등 13성들도
평주 지방세력의 영향력 아래에 있었다.[15] 왕건이 나주를 경략한 뒤 태봉
[고려]의 울타리[藩籬]가 되었던 40여 군과 고창군 전투 직후에 인근에서
고려에 귀부한 영안(永安)·하곡(河曲)·직명(直明) 등 30여 군현도 각각 나주
와 고창군의 정치적 향배에 밀접한 영향을 받는 지역이었을 것이다.[16]

신라말기에 표출된 삼국유민의식에서 보다 광역의 범위에서 대립적이
던 역사·문화적 다양성을 볼 수 있다. 평주의 지방세력 박지윤이 고구려의
장군직인 대모달(大模達)로 보이는 대모달(大毛達)을 칭한 것은 그 지역의
고구려유민의식을 이용하여 지배하려 한 것으로 여겨진다.[17] 그런 삼국유

---

15) 金龍善 편,『高麗墓誌銘集成(제5판)』, 한림대학교 출판부, 2012,「朴景仁墓誌銘」; 같은
책,「朴景山墓誌銘」.

16)『고려사』권92, 庚黔弼 ; 같은 책 권1, 태조 13년 정월 경인.

17) 鄭淸柱,「新羅末 高慮初 豪族의 形成과 變化에 대한 一考察－平山朴氏의 一家門의 實例
檢討」『歷史學報』118, 9~10쪽.

민의식이 정치화하여 후삼국의 정립으로 이어졌다. 궁예는 신라가 당에 청병하여 고구려를 멸망시키고 평양 옛 도읍을 황폐하게 만든 원수를 갚겠다고 선언하고 건국하여 (후)고려라고 칭하였다. 궁예는 국호를 마진, 태봉으로 바꾸면서 고구려유민의식의 한계에서 벗어나려 한듯지만, 정변을 일으켜 집권한 왕건은 다시 국호를 고려라고 하고 옛 고구려 지역의 확보와 유대에 힘을 기울였다. 견훤도 역시 신라가 당에 청병하여 백제를 멸망시킨 것을 거론하면서 의자왕의 설욕을 하겠다고 천명하고 (후)백제를 세웠다. 신라가 삼국통일 이후에 민족체 통합을 위하여 노력하였지만, 지방세력이 대두하는 사회변화 속에서 궁예와 견훤은 지역의 고유한 역사·문화의식을 이용하여 민심을 규합하고 새로운 국가를 건설하였다.

이처럼 다양한 존재양태를 보이고 있던 자위조직들 나아가서 후삼국이 서로 경쟁하고 갈등하는 상황에서 통일을 이룩한 고려는 그 경쟁과 갈등을 조정하여 지방지배체제에 포섭해야 하였다. 그렇지만 후삼국을 통일한 지 6년이 지난 943년(태조 26)의 훈요10조에서 차현(車峴) 이남 공주강(公州江) 밖 후백제지역의 산형지세(山形地勢)를 근거 삼아 인심의 배역(背逆)을 거론하고 통합당한 원망을 품고 있을 것을 우려하였다. 역사·문화의식이 서로 달랐던 세력들을 통합하는 것은 일거에 집권적 제도를 강제해서만 될 일이 아니었다.

당시 삼국유민의식이 고양된 한편 전란의 고통을 겪으면서 그 극복을 바라는 삼한일통의식도 부각되었다.[18] 삼한일통의식은 민족체의 통합을 지향하고 연대의식을 고양하여 통일왕조의 성립에 기여하였다. 「고려세계」를 보면, 왕건이 삼한을 통일하여 고통 받는 창생들을 구제할 운명을

---

18) 삼한일통의식의 성립 시기에 대하여, 삼국통일전쟁을 거치면서 나타났다고 보는 견해(노태돈, 「삼한에 대한 인식의 변천」, 『한국사연구』 38, 1982), 7세기 후반 신문왕 때로 보는 견해(김영하, 「일통삼한의 실상과 의식」, 『한국고대사연구』 59, 2010), 9세기 중반에 성립되었다고 보는 견해(윤경진, 「신라통일기 금석문에 나타난 천하관과 역사의식-삼한일통의식의 성립 시기 고찰」, 『사림』 49, 2014) 등이 있다.

타고났다는 점을 내세웠다. 그리고 건국한 뒤에도, 신라가 황룡사 9층탑을 세워 삼국을 통일한 것을 본받아 자신도 개경에 7층탑, 서경에 9층탑을 세워 삼한을 일가로 통합하겠노라고 발원하였다.[19]

또한 주지하다시피 국초에 지방제도를 개편하고[20] 요충지에 군대를 주둔시켜 지방세력을 통제하였다. 자위조직들의 군사력도 947년(정종 2) 광군(光軍)으로 편제하여 지방사회에 대한 장악력을 높였다. 또한 입지조건상 진(津)·역(驛) 등 국가에 필요한 특정 역(役)을 부담할 지역들을 설정하여 강제하였다. 진·역은 943년(태조 26), 향·부곡은 983년(성종 2)의 사료에 나타나니, 각각 그 이전에 제도화 되었을 것이다.[21] 그렇지만 상주하는 지방관을 파견하지 않고 여전히 관반의 자치에 맡겼으며, 귀부한 지방세력이나 공신들을 본주(本州)의 사심관으로 삼아 지방지배를 실현하였다. 그처럼 지방세력의 자율적 지배를 인정하는 한편 국가적 필요성에 따른 지방 편제도 이루어지는 가운데 지방지배체제가 일원적이지 않고 다원적인 양태를 보였다.

983년(성종 2)에 12목을 설치하여 지방관을 파견하기 시작하였다. 당시 최승로(崔承老)의 상서문에 따르면, 향호(鄕豪)들이 공무를 가탁하여 민을 침해하는 것을 막기 위해서 지방관을 파견하자고 하였다. 그러면서 일시에 다 보낼 수 없으니 10여 주현(州縣)을 아울러 한 명의 지방관을 파견하고 그 아래에 2~3명 씩 속관을 두자고 건의하였다.[22] 지배층을 제어하고

---

19) 『고려사』 권92, 崔凝, "太祖謂凝曰 昔新羅造九層塔 遂成一統之業 今欲開京建七層塔 西京 建九層塔 冀借玄功 除群醜 合三韓爲一家 卿爲我作發願疏 凝遂製進."

20) 邊太燮, 「高麗初期의 地方制度」『韓國史硏究』57, 1987 ; 朴宗基, 「高麗 太祖 23년 郡縣改編 에 대한 硏究」『韓國史論』19, 1988. 태조대의 지방제도 개편에 대하여, 신라와 비교하여 통폐합이나 신설된 군현의 비중이 크지 않았다고 보아 연속성을 강조하는 견해(윤경진, 앞의 논문, 1996)와 나말여초 사회변동을 고려하여 현실과 괴리가 커진 신라 군현제의 한계를 개혁하려고 한 점을 강조하는 견해가 있다(具山祐, 「高麗 太祖代의 地方制度 개편 양상-≪高麗史≫ 地理志를 중심으로」『釜大史學』22, 1998).

21) 『고려사』 권2, 태조 26년 4월 ; 같은 책 권78, 식화1 전제 공해전시 성종 2년 6월.

집권력을 높이려면 지방관을 파견해야 하는데, 자치력이 강한 현실을 감안하여 지역적 생활권 내지 세력권의 중심지에 파견하고 주변지역을 통제하게 하는 거점지배방식을 채택하였다. 또한 그 해에 관반을 향리직제로 개편하여, 지역 간에 존재하던 관반 상의 차등·차이를 없애고 통일하였다. 중앙정부가 지방지배층의 지역별 고하를 인정하지 않으려는 의지를 보인 것이다. 그런 개편에 반발할 가능성을 예상할 수 있는데, 상대적으로 우위에 있던 지역을 거점지배의 중심으로 삼은 방식이 무마책의 하나가 될 수 있었을 것이다. 또한 지방지배층에게 중앙관료로 진출할 수 있는 길을 개방하고 그것이 가능하도록 교육에 적극적으로 힘썼다.

995년(성종 14)에 당제(唐制)를 수용한 주현제(州縣制)를 실시하고 지방관을 증치하여 집권력을 더 강화하였다. 주(州)가 상급기구로 되고 주치(州治)도 다른 현과 동일하게 현으로 편제되어 병렬적으로 되는 형태였다.[23] 그렇게 하여 전국적 차원에서 일원적 지배형태를 갖추고 이전에 관반 사이에 맺어졌던 영속관계 즉 지역 간의 지배관계를 직접적으로 차단하려고 하였다.

그렇지만 이렇게 일원적 지배방식을 강제하자 지방사회의 자율적 질서와 마찰을 빚고 국가 통합을 동요시켰다. 소위 화풍(華風)을 수용한 체제 정비에 대한 비판이 거란 침입을 계기로 부상하였다.[24] 화풍 추구세력이 항전에 한계를 보이고, 그 와중에 논의된 대동강 이북 할지론(割地論)은 국토를 옛 신라의 영역으로 축소시키고 고구려계승의식을 포기하는 것을 의미하였다. 그러자 중부지역 지방세력의 기반을 갖고 있던 관료들을 중심으로 반발하여 지방세력의 자율적 지배력을 인정한 방식을 살리도록 요구하였다.

---

22) 『고려사절요』 권2, 성종 원년 6월.
23) 濱中昇, 「十世紀末における高麗州縣制の施行」 『朝鮮學報』 81, 1977.
24) 具山祐, 「高麗 成宗代 對外關係의 展開와 그 政治的 성격」 『韓國史研究』 78, 1992.

그 후 이완되는 과정을 거쳐 1018년(현종 9)에 거점지배방식인 주현-속현과 계수관(界首官)제도를 내용으로 하는 지방제도를 시행하였다.[25] 이 개편에서는 국초에 중시하였던 정치·군사적 세력관계만이 아니라 그동안 중앙집권화를 추진해온 성과를 바탕으로 하여 자연지리적 요소에 따른 교통이나 지역경제 등 현실적 조건을 고려하면서[26] 보다 다원적인 기준들을 적용하여 편제하였다.

「정도사오층석탑조성형지기」의 내용을 통하여, 주현-속현제도가 시행된 시기에 여전히 자율성을 유지하던 지방사회의 상황을 살펴 볼 수 있다. 그 탑이 위치한 약목군(若木郡)은 1023년(현종 14) 시점에서 부호장이 4명인 것으로 보아 1천 정(丁) 이상의 대읍이었지만 속현으로 편제되었다.[27] 주현은 경산부였고 계수관은 상주였다. 애초에 향리 일가가 탑을 만들기로 발원하였다가, 읍사의 향리층이 건립 불사를 주도하는 형태로 진행되었다. 향리들이 탑을 정도사에 안치시키도록 의(議)를 출납하였고, 읍사의 토지대장을 조사하여 읍사의 첩(牒)에 따라 터를 정하였다. 승속 1천여 명이 두 개의 작업조직으로 나뉘어 석재를 운반하였으며, 그 작업조직을 이끈 것은 호장과 부호장이었다. 일품군(一品軍) 조직도 공사에 참여하였다. 이렇게 향리층이 공사를 주도하여 1031년(현종 22)에 완공하였다.

발원문을 보면, 국가에 대하여 패업(覇業)과 기틀이 길이 홍성하고 안정되며 국왕이 장수하기를 기원하였으며, 향리에 대해서는 재앙에 들지 않고 복과 수명이 늘어나며 곳곳마다 사람마다 업(業)을 즐기고 이웃나라 군대는 빨리 멸망하며 나라가 더욱 편안해서 풍년이 들고 만민이 화락 태평하기를 기원하였다. 군내 남녀노소 백성들의 경우에는 장수하고 복을

---

25) 邊太燮, 「高麗前期의 外官制」『韓國史研究』2, 1968.
26) 채웅석, 앞의 책, 2000, 88쪽 ; 박종진, 「고려 초 지방제도 개편과 '主縣屬縣制度'의 성립」『한국문화』72, 2015, 321~322쪽.
27) 武田幸男, 「淨兜寺五層石塔造成形止記の研究(1)-高麗顯宗朝における若木郡の構造」『朝鮮學報』25, 1962, 56~57쪽.

받으며 재앙이 사라져서 길이 편안하고 즐겁게 지내기를 기원하였다. 내용상 향리가 국가와 지역민 사이에서 행정적 역할을 하는 데 머무는 것이 아니라 지역사회의 안녕과 질서를 책임지는 위상이라고 인식하였다. 그리고 군백성(郡百姓)이라는 표현을 써서 지역사회에 대한 귀속의식을 드러냈다.[28] 국가를 지역사회의 상위에서 사회 안정의 기초로서 인식하고, 지역민들은 향리의 보호 아래 안주하는 존재로 인식하였다.

이렇게 지방사회의 지배층이 공덕 불사(佛事)를 주도하여 신망을 얻고 리더십을 강화하는 것은 신라말기 이래의 추세였다.[29] 이 형지기에서는 탑 건립에 주현(主縣)의 지방관이나 계수관이 간여한 흔적을 찾을 수 없다. 만약 중앙정부의 승인이 필요하였다면 주현의 지방관과 중앙정부로 이어지는 행정라인이 개입하였을 것이다. 약 8년에 걸쳐서 상당한 재물과 인력을 동원한 탑 건립공사를 속현의 향리층이 주도하여 외부의 간섭이 없이 독자적으로 수행하였다.

3. 지방제도의 다원적·계서적 편성

앞 장에서 고려의 지방제도가 성립하는 전제가 된 지방 지역사회가 자율성·자치성을 갖추었고 정치·군사적, 사회경제적 여건 등에서 편차가 있었던 사실을 확인하였다. 고려가 그런 상황을 인정하고 지방제도를 편성함에 따라 그 편성 기준이 다원성과 계서성을 띠게 되었다.

선행연구 가운데 이미 지방제도의 다원적, 계서적 성격을 시사한 성과들이 있다. 우선 지방제도의 특성으로서 수령을 파견하지 않은 속현이 많았고, 전국의 중간기구를 지역에 따라 5도·양계·경기로 나누어 그 지배양식

---

28) 고려초기에 "遂爲郡族"이라는 표현도 있었다(興寧寺澄曉大師塔碑).
29) 채웅석, 「한국 고대 香徒의 조직과 역할」『韓國古代史硏究』81, 2016, 209~212쪽.

을 달리하였으며, 특수행정구역으로 향·부곡·소 등이 광범하게 존재하였다는 점 등을 지적한 연구가 있다.[30] 그런 특징들이 지방제도의 미숙성을 보여주는 것이라고 해석하였지만, 다원성의 시각으로 보면 달리 해석할 수 있다. 그 뒤 주현과 속현으로 구성된 일반행정구역과 향·부곡·소 등 특수행정구역으로 구성된 지방제도를 본관제의 계서적 지배방식의 하나로 파악하였으며, 고려사회의 다원성을 보여주는 주요 지표로 주목하였다.[31]

중간기구 도(道)의 편성과 운영이 다원적이었다고 파악한 연구도 있다. 그에 따르면, 995년(성종 14)에 마련된 10도가 문종대 이후 소멸하면서 계수관을 토대로 도가 설정되었으며, 도는 시기 또는 사신의 종류에 따라 5도에서 10도에 이르기까지 다양한 형식으로 편성되어 다원적으로 운영되었다. 그리고 정례적 성격의 안찰사 파견에 따라 도가 점차 고정되어가서, 명종대 이후 5도 양계가 광역의 운영체계로서 자리잡았다고 파악하였다.[32]

지방제도의 편제가 지방관격(地方官格)과 정수(丁數)에 의한 두 가지 방식에 입각하였다고 파악한 연구도 다원성의 관점에서 주목된다. 계수관-일반주현-속현의 3층 구조를 이룬 전자의 방식은 정치·군사적 기능이 중심이 된 행정적 편제의 필요에서 강구되었고, 후자의 방식은 지방관격과 실질적 읍세 즉 전정(田丁)·호구(戶口)가 일치하지 않는 것을 고려하여 수취제도의 체계적 운영을 위하여 강구된 것이라고 파악하였다.[33]

이상과 같은 성과들을 토대로 고려전기의 지방제도를 다원성의 관점으로 해석할 수 있다. 이제 자율성을 갖춘 행정구역을 바탕으로 다원적

30) 邊太燮, 「高麗時代 地方制度의 構造」, 『國史館論叢』 1, 1989.
31) 박종기, 『5백년 고려사』, 푸른역사, 1999 ; 蔡雄錫, 앞의 책, 2000.
32) 윤경진, 「고려전기 道의 다원적 편성과 5도의 성립」, 『東方學志』 135, 2006.
33) 구산우, 『高麗前期 鄕村支配體制硏究』, 혜안, 2003, 221~241쪽.

기준을 적용하여 지방제도를 편성하고 운영하였던 모습을 총체적으로 살피면서, 지방지배원리상 다원성과 동반하였던 계서성을 아울러 부각시켜 보려고 한다.

고려는 예치(禮治) 질서에 따라 해동천자(海東天子)가 지방제도를 설치하여 직접 지배하는 영역과 해동천자가 주도하는 국제질서를 인정하고 받아들인 번(蕃)을 구분하였다.[34] 특히 11세기 전반에 천리장성을 축조한 뒤로 내지(內地) 군현(진)과 번이 명확하게 구분되었다. 그 뒤 여진인들이 내투하여 군현 설치를 희망하면 판적(版籍)에 편적하고 기미주(羈縻州)를 설치하였다. 기미주는 수령(首領)의 자치를 허용하였는데, 형률을 적용하는 문제에서는 고려율을 적용할 것인지 본속법(本俗法)에 따르게 할 것인지 논란이 일었다. 전자는 기미주의 주민을 내국민으로 대우하려는 입장이지만, 후자는 이류(異類) 화외인(化外人)으로 대우하는 입장이었으며, 최종적으로는 후자에 따르도록 결정하였다.[35] 그리고 1073년(문종 27)부터는 일자명(一字名) 기미주를 활용하는 방식을 활용하여 명목상 내지군현과 동일하게 대우하였지만 직접지배 대신에 기미주를 통한 간접지배방식을 유지하였다.[36]

내지의 지방제도 편제에서도 우선 예치 질서에 따라 도읍 경(京)과 경기, 외방을 구분하였다. 수도인 개경에 원구·종묘·사직 등을 설치하고 경기와 함께 나라의 근본으로 인식하였다. 개경에는 다른 지역과 달리 부(部)·방(坊)·리(里)의 행정조직을 두고 사(使)·부사·녹사(綠事) 등 5부의 관직은 외직이 아닌 경관직으로 분류하였다.[37]

개경을 보완하여, 태조 초기에 서경, 987년(성종 6)에 동경, 1067년(문종

---

34) 노명호, 『고려국가와 집단의식』, 서울대학교출판문화원, 2009, 133~182쪽.
35) 『고려사』 권95, 黃周亮 ; 같은 책 권84, 형법1 殺傷 정종 4년 5월.
36) 宋容德, 「고려의 一字名 羈縻州 편제와 윤관 축성」 『한국중세사연구』 32, 2012.
37) 이익주, 「한국 고대, 고려시대 京·外 차별과 수도의 위상」 『서울학연구』 52, 2013.

21)에 남경을 처음 설치하였다.[38] 그 곳에는 3품 이상의 고관을 유수(留守[使])로 파견하고, 왕이 순주(巡駐)하여 권위와 은덕을 베풀었다. 다경제를 택한 이유는 풍수지리설의 영향, 정치세력과 정치상황에 대한 고려 등 여러 가지이지만,[39] 주지하다시피 서경이 고구려계승의식과 관련되고 동경이 신라의 정통성 계승을 부각시키는 의미가 있다. 남경의 경우도 견훤에게 식읍으로 내려주었던 곳으로서 백제에 대한 역사적 고려의 의미를 찾을 수 있다.[40] 다시 말하여 다경제 시행은 각각 시행시기가 다르더라도 삼국유민의식이라는 다양성을 제도적으로 통합하는 한편 그 역사·문화적 정체성 차이에 잠재한 경쟁의 동력을 집권적으로 흡수하려 한 것이라는 의미도 부여할 수 있다.

경의 외곽지역을 경기로 편성하여 이념적, 제도적으로 왕경의 위상을 확고히 하였다. 경기는 왕경을 보위하고 지원하는 특별구역으로서, 5도 양계와 구별되는 광역 행정구역으로서 기능하였다. 국초부터 왕기(王畿)에 대한 인식이 이어졌으며, 제도적으로는 995년(성종 14)에 적현제(赤畿制)를 실시하였다. 그때는 왕경개성부가 경기를 직접 관할하다가, 1018년(현종

---

38) 『고려사』 지리지에서 성종 6년에 동경을 설치하였다는 기록은 성종 14년의 착오이며, 또 문종 21년의 남경 설치 기록은 고종 21년의 남경 新闕 건설을 소급 기록한 것이라고 파악한 연구가 있다(윤경진, 「고려전기 界首官의 설정원리와 구성변화」 『진단학보』 96, 2003, 17~18쪽 ; 「고려 문종 21년 南京 설치에 대한 재검토-공양왕 2년 한양 천도의 합리화」 『한국문화』 49, 2010).

39) 고려시대의 다경제에 대해서는 李丙燾, 『高麗時代의 硏究(개정판)』, 亞細亞文化社, 1980 ; 박용운, 「고려전기 慶州의 위상에 대한 고찰」 『慶州史學』 16, 1997 ; 金甲童, 「고려시대의 남경」 『서울학연구』 18, 2002 ; 김창현, 「고려의 운수관과 도읍경영」 『韓國史學報』 15, 2003 ; 이익주, 「고려시대 남경 연구의 현황과 과제」 『도시역사문화』 3, 2005 ; 박종기, 「고려중기 남경 건설의 배경과 경영」 『향토서울』 68, 2006 ; 신안식, 「고려시대의 三京과 國都」 『한국중세사연구』 39, 2014(본 연구총서 1권 참조) ; 김일우, 「고려 文宗·肅宗代의 南京 설치」 『한국중세사연구』 39, 2014 등 참조.

40) 『宋史』의 다음 기록은 오류가 있지만 3경을 삼국과 연결시키는 의식을 볼 수 있다. "王居開州蜀莫郡 曰開成府 … 以新羅爲東州樂浪府 號東京 百濟爲金州馬郡 號南京 平壤爲 鎭州 號西京 西京最盛 總之 凡三京四府八牧郡百有十八縣鎭三百九十洲島三千七百"(『宋史』 권487, 열전246 외국3 고려).

9)에 경(京)과 기(畿)의 지배를 분리하는 방식으로 바꾸었다.[41] 서경의 경우에, 1024년(현종 15)의 '서경 기내(西京畿內)'라는 용례로 보아 이미 그 전부터 경기제를 실시하였고 1062년(문종 16)에는 서경기를 방위별로 4도(道)로 나누어 편성하였다.[42] 남경도 '남경 기내(南京圻內)'의 용례로 미루어 보아 경기제가 실시되었을 가능성이 있다.[43]

경·경기와 구별된 외방은 입지에 따라 남계(南界)와 동·북 양계로 구분하고, 전자를 일반행정기능, 후자를 군사기능 중심으로 운영하였다. 외방을 일원적으로 지배하지 않고 지역적 특성을 살려 지배방식을 달리한 것이 특징이었다.

외방의 광역 행정구역으로서 5도 양계가 제도적으로 성립한 시기는 군현제 정비보다 뒤이고 또 지역에 따라 차이가 났다.[44] 그렇지만 그 이전에도 변경지역에는 국초부터 군사적인 진(鎭)을 설치하였으며, 983년(성종 2)에 12목에 지방관을 파견할 때 북방에는 방어진사(防禦鎭使)를 파견하여 지배정책을 달리하였다. 1018년(현종 9)에 제도를 개편할 때도 주현-속현제도를 택한 남계와 달리, 양계지역은 방어사주(防禦使州)와 진(鎭)으로 편성하고 서경의 속현과 등주(登州) 이남의 지역을 예외로 하면 주·진마다 지방관을 파견하였다.[45] 그리고 양계 주·진에 편호된 사람은 승려가 되는 것을 금지하는 등 주민을 통제하였다. 진인(鎭人)이 귀향죄를 범하더라도 그대로 본처에 배류(配留)시켰고 유배형을 받게 되면 동계의 진인은

---

41) 邊太燮, 「高麗時代 京畿의 統治制」『高麗政治制度史研究』, 一潮閣, 1971 ; 신안식, 「고려시대 京畿의 위상과 역할」『人文科學研究論叢』25, 2003 ; 鄭學洙, 「高麗前期 京畿制研究」, 건국대박사학위논문, 2007 ; 鄭銀禎, 『고려 開京·京畿 연구』, 혜안, 2018 ; 윤경진, 「고려전기 京畿의 편성과 운영」『역사문화연구』33, 2009.

42) 『고려사』 권82, 병2 屯田 현종 15년 정월 ; 같은 책 권58, 지리3 西京留守官 ; 윤경진, 「고려시대 西京畿의 형성과 재편」『東方學志』148, 2009 참조.

43) 『고려사』 권14, 예종 12년 8월 정묘.

44) 邊太燮, 「高麗按察使考」『高麗政治制度史研究』, 1971 ; 윤경진, 앞의 논문, 2006.

45) 邊太燮, 「高麗兩界의 支配組織」 위의 책, 1971.

북계로, 북계의 진인은 동계로 유배하여 남계에는 유배하지 않도록 규정하였다.[46]

군현 지배는 본관제와 결합되었다. 본관제를 통하여 인민을 긴박시키고 부곡제 지역을 포함한 군현제로써 지방 지배를 실현하였다. 본관에 편적된 양인들은 예치질서의 대상이 되었다. 또한 충·효 등에 대한 포상이나 처벌의 일환으로 대상자의 본관을 상급으로 옮겨주든지 본관의 읍호와 관격을 승격하거나 강등하기도 하였다.[47] 태후를 존숭하여 본관이나 외향의 읍호 또는 관격을 승격시키기도 하였다. 유교사상에 따라 태후를 생전에 왕과 일체가 되어 종묘를 받들고 왕실을 만세에 전하는 존재로 인식하였으며, "어미는 아들로 인하여 귀하게 된다[모의자귀(母以子貴)]"는 언술도 존숭의 명분이 되었다.[48]

군현제를 시행하면서 모든 행정구역에 지방관을 파견하거나 지역차를 무시한 일원적 지배체제를 구축하지 않았다. 즉 국역 부담의 차이, 지방관 파견 유무, 지방관의 관격, 정수(丁數) 등 다원적 기준을 고려하여 군현제를 편성하고 운영하였다. 그리고 행정구역 간에 계서성을 두어 분열 지배하고 거점지역에 지방관을 파견하여 통제하는 방식을 택하여, 지역별로 권력 분배와 통제방식에서 차이를 두었다.

먼저 국역 부담의 차이를 살펴보면, 향·소·부곡·진(鎭)·역(驛)·장(莊)·처(處) 등의 특수행정구역을 일반행정구역과 명확하게 계서적으로 구분하였다. 특수행정구역에는 특정한 국역을 부과한 것, 지방관을 파견하지 않고 주민을 잡척(雜尺)으로서 일반군현 주민들보다 차별한 것 등이 동질적이어서 부곡제 지역이라고 범주화하여 파악하고 있다. 그러면서도 각각 생업조

---

46) 『고려사』 권85, 형법2 禁令 ; 같은 책 권84, 형법1 職制.
47) 『고려사』 권3, 성종 9년 9월 병자 ; 같은 책 권16, 인종 7년 6월 경술 ; 같은 책 권57, 지리2 慶州 ; 같은 책 권57, 지리2 感陰縣 ; 같은 책 권93, 韓彦恭 등 참조.
48) 채웅석, 「고려중기 외척의 위상과 정치적 역할」 『한국중세사연구』 38, 2014, 349~351쪽.

건이나 국역의 내용 등에서 다양하였다.[49]

다음에 읍호의 격과 지방관의 관격을 보면, 경·대도호부에 3품 이상의 유수(留守)·부사(府使)를 파견하고, 중도호부에 4품 이상의 부사, 방어진과 주·군에 5품 이상의 진사(鎭使)·지주군사(知州郡事), 진·현에 7품 이상의 진장(鎭將)·현령을 파견하여 계서적이었다. 그렇지만 모든 군현에 지방관을 파견하지는 않았을 뿐 아니라, 읍호의 격과 지방관 파견 여부가 상응하지도 않았다. 신라시기에는 소경, 주-군-현의 단선적 위계였던 것과 달리, 현이 주현이 되어 군을 속현으로 거느리기도 하고, 주가 속현이다가 포상에 따라 주현으로 승격하면서 주의 명호를 잃고 현령관이 되기도 하였다. 나말여초의 상황에서는 귀부·협조의 대가 또는 후비의 출신지로서 많은 군현들이 주(州)로 승격하였다.[50] 그렇지만 지방제도를 정비하고 지방관을 파견한 뒤에는 후비 관련 건을 제외하고 승강을 자제하였으며, 명호에 따른 읍격보다는 지방관 파견 여부를 훨씬 중요하게 인식하였다.[51]

주현과 속현은 다 같이 독자적인 구역을 갖춘 행정단위로서 병렬적이었다. 그렇지만 주현은 국가의 지배의지를 직접 관철하는 거점으로서, 그곳에 파견된 지방관은 주현을 포함한 임내 읍사에 대한 행정명령, 사법, 부세 수취, 군사 지휘, 향리 감찰 등을 책임졌다. 이런 거점지배방식을 채택하여, 5도 지역만 계산하면 주현은 전체 군현 수의 1/10 정도에 지나지 않았다. 또한 임내의 구성이나 개수가 균일하지 않고 다양한 것도 특징이었다. 예를 들어 상주의 경우에 속군 7곳과 속현 17곳인 데 비하여, 원주는 속군 2곳과 속현 5곳이었으며, 가림현은 속군 1곳과 속현

---

49) 朴宗基, 『高麗時代 部曲制硏究』, 서울대학교출판부, 1990.
50) 金甲童, 「高麗初의 州에 대한 考察」 『高麗史의 諸問題』, 三英社, 1986.
51) 지방관의 파견 여부와 관격이 상대적으로 중요하였더라도, 인종 때 順德王后의 내향 경원군을 인주로 승격하거나 충주 사람이 부친을 살해하자 주에서 군으로 강등시키려고 하였던 사례 등에서 볼 수 있듯이, 읍호의 격도 계서성을 유지하였다 (『고려사』 권56, 지리1 仁州 ; 같은 책 권16, 인종 7년 6월 경술).

4곳이 배치되었다. 임내 부곡제 지역을 고려하면 그 차이는 더 커졌다. 이것은 신라 후기 주·군의 영현(領縣) 편성에서 상대적으로 큰 편차가 없었던 것과 대조적이다.[52]

주현과 속현을 구분하기 전에 역사적으로 아간(阿干)·대등(大等)이 있는 관반과 사간(沙干)이 있는 관반의 차이, 그리고 보주(輔州) 관반과 적아현(赤牙縣) 관반 사이에 존재했던 것과 같은 관반 사이의 관할관계가 선행하였다. 앞에서 살펴본 것처럼 나말여초시기에는 정치·군사적 여건의 차이가 중심과 주변관계로 권역을 형성하는 핵심적 계기로 작용하였다. 이후 성종 때 관반 사이의 위계 차이를 없애고 관할관계를 제어하려고 하다가, 반발에 부딪쳐서 그 타협이 주현-속현제도로 나타났다. 집권력이 상대적으로 강화된 만큼, 그 때까지의 관행만 아니라 지리적 상황과 경제적 부담 능력 등도 고려하여 주현을 설정하고 속현을 배치하였다. 읍사의 자율적 지배기반을 인정한 위에서 그런 사항들을 복합적으로 고려한 결과 임내의 구성과 개수도 균일하지 않게 되었다.

지방관을 파견한 상태에서 제도적으로 주현의 읍사가 속현의 읍사를 행정적으로 지배하는 관계는 아니었다.[53] 그렇지만 주현과 속현 사이에는, 일반행정구역과 부곡제 지역 사이처럼 법제적인 차별은 아니더라도, 계서적 차이가 있었다. 주현 읍치에 지방관의 관아를 두고 지방관의 직명이 주현의 것이었다.[54] 속현은 중앙과의 업무에서 주현 지방관을 통해야 하였고, 속현리가 청명(聽命)하러 주현에 왕래해야 하였다. 요역 징발과 소송·재판 등 때문에 속현민들이 주현에 왕래해야 하는 부담도 컸다.

---

52) 박종진, 앞의 논문, 2015, 321쪽.

53) 李義權, 「高麗의 郡縣制度와 地方統治政策」『高麗史의 諸問題』, 三英社, 1986, 250~251쪽.

54) "知京山府事任若木郡內"(노명호 외 저, 『韓國古代中世古文書硏究(上)』, 서울대학교출판부, 2000, 「淨兜寺五層石塔造成形止記」)처럼 속현을 주현 지방관의 임내로 표기하기도 하였지만, 대체로 "興安府任內仁同縣人"(위의 책 張戩所志)처럼 임내를 지역 간의 관계로 표시하였다. 京山府는 충렬왕 21년에 興安(都護)府로 승격하였다.

또 속현은 주현에 대하여 지방관 상주와 사신 접대 등에서 발생하는 비용을 지원해야 하였기 때문에, 부곡제 지역만 아니라 속현의 획득과 상실이 주현의 이해관계와 직결되었다. 그리고 본관제의 영역규제로 인하여 지방 관 관아의 이속들이 주현 출신일 가능성이 높았는데, 지방관의 속현 관련 업무가 그 주현 출신 이속들을 통하여 처리되면서 속현이 침탈당할 소지를 안고 있었다.

더구나 출신 인물을 포상하여 지방관의 관격을 높여주거나 속현에서 주현으로 승격시키거나 속현을 이속해주었다. 반대로 처벌로써 관격을 낮추거나 주현에서 속현으로 강등시키거나 속현을 다른 군현으로 이속시 켰다.[55] 일반군현과 부곡제 지역 사이에 그랬던 것처럼, 주현과 속현 격의 승강이 상벌로 이용되는 상황에서 주현과 속현이 대등할 수 없었다. 상벌 의 수단으로 주현과 속현 격의 승강이 이루어졌다는 것은 그 차이가 행정적 의미뿐만 아니라 정치성, 계서성을 지녔다는 것은 의미한다. 그렇기 때문 에 속현이 되는 것을 내속(來屬)이라 표현하고, 한 지방관이 인접지역의 지방관을 겸임(兼任)·겸치(兼治)하는 내겸(來兼)과 구분하였다.[56]

이렇게 지역 사이에 계서성을 부여하면 병렬적일 때보다 주현에 다수의 임내를 소속시키는 거점지배방식을 수월하게 운영할 수 있다. 자율성을 지닌 지역 사이에 잠재한 경쟁을 체제내화 하는 의미가 있었다. 충성이나 반역 등 공과(功過)에 따른 상벌로서 관격의 등락, 주현과 속현 및 부곡제 지역 격의 승강, 임내의 이속 등을 행할 수 있어서 지방제도에 경쟁적

---

55) 朴恩卿,「高麗時代의 邑號 陞降」『高麗時代 鄕村社會 研究』, 一潮閣, 1996 ; 西川孝雄, 「高麗時代 邑號陞降에 대한 事例研究」, 경북대박사학위논문, 2001.

56)『고려사』권56, 지리1 懷仁縣, "本百濟未谷縣 新羅景德王改名昧谷 爲燕山郡領縣 高麗初更 今名 顯宗九年來屬 後以懷德監務來兼 辛禑九年別置監務" ; 같은 책 권56, 지리1 鴻山縣, "本百濟大山縣 新羅景德王改名翰山 爲嘉林郡領縣 高麗初更今名 顯宗九年仍屬 明宗五年以 韓山監務來兼" ;『稼亭集』권2, 金海府鄕校水軒記, "慶源李君國香以都官正郎出守梁州 有 廉能聲 國家以諸道守令久不移易 頗有屬民 則沙汰其尤者 俾所近州兼治之 由是李君權守是 府."

의미가 담겼다. 예컨대 인종대 서경반란에 대한 처벌의 일환으로 서경의 관제를 대폭 삭제하고 서경기(西京畿) 4도(道)를 폐지하였다. 서경이 '반역한 땅[叛逆之地]'이기 때문에 일체 혁파해야 한다는 주장이 비등하여, '근본이 되는 땅[根本之地]'이고 태조가 설치하였기 때문에 그대로 두자는 주장을 누를 정도였다.[57] 1204년(신종 7)에는 동경에서 발좌(孛佐) 등이 주도한 신라부흥운동이 일어나서 세가 커지자 지경주사로 강등하고 관내의 주·부·군·현·향·부곡 등을 안동과 상주에 분속시켰다. 그 때 안동은 그 항쟁을 방어한 공로로 대도호부로 승격하고 임내를 이속 받았다.[58] 영해(寧海)는 본래 예주방어사로서 1259년(고종 46)에 위사공신 박송비(朴松庇)의 본관을 높여 덕원도호부가 되었다가, 동여진의 침략에 함락된 죄로 지관(知官)으로 강등되고 속현인 보성(甫城)을 복주(福州)에 빼앗겼다. 그 때문에 읍인들이 부끄러워하던 차에 향리 박성절(朴成節)이 도당에 호소하여 예주목으로 승격하고 보성을 환속 받았다.[59]

이처럼 향리의 자치·자율성을 인정한 지방 지배를 도모하는 한편 다원적인 기준으로 지역들을 구분하고 계서화 하여 지역 간의 긴장관계를 정치적으로 활용하였다. 그리고 그 긴장관계를 이용하여, 지역 간에 연계하여 분권적 힘을 키우는 것을 저지하고 중앙정부의 의지를 관철시키는 효과도 있었다.

주현-속현제도가 거점지배방식이지만 그 범위에서 해결하기 곤란한 광역적 문제나 주현의 직첩제(直牒制)에 따라 중앙정부의 업무가 번다해지는 등의 문제점들이 생길 수 있었다. 그에 따라 재판상에서 상급심, 주현 차원을 넘는 인력 동원, 향공 선상 등을 비롯하여 보다 광역적으로 처리해야 할 업무를 위하여 주현 중에 중핵거점지역 곧 경·목·도호부의 지방관을

---

57) 『고려사』 권58, 지리3 西京留守官 ; 같은 책 권77, 백관2 外職 西京留守官.
58) 『고려사』 권57, 지리2 慶州 ; 安東.
59) 『陽村集』 권21, 司宰少監朴强傳.

계수관으로 삼아 맡겼다.[60] 계수관은 주현으로서 자체의 임내를 지휘 감독하는 한편, '계(界)의 수관(首官)'으로서 계내의 주현을 영군현으로 지휘하였다.

한편 읍호의 격, 주현·속현의 구별과 지방관의 관격, 일반군현과 부곡제 지역의 구별 등이 정치성과 계서성을 띠면서 실제 읍세를 반영하지 못할 수 있었다. 법 규정을 보면 1천 정(丁) 이상의 주현(州縣)이 있는가 하면 심지어 20정 이하의 주현도 있을 수 있으며, 향·부곡의 경우에도 1천 정 이상이 있는가 하면 50정 이하도 있을 수 있었다. 정수가 일반행정구역 과 특수행정구역의 구분, 읍호나 관격의 구분 등과 상응하지 않았던 것이 다. 그에 따라 보완책으로 정수의 차이를 고려한 지배방식을 병행하지 않을 수 없었다.[61] 각 지역 공수전·시(公須田柴)의 액수, 사심관과 향리의 정원, 향공(鄕貢)의 선발 정원, 기인(其人)의 자격조건 등을 정수에 따라 차등 규정하였다.[62] 물론 사안에 따라 등급의 수와 기준 정수가 일률적이 지 않았다.

정수를 고려한 지배방식에서 정은 직역(職役)을 담당하여 전정(田丁)을 지급받는 정호(丁戶)였다. 그것은 역(驛)의 등급을 6과로 나누어 정수에 차등을 두면서 "만약 토지가 있는데 정구(丁口)가 부족하면 본역(本驛) 백정 (白丁)의 자손으로서 자원하는 자로 충립(充立)한다"고 하여, 정호의 수에

---

60) 金晧東,「高麗 武臣政權時代 地方統治의 一斷面-李奎報의 全州牧 司錄兼掌書記의 活動을 중심으로」『嶠南史學』3, 1987 ; 朴宗基,「高麗時代 界首官의 범위와 성격」『韓國學論叢』 21, 1999 ; 구산우,「고려시기 계수관의 지방행정 기능과 위상」『역사와 현실』43, 2002 ; 김동수,「고려시대 界首官의 범위에 대한 재론」『全南史學』19, 2002 ; 윤경진, 「고려전기 界首官의 운영체계와 기능」『東方學志』126, 2004 ; 박종진,「고려시기 계수관의 기능과 위상」『역사와 현실』56, 2005.
61) 安秉佑,「高麗前期 地方官衙公廨田의 설치와 운영」『李載龒博士還曆紀念 韓國史學論叢』, 한울, 1990, 174~183쪽 ; 具山祐, 앞의 책, 2003, 238~239쪽.
62)『고려사』권78, 식화1 田制 公廨田柴 성종 2년 6월, 성종 12년 8월 ; 같은 책 권75, 선거3 事審官 성종 15년 ; 같은 책 권75, 선거3 鄕職 현종 9년 ; 같은 책 권73, 선거1 科目1 현종 15년 12월 ; 같은 책 권75, 선거3 其人 문종 31년.

따라 등급을 나눈 것이 분명하기 때문이다.[63] 그리고 정수에 따라 공해전시의 액수와 향리의 정원 등을 정한 방식을 달리 보면, 정수의 설정이 각 행정구역에서 정호의 숫자와 그들에게 지급하는 전정 수(數)를 고정시키는 것을 의미하였다는 것을 짐작할 수 있다.

각 지역의 정수는 '치읍(置邑)'할 때 작성한 적(籍)을 토대로 결정하였는데, 그 과정에서 중앙정부와의 관계에 따라 정치적 고려가 개입할 수 있었다. 예컨대 경순왕이 귀부하자 경주에 '치읍'하면서 1천 정 이상의 대읍으로 설정하고 뒷날 호장으로 개편되는 당제(堂祭, 堂大等)의 정원도 10명으로 정하여 주었다.[64] 그리고 벽진군의 지방세력 이총언(李悤言)이 귀부하자 그를 본읍장군으로 삼고 주변 읍의 정호 229호를 더 주었다.[65] 아마 벽진군에 인접한 일정지역을 이속시켜서 그가 관할하던 벽진군의 읍세를 보강해 주는 형태였을 것이다.

4. 지방지배 권력의 다원적 구성

지방지배체제는 중앙정부의 지배의지를 관철하는 수단이면서 동시에 지역사회의 요구가 중앙정부에 전달되는 통로이기도 하였다. 선행연구에서는 주로 전자의 측면을 다루었는데, 지방지배 권력의 구성과 관련하여 지방관·향리와 함께 사심관의 역할에 주목하였다. 국초는 물론이거니와 지방관 파견 이후에도 사심관은 상당한 권한을 행사하여, 지방관-향리-농민, 사심관-향리-농민이라는 이중적인 지방지배방식이 이루어졌다고

---

63) 『고려사』 권82, 병2 站驛.
64) 『慶州府戶長先生案』, 戶長先生案舊序. 이 자료를 근거로 향직 개편이 지역에 따라 성종 2년 이전에 이미 태조대부터 부분적으로 실시되었다고 본다(李純根, 「高麗初 鄕吏制의 成立과 實施」 『金哲埈博士華甲紀念史學論叢』, 知識産業社, 1983).
65) 『고려사』 권92, 王順式 附 李悤言.

파악하였다.66) 두 지배방식의 차이는 전자가 중앙의 지방통제의 직접적인 표현이고 후자는 중앙 및 지방과 동시에 연결된 두 가지 성격을 공유하는 존재였다는 점과, 전자가 정치적·행정적 지배권을 장악하고 후자는 부역에 대한 관리권 등 주로 사회경제적 측면에서 권한을 유지하였다는 점 등을 들었다.67) 지방관에 의한 지배와 달리, 사심관은 자율적인 향촌사회 운영질서의 중심적인 위치에 있었다는 점도 강조하였다.68)

모든 군현에 지방관을 파견하지 못한 것에 대한 보완책으로서 특정한 목적으로 파견하는 별명사신(別命使臣, 別銜)들이 상당히 많았다는 점을 고찰한 연구도 주목된다.69) 그리고 분할적 재정원 운영제도 하에서 독자적인 재정권을 보유한 왕실·각사 등이 군현에 직접 명령을 내리거나 관리를 파견하였기 때문에 지방관이 군현을 총체적으로 관리·경영하기 어려웠다. 그로 인한 다원적이고 분할적인 양태를 다원적 지방통치체제라고 파악하고, 그 체제는 수조지를 분배하고 관리하는 중앙정계 및 향촌사회 내부의 지배세력과 자율적인 운영구조가 안정되었을 때에만 가능한 것이었다고 본 연구가 있다.70)

이러한 선행연구들을 통하여, 지방관의 일원적 지배가 아니라 사심관이 관여하고 별명사신이나 왕실·각사 등이 파견한 관리도 부분적으로 지배력을 행사할 수 있는 다원적 지배구조였던 사실을 알 수 있다. 본고에서는 지방지배 원리상으로 자율적 지배와 타율적 지배 및 그 두 지배방식 사이의 갈등과 보완 등에 주목하여71) 향리·지방관·사심관·별명사신 등의 성격

---

66) 旗田巍, 「高麗の事審官」 『朝鮮中世社會史の研究』, 法政大學出版局, 1972.

67) 李純根, 「高麗時代 事審官의 機能과 性格」 『高麗史의 諸問題』, 三英社, 1986.

68) 朴恩卿, 「高麗時代 事審官의 性格」 『仁荷史學』 3, 1995.

69) 河炫綱, 「高麗地方制度의 研究」 『韓國中世史研究』, 一潮閣, 1988, 272쪽 ; 강은경, 「고려시대 공문서의 전달체계와 지방행정운영」 『韓國史研究』 122, 2003, 52~57쪽.

70) 임용한, 『朝鮮前期 守令制와 地方統治』, 혜안, 2002, 19~37쪽.

71) 향리·지방관·사심관으로 구성된 지배원리에 대한 서술은 蔡雄錫, 앞의 책, 2000, 163~173쪽 참고.

차이와 그들 사이의 역학 관계에 대하여 고찰하고, 각각에 대한 임면(任免)과 감찰(監察)제도의 차이 등을 밝혀 다원적 성격을 부각시키려고 한다.

먼저 향리에 대하여 살펴보면, 국초의 상황을 지나 지방관을 파견하고 관반을 향직으로 개편하자 관반 지배층의 공식적 위상이 향리로서 자리 잡았다. 주지하다시피 그들은 직역과 토성을 분정 받았고 신분 계층적 위상은 중간계층으로 파악된다.[72] 특히 부호장 이상은 입사직(入仕職)으로 대우받고, 부호장 이상의 손(孫)과 부호정 이상의 자(子)에게는 일반서인과 달리 제술업에도 응시할 수 있도록 하여 관료로 진출할 수 있는 길이 넓게 열려 있었다.

향리는 본관 읍사의 구성원으로서 제도적으로 지배력을 인정받았다.[73] 읍사는 '장인행공(掌印行公)' 즉 인신(印信)을 갖고 공무를 집행하면서 지방관과 지방민 사이를 연결하는 역할을 하였다.[74] 읍사의 인신은 촌락이문(村落移文), 호구전준(戶口傳准), 노비문권(奴婢文券) 인급(印給) 등에 사용하였다. 지방관과 읍사 사이의 문서행정에서도 각기 독자적 단위로서 공문을 주고받는 관계였다. 그렇기에 '장인행공'은 읍사의 독자적, 자율적 지배를 상징적으로 보여준다. 그러다가 조선초에 지방관 중심의 일원적 지배를 강화하면서 바뀌어, 읍사의 인신을 그 고을 지방관에게 정보(呈報)하는 문서에만 쓰게 하였다.[75]

---

72) 金光洙,「中間階層」『한국사 5』, 국사편찬위원회, 1975 ; 채웅석,「고려 '중간계층'의 존재양태-연구상의 문제점 검토와 연구의 진전을 위한 제언」『高麗-朝鮮前期 中人研究』, 신서원, 2001.

73) 향리의 본관 임용원칙은 지역 사정에 정통한 인물을 활용하고 또 이전 시기부터 그들이 주도해온 향촌공동체 관계를 이용하기 위한 것이었다. 고려후기에는 續姓 출신을 임용하기도 하였지만, 그것은 사회변화에 따라 鄕役 기피와 移住가 늘면서 나타난 현상이었다.

74) 읍사의 掌印行公에 대해서는 李樹健,「高麗時代 邑司 研究」『國史館論叢』 3, 1989, 94~95쪽과 尹京鎭,「古文書 자료를 통해 본 高麗의 地方行政體系」『韓國文化』 25, 2000, 109~118쪽 참고.

75)『태종실록』 권11, 6년 6월 정묘.

향리의 역할은 행정업무를 맡는 데 그치지 않고 향촌질서를 주도하면서 사회 교화에 대한 책임도 졌다. 인종 때 충주에서 부친 살해 사건이 발생하자 교화의 책임을 물어 지방관과 향리를 처벌하였다.[76] 지방민에 대한 교화의 책임이 지방관만 아니라 향리에게도 있다고 중앙정부에서 인식하였던 것이다. 향리는 현실적으로 재판에도 간여하였다. 외방에서 중형을 내릴 때 지방관들이 의례히 직접 심문하지 않고 외리(外吏)를 시켜 일이 많은 가운데에 체계 없이 혼잡하게 심문하게 한다고 지적하면서 지방관이 직접 심문하도록 하였다.[77] 988년(성종 7)에는 전운사와 지방관이 소송을 심리·판결하려고 하지 않아서 경관(京官)에게 월고(越告)하는 일이 잦다고 하면서 월고한 사람은 물론 처결하지 않은 장리(長吏)들을 처벌하도록 입법하였다.[78] 이 사료에서 장리는 지방관만을 의미할 수도 있지만 당시는 지방관을 12목에나 파견한 상태였고 또 위 사료에서처럼 향리가 재판에 관여하고 있었기 때문에 향리를 포함하였을 가능성이 높다.

향리층에서 기인으로 뽑혀 상경하여 지역에 관련된 자문에 응하였다. 또 상계리(上計吏)·진봉장리(進奉長吏) 등의 명목으로 상경하여, 그런 기회에 지역사회의 요구를 중앙정부에 직접 전달할 수 있었다. 앞에서 본 것처럼 영해가 관격이 강등되고 속현도 빼앗겼다가 상계리로 상경한 박성절이 도당에 호소하여 예주목으로 승격하고 속현을 환속 받은 사례가 있다.[79] 정조 진봉(正朝 進奉)에는 속현의 읍사도 참여한 듯하며, 왕이 읍사의 대표들을 직접 접촉하는 정치적 의미가 있었다.[80]

향리에 대한 통제도 제도화 하였다. 1018년(현종 9)에 정한 지방관의 봉행6조에 흑수장리(黑綬長吏)의 능력 유무와 향리의 전곡(錢穀) 산실(散失)

---

76) 『고려사』 권16, 인종 7년 6월 경술.
77) 『고려사』 권84, 형법1 職制 무편년기사.
78) 『고려사』 권84, 형법1 職制 성종 7년.
79) 주 59)와 같음.
80) 李樹健, 앞의 논문, 1989, 95~96쪽.

에 대한 감찰이 포함된 것에서 볼 수 있듯이, 향리에 대한 감찰은 지방관의 주요 업무의 하나였다.[81] 호장은 지방관이 거망하게 하여 향리에 차임(差任)된 기간과 '행공'을 맡은 기간을 기록하여 신성(申省)하면 상서성에서 첩(貼)을 내려 임명하였다. 부호장 이하의 경우에는 그곳 출신의 사심관이 관여하였다.[82] 그리고 호장을 복수로 임명한 것도 통제책의 일환으로 볼 수 있다. 1018년(현종 9)에 정한 향리 정원 규정을 보면, 일반군현의 경우에 1천 정(丁) 이상이면 호장 8명, 부호장 4명으로 하고 이하 정수에 따라 차등을 두어 1백 정 이하에는 호장 4명·부호장 1명으로 정하였다.[83] 그처럼 호장을 복수로 둔 이유의 하나로 개인에 의한 독점적 지배를 방지하려는 목적을 들 수 있을 것이다.[84] 이렇게 하여 읍사의 향리들이 실질적인 지배를 맡고 지방관은 그들을 지휘 감독하였으며, 또한 속현이 다수이고 그나마 지방관의 짧은 임기에도 불구하고, 12세기 사회변화 전까지 지방지배가 원활하게 이루어졌다.

한편 지방관은 주현에만 파견하되 본관을 피하는 것이 원칙이었다. 1310년(충선왕 2)에 홍규(洪奎)가 그의 본관 익성군(益城郡)의 지방관으로 임명된 것을 두고 이전에는 본관에 지방관으로 보내지 않다가 그로부터 시작되었다는 기록이 있다.[85] 그것도 그가 심왕(瀋王)과 특별한 관계였기 때문에 임명된 것이었다. 그 뒤 공민왕 때에 이달충(李達衷)을 계림부윤(鷄林府尹)으로 임명하자 그는 본관이라고 사양하였다.[86] 결국 부임하기는 하였

---

81) 『고려사』 권75, 선거3 凡選用守令 현종 9년 2월.
82) 『고려사』 권75, 선거3 鄕職 현종 9년 ; 같은 책 권100, 鄭世裕 ; 같은 책 권75, 선거3 事審官 태조 18년.
83) 『고려사』 권75, 선거3 鄕職 현종 9년.
84) 성종 6년(987)의 금석문에 "第二戶長"이라는 표현을 한 것으로 보아(정은우·김지현, 「아산 오봉사 삼층석탑과 명문 분석」『미술사학연구』 273, 2012, 81쪽) 호장들 간에 서열이 존재한 듯하다.
85) 金龍善 編, 『高麗墓誌銘集成』, 한림대학교출판부, 1993, 「洪奎墓誌銘」.
86) 『霽亭先生文集』 권4, 行狀.

지만, 사양한 것을 보면 본관에 지방관으로 가는 것을 자연스럽게 여기지 않았던 것을 알 수 있다. 본관에 지방관으로 파견한 경우가 고려후기에 나타나기 시작하였으나 그 때도 특별하게 여겼던 것이다. 본관 피혐(避嫌) 원칙에 따라 지방관을 임명함으로써 임지에서 토착지배층과 결탁하지 않고 이해관계에 휘둘리지 않으면서 중앙정부의 지배의지를 관철할 수 있을 것으로 기대하였다.

또한 지방관에게는 3년의 임기제를 적용하였다.[87] 주민들의 청원에 따라서 유임을 허락한 경우도 있기는 하였지만, 한 곳에 오래 재임함으로써 생기는 폐단을 막으려고 하였다. 오래 재임하면 지역 사정을 잘 알 수는 있겠지만 토착지배층과 결탁하거나 사적인 이익을 도모하는 폐단이 생길 소지가 있었다. 반대로 고려후기에 그랬던 것처럼 너무 자주 교체되어도 지역 사정을 파악하여 제대로 업무를 보기도 전에 이임하게 되고 영송(迎送) 비용만 늘어나는 문제가 있었다.[88]

이렇게 지방관의 본관 피혐 원칙과 임기제를 적용하여 국가에 의한 타율적 지배를 원활하게 관철하도록 하는 한편, 이민(吏民)이 지방관에 저항하는 것을 엄격하게 금지하였다. 지방관을 능멸한 죄인을 지역에서 추방하고 '집을 허물어 집터를 웅덩이로 만드는 벌[破家瀦宅]'을 내렸다고 하며,[89] 또 저항하거나 살해하면 읍격을 강등시키고 속현으로 만들기도 하였다. 명종 때 관성현령(管城縣令)의 폭정에 대항하여 민란이 일어나서 현령을 감금하고 그가 사랑한 기생 등을 살해하였다. 또 부성현(富城縣)에 파견된 현령과 현위가 서로 사이가 틀어져서 주민들이 피해를 입자, 참다

---

87) 李惠玉, 「高麗時代의 守令制度 硏究」 『梨大史苑』 21, 1985, 66쪽.
88) 『고려사』 권75, 선거3 銓注 凡選用守令 우왕 6년 6월 諫官李崇仁等言 ; 공양왕 2년 12월 憲司上言.
89) 『세종실록』 권9, 2년 9월 무인조와 『단종실록』 권11, 2년 6월 기해조 등에 따르면, 守令을 陵犯한 자를 黜鄕시키고 破家瀦宅하는 것이 "前朝之俗", "前朝故事"였다고 하였다.

못하여 두 사람을 아문(衙門)에 가두고 출입하지 못하게 하였다. 그러자 중앙정부는 주모자들을 처벌하는 한편 두 현의 패역이 막심하다고 하여 속현으로 강등하였다. 충렬왕 때는 그에 앞서 원종 때 밀성군(密城郡) 사람들이 지방관을 살해하고 삼별초에 호응한 것을 징계하여 지사군(知事郡)에서 부곡으로 강등시켰다.[90]

지방관에 대한 감찰은 안찰사(병마사), 찰방사 등의 별명사신(別命使臣)이 맡았다. 그들은 대개 방면을 나누어 파견지역과 임무가 지정되었다. 안찰사의 경우에 문종대에 서해도부터 나타나 12세기 이후에 5도제 정착 과정에 따라 전국적인 운영체계로 수립되었다. 안찰사는 지방관보다 훨씬 짧은 6개월의 임기로 파견되어 관내를 순행하면서 감찰하고 사법·부세수취 등에도 관여하였다.[91]

요컨대, 고려의 지방지배는 토착 향리로 대표되는 자율적 지배와 지방관을 통하여 중앙정부가 타율적으로 강제하는 지배가 결합한 형태였다. 그렇지만 주현(主縣)에 파견된 지방관만으로는 중앙정부의 지배의지를 관철시키는 데 한계가 있고, 무능하여 소임을 다하지 못할 수도 있었다. 향리의 입장에서 보면 지방관과 갈등을 빚을 경우에 조정하거나 지역 여론을 중앙에 전달할 수 있는 다른 통로가 필요하였다. 다시 말하여 지방관을 통한 지배와 향리의 자율적 지배 사이에 균열을 방비하고 보완할 수 있는 제도가 필요하였다. 그에 따라 계수관, 안찰사 등이 감독하게 하는 한편, 고려초부터 있던 사심관제도를 지방관 파견 이후에도 활용하였다.

---

90) 『고려사』 권20, 명종 12년 2월 을사 ; 같은 책 권27, 원종 12년 정월 병술 ; 같은 책 권57, 지리2 密城郡. 밀성군 항쟁의 진압에 공을 세운 金州는 원종 11년에 金寧都護府로 승격되었다(같은 책 권57, 지리2 金州).

91) 邊太燮, 「高麗 按察使考」, 앞의 책, 1980 ; 金潤坤, 「麗代의 按察使制度 成立과 그 背景」 『嶠南史學』 1, 1985 ; 박종진, 「고려시기 안찰사의 기능과 위상」 『東方學志』 122, 2003 ; 윤경진, 「고려시대 按察使의 기능에 대한 재검토 – 군사 및 사법 기능을 중심으로」 『韓國文化』 65, 2014.

사심관은 부호장 이하의 직 등에 대한 일을 관장하고, 본관 주민들을 대표하면서 가계의 품등(品等) 심사, 조세의 공평 부과, 풍속 교정 등의 일을 맡았다.[92] 1116년(예종 11)의 판문에 따르면, 과거 응시자의 신원 확인에 사심관이 기인과 함께 간여하였다.[93] 그리고 1178년(명종 8) 청주(淸州)의 토착 지배층과 무신정변 이후에 개경에서 낙향한 세력 사이에 지역 지배권을 둘러싸고 갈등 끝에 무력충돌이 벌어지자, 그에 대한 책임을 물어 청주목의 부사(副使)와 함께 사심관도 파면하였다.[94] 사심관이 관내 질서 유지의 역할을 맡았던 것을 보여주는 사례이다. 그런 일들을 하면서 지역사회의 요구를 중앙정부에 전달하고 처리를 주선하기도 하였을 것이다.

사심관은 속현에도 임명하였다. 1264~1268년에 침몰된 것으로 추정되는 마도3호선에서 "여수현부사심택전출피맥△두(呂水縣副事審宅田出皮麥△斗)"라고 기록된 목간이 발견되었다.[95] 여수현 부사심댁에 전출 피맥을 올린다는 의미로 파악된다. 당시 여수현은 승평군의 속현이었는데[96] 사심관이 있었던 것이다. "사심김영공주택상(事審金令公主宅上)"이라고 기록한 목간도 발견되었다. 김영공은 김준(金俊)으로서 익주(翼州)의 사심을 맡았던 것으로 보이며, 익주의 관격은 앞서 해양현령관이다가 1259년(고종 46)에 김준의 외향으로서 지익주사(知翼州事)로 승격하였다. 이런 사례들을 통하여 알 수 있는 것처럼 주현과 속현 모두에 사심관을 두었기 때문에,

---

92) 『고려사절요』 권1, 태조 18년 12월 임신 ; 『고려사』 권75, 선거3 事審官 충숙왕 5년 4월.
93) 『고려사』 권73, 선거1 科目1 예종 11년 11월.
94) 『고려사절요』 권12, 명종 8년 3월.
95) 임경희, 「마도3호선 목간의 현황과 판독」, 『목간과 문자』 8, 2011. 윤용혁은 마도3호선의 침몰연대를 1265년으로 특정하였다(「태안선과 마도3호선의 침몰 연대」 『한국중세사연구』 44, 2016).
96) 『고려사』 지리지와 『신증동국여지승람』에는 충정왕 10년, 『세종실록지리지』에는 1350년(충정왕 2)에 여수에 현령을 설치하였다고 기록하였는데, 전자는 誤記인 듯하다.

지방지배에서 사심관의 역할이 클 수밖에 없었다.

지방관과 달리 사심관은 중앙정부가 일방적으로 임명하는 것이 아니었다. 또 지방관의 거망에 따라 호장을 임명하는 방식과도 달리, 향리층 출신인 기인의 거망에 따라서 임명하였다. 이런 제도도 사심관을 중앙관료 중에서 임명하면서도 향촌사회의 자율적 질서를 고려하여 운영하였음을 말해준다.

사심관에 대한 감찰은 안렴사·감창사와 사심주장사(事審主掌使)가 맡았다. 문종 때의 규정에 따르면 사심관이 귀향하여 작폐하면 안렴사나 감창사가 개경으로 추송(推送)하여 죄를 묻도록 하고 사심주장사가 계달(啓達)하여 체차(遞差)하도록 하였다.[97] 그리고 복수로 임명하여, 996년(성종 15)의 규정에 500정 이상의 주(州)에는 4명, 300정 이상의 주에 3명 그리고 그 이하의 주에 2명씩 두도록 하였다.[98] 복수로 임명하여 상호 견제시킴으로써, 연고지 임명 때문에 생길 수 있는 문제점들을 해결하려고 하였던 것으로 보인다.

사심관의 지배가 지방의 자율적 질서에 바탕을 둔 것이라고 하더라도 사심관과 향리가 혈연적으로 밀착하여 폐단이 생기는 것을 방지할 필요가 있었다. 그에 따라 현종 초년에 아버지와 친형제가 호장이면 사심관에 차정하지 않도록 하였다.[99] 그리고 1124년(인종 2)에는 면향(免鄕)한 향리 자손이라고 하더라도 처의 친당(親黨)이 향역(鄕役)을 지고 있으면 사심관에 차정하지 않도록 하였다.[100]

한편 사심관을 중앙권력과 향촌사회의 관계로만 설명할 수 없는 점이

---

97) 『고려사』 권75, 선거3 事審官 문종 11년.
98) 『고려사』 권75, 선거3 事審官 성종 15년. 속현에도 사심관을 배치하였던 사실로 미루어 보면, 이 사료상의 州는 일반적인 지방행정구획의 총칭이었다. 그리고 마도3호선 목간에 "副事審"의 기록이 있는 것으로 보아서 사심관들 간에 서열이 있었던 듯하다.
99) 『고려사』 권75, 선거3 事審官 현종 初年.
100) 『고려사』 권75, 선거3 事審官 인종 2년.

있다. 사심관이 본관에 소유지나 수조지 등을 보유하였을 가능성이 높고, 그 지위를 이용하면 그런 경제기반의 관리에 읍사의 협조를 받기 쉬웠을 것이다. 고려후기의 자료이지만, 사심관의 농장에 녹전미(祿轉米)를 징수하거나 농장민에게 역을 부과하면 그 사심관이 상경한 향리를 사문(私門)에서 장형(杖刑)을 가하거나 동(銅)을 징수하며 녹전미를 되돌려 받는 짓을 자행한다고 지적하였다.[101] 사심관의 지위를 이용하여 재지 경제기반을 관리하던 현실을 보여주는 것이다.

사심관이 될 수 있는 연고지를 본관만 아니라 외향, 처향 등으로 확대한 배경에 그런 재산 관리문제가 있었을 가능성이 있다. 사심관을 '본주(本州)'에 임명하는 것을 원칙으로 하다가, 1134년(인종 12)에 재추(宰樞)는 내향·외향·처향·조처향(祖妻鄕)·증조처향 중에서 셋을 선택하여 겸차(兼差)하도록 하고 이하 관품에 따라 차등을 두어 참외직은 내향·외향 중에서 하나에 차정하도록 정하였다.[102] 이 조치는 이전부터 누대 문벌 출신은 기인의 거망이 적더라도 사심관으로 임명할 수 있게 한 조치와 더불어[103] 지배층의 이해관계를 반영하는 것이며, 또한 당시 재산의 균분상속제에 따라 본관 말고도 외지에 처변·모변 등으로 상속한 재산의 관리에 도움을 받도록 배려한 조치라고도 볼 수 있다.

이상과 같은 향리·지방관·사심관 등 이외에, 중앙에서 특정한 목적으로 파견한 별명사신(別命使臣, 別銜)들도 지방지배에 참여하였다. 별명사신들을 많이 파견한 이유에 대하여, 중앙의 행정력이 조직적으로 정연하게 지방에 침투하지 못하여 편의상 일시적으로 파견하는 관리들이 많았다고 보기도 하지만,[104] 주현-속현제도를 그 자체 고유한 지배방식으로서 인

---

101) 『고려사』 권84, 형법1 職制 충숙왕 5년 5월.
102) 『고려사』 권75, 선거3 事審官 인종 12년.
103) 『고려사』 권75, 선거3 銓注 事審官 현종 10년.
104) 河炫綱, 앞의 논문, 1988, 272쪽.

정한다면 그런 지배방식을 보완하기 위한 목적이었다고 보는 견해가 더 타당하다.[105]

안찰사·안무사·무문사(撫問使)·출추사(出推使)·찰방사 등 다양한 별명사신을 임시로 파견하여 지방관을 감찰하고 민정을 살폈다. 13세기 후반의 자료이지만, 안렴사와 별감 등은 이치(吏治)를 감찰하고 민간의 어려움을 조사하는 것이라고 하였다. 그러면서 공상(供上)을 빙자하여 주(紬)·저피폐(楮皮幣)·포(脯)·과일·명표지(名表紙) 등을 거두어 권귀에게 뇌물로 보낸다고 한 것으로 보아, 수취하여 공상하기도 하였던 듯하다.[106] 또한 원(院)·사사(寺社)·홀치(忽只)·응방(鷹坊)·순마(巡馬) 및 양반 등이 유직인원(有職人員)과 전전(殿前)·상수(上守)들을 전장(田莊)에 보내어 양민을 불러 모으고 향리를 꾀어 지방관에 항거하지만 별함들이 어쩌지 못한다고 지적하고 있어서, 별함이 권력기관과 권세가의 수탈을 제어하는 역할을 담당한 것을 알 수 있다. 별함이 노비소송에도 관여하여 문제가 생기자 지방관이나 안렴사가 처결하는 원칙을 지키도록 하였다.[107]

그런 역할들은 이미 전기부터 수행하고 있었다. 예컨대 1056년(문종 10)에 무문사를 여러 도에 파견하여 지방관·장리를 감찰하고 민의 빈부고락을 조사하게 하였다. 무문사는 현지의 수재(水災) 대책으로 조세 감면을 건의하기도 하였으며, 정부에서 선무사(宣撫使) 등의 사신을 파견하여 진휼하였다.[108] 1107년(예종 2)에는 각 도에 안무사를 파견하여 민간의 어려움을 조사·보고하고 지방관을 감찰하게 하였다. 안무사는 민란지역을 선유하거나 투항한 해적들을 안집시키기도 하였다.[109] 인종 때에도 감세사·감

---

105) 강은경, 앞의 논문, 2003, 52~57쪽.
106) 『고려사』 권29, 충렬왕 6년 3월 임자.
107) 『고려사』 권84, 형법1 職制 충렬왕 12년 3월 ; 같은 책 권85, 형법2 禁令 충렬왕 12년 3월.
108) 『고려사』 권7, 문종 10년 9월 갑신 ; 같은 책 권80, 식화3 賑恤 災免之制 문종 15년 정월 ; 같은 책 권80, 식화3 賑恤 水旱疫癘賑貸之制 문종 5년 2월.
109) 『고려사』 권12, 예종 2년 2월 병술 ; 같은 책 권15, 인종 6년 10월 임자 ; 같은 책

창사가 포탈된 역을 점검하는 등 부세 관련 업무와 함께 지방관의 공적을 조사하여 보고한 일이 확인된다.[110] 그리고 안찰사는 지방관 감찰과 민정 조사는 물론 도내의 형옥을 감독하고 휼형하는 등 사법업무에도 간여하였다.[111] 이렇게 별명사신들이 조사·감찰하거나 진휼·안집 등의 역할을 하면서 지방지배에 참여하였고, 그 가운데 안찰사는 앞에서 살핀 것처럼 고려중기 이후에 상설적이고 전국적인 운영체계로 수립되었다.

별명사신 외에도 분할적 재정원 운영제도로 인하여 파견하는 감림관·수조인 등도 지방에서 권력을 행사하였다. 왕실·중앙각사·지방관아 등의 재정주체에게 재정원을 배분하는 제도를 시행하였기 때문에,[112] 관청·개인 등이 수조권이나 공물수취권 등을 분급 받아 부세수취권의 일부를 장악하였다. 왕실의 장·처처럼 촌락을 단위로 장악하여 수취하기도 하고, 1023년(현종 14)에 첨사부의 재정을 위하여 공해전 15결과 공지호(供紙戶) 1호를 지급한 것처럼[113] 토지와 호를 배정받을 수도 있었다. 그런 재정원에서 수취하기 위하여 왕실·기관에서 관리를 직접 보내기도 하였다. 왕의 내칙(內勅)을 받은 관리가 장에 감림한 사실과 양현고 소속의 토지를 권농(勸農) 수세(輸稅)하도록 관리 2명을 소재지에 파견한 사실이 확인된다.[114]

그런 분할적 재정원 운영방식은 지방관 중심으로 일원적인 지배체제를 구축하는 방식과 맞지 않았다. 고려후기처럼 권력기관에 의한 탈점이 광범위하게 이루어질 경우에 부세수취를 비롯한 지방관의 지배와 마찰을 빚었다. 예컨대 충렬왕 때 가림현인(嘉林縣人)이 "현의 촌락들이 원성전(元成殿)·정화원(貞和院)·장군방·홀치·순군 등에 분속되고 금소(金所) 1곳만

권18, 의종 22년 11월 정축.
110) 金龍善 編, 앞의 책, 1993, 「金永夫墓誌銘」; 같은 책, 「李公升墓誌銘」.
111) 『고려사』 권16, 인종 11년 4월 갑진.
112) 安秉佑, 『高麗前期의 財政構造』, 서울대출판부, 2002, 385~390쪽.
113) 『고려사』 권78, 식화1 田制 公廨田柴 현종 14년 6월.
114) 金龍善 編, 앞의 책, 2006, 「金須妻高氏墓誌銘」; 『고려사』 권77, 백관2 諸司都監各色 養賢庫.

남아 있을 뿐인데, 지금 응방 미라리(迷剌里)가 또 탈점하였으니 우리들이 어떻게 부역을 바칠 수 있겠는가"라고 다루가치에게 호소하였다.[115]

개인 전주는 전객 지배에 인신지배가 뒷받침되지 않기 때문에 지배력의 행사에 공권력의 도움을 받는 것이 유리하였다. 그렇지만 수조권을 집중·집적 내지 탈점하여 대규모 농장을 경영하면서 해당지역의 지배 권력으로 작용하고 지방관과 마찰을 일으킬 수 있었다. 예컨대 고종 때 임피(臨陂) 현령 전승우(田承雨)는 상장군 김현보(金鉉甫)가 농장을 넓게 차지한 것을 미워하여 전조(田租)를 모두 거두어 관청에 넣고 토지를 민들에게 나누어주었다. 김현보의 청탁을 받은 안찰사 최종유(崔宗裕)가 조세를 돌려주게 하자, 전승우는 관청의 은기(銀器)로 보상하고 법사(法司)에 보고하였으며, 법사가 김현보와 최종유를 탄핵하였다.[116] 14세기 초에 종실 왕숙(王璹)이 해주(海州)의 전지 5,000여 결을 탈점하자 해주가 관인(官印)을 도당에 반납하는 일도 벌어졌다.[117] 공민왕 5년에는 보우(普愚)의 요청에 따라 그가 우거하던 미원장(迷元莊)을 현으로 승격하고 감무(監務)를 두었다. 그러자 보우가 호령을 주관하고 감무는 단지 자리만 지킬 뿐이었다고 하며, 그는 전원을 넓게 점유하고 온 들판에 말을 길렀다.[118]

이처럼 수조권 지배가 권력을 매개로 확대·강화되어 지방관의 역할을 제약하고 충돌할 수 있었다. 사료 상으로 보면, 고려전기에는 수조권 지배에서 지방관과의 협조가 두드러지고,[119] 수조인을 파견하여 직접 권한을 행사하는 사례는 12세기 이후의 사료에서 확인된다. 고려후기에는 농장의 확대와 폐단이 심해지면서 문제가 크게 부각되었는데, 그렇다고 고려전기

---

115) 『고려사절요』 권20, 충렬왕 4년 4월.
116) 『고려사절요』 권15, 고종 16년 10월.
117) 『고려사』 권90, 종실 平壤公基 附 璹.
118) 『고려사』 권38, 공민왕 원년 5월 ; 같은 책 권56, 지리1 楊廣道 楊根縣 ;『太古和尙語錄』 권下, 行狀(門人 維昌 撰).
119) 『고려사』 권79, 식화3 農桑 예종 3년 2월.

에 직접수조가 금지되었는지는 확인하기 어렵다.

5. 맺음말

신라말기에 대두한 분권적 지방세력들을 고려가 통합하면서 그들의 자율적 지배를 인정하였다. 자위조직을 운영한 정치·군사적 역량과 사회경제적 여건, 공동체의식 등을 인정·고려하여 지방지배체제를 구축하였다. 한편으로는 군현제·본관제를 통하여 지방에 대한 지배력을 행사하고, 입지조건과 연계하여 특정한 국역(國役)을 부담할 지역들을 설정하여 강제하였다.

그에 따라 고려전기에, 성종 때의 주현제(州縣制) 시행을 예외로 하면, 일원적 기준에 따라 행정구역의 규모·읍격 등을 정하거나 지역 차와 무관하게 균일한 지배를 관철하지 않았다. 지역별로 권력 분배와 통제방식 등에 차이를 두었다. 지방제도에서 입지조건과 기능을 고려하여 크게 경기·양계·남계를 구분하고 지배방식을 달리하였다. 또한 국역 부담을 기준으로 일반행정구역과 부곡제의 특수행정구역을 구분하고, 거점지배방식을 채택하여 지방관을 파견한 주현과 그렇지 않은 속현을 구분하였으며, 읍호의 격과 지방관의 관격도 계서적 지배방식의 일환으로 기능하였다. 그리고 그런 구분들이 정치성·계서성을 띠면서 실제 읍세를 반영하지 못하였기 때문에 정수(丁數)의 차이를 고려한 지배방식을 병행하였다. 이렇게 지방제도를 다원적, 계서적으로 편제함에 따라 생기는 지역 사이의 긴장관계를 이용하여 중앙정부의 지배의지를 관철하기도 하였다.

지방지배 권력도 다원적으로 구성되었다. 읍사의 토착 향리의 자율적 지배를 바탕으로 하고 거점지역인 주현에만 지방관을 파견하였다. 향리층은 기인·진봉장리 등으로서 지역을 대표하여 중앙과 직접 연결될 수 있었다. 지방관은 본관 피혐 원칙에 따라 파견되어 임내 향리들을 감독하면서 중앙정부의 지배를 관철시켰다. 그리고 향리의 자율적 지배와 지방관을 통한 타율적 지배 사이에 생길 수 있는 균열을 방비·보완할 수 있도록 사심관을 활용하고 다양한 별명사신을 파견하였다. 사심관은 지방관과 달리, 본관 향리층의 의사를 반영하여 임명하였고, 속현에도 임명하였다. 그리고 분할적 재정원 운영방식을 채택하여 재정주체들이 지방에서 권력을 행사할 수 있었던 것도 지방관 중심으로 일원적 지배체제를 구축하는 방식과 맞지 않았다.

12세기 이후에는 사회변화에 따라 지방민들의 공간적, 계급·신분적 유동성이 커지고 향리층의 자율적 지배력이 약화되었다. 분할적 재원운영 방식을 이용하여 탈점이 광범위하게 이루어져서 중앙정부의 지배를 저해하였다. 그에 대응하여 지방관을 증파하고 관 주도의 향촌 통제를 강화하는 정책을 시도하게 되었으며, 향리·지방관·사심관의 위상도 달라졌다.[120]

---

120) 채웅석, 「고려말 조선초기 향촌사회의 변화와 지배질서의 재편」, 『중세사회의 변화와 조선 건국』, 혜안, 2005.

제2장

고려중기 삼국부흥운동의 '지역성'과 '저항성'

신 안 식

1. 머리말

지금까지 무인집권기 지방사회의 저항에 대한 연구는 중앙과 지방의
갈등 즉 정치·사회·경제·신분 등 중세사회의 모순에서 발생했다는 배경을
밝히는데 초점을 두었고, 의미 있는 성과들을 생성하였다.[1] 하지만 저항
자체를 연구하는데 집중한 결과 저항세력의 지역적 고립과 일회성이 강조
되었고, 급기야 저항의 '분산성'과 '제한성'에 따른 저항의 한계를
지적하는 연구에 그치기도 하였다. 무인집권기 지방사회의 저항에서
주목되었던 것이 '삼국부흥운동(三國復興運動)'[2]을 표방한 움직임이 일어

---

1) 신안식, 「고려 무인집권기 지방사회 저항에 대한 연구동향과 과제」 『인문과학논총』
   45, 2007.
2) 무인집권기의 '삼국부흥운동'은 그동안 '신라부흥운동·고구려부흥운동·백제부흥
   운동'을 이르는 용어로 쓰여 왔다. 하지만 1237년(고종 24) 원율·담양을 중심으로
   한 이연년 형제의 저항이(『고려사절요』 권16, 고종 24년 봄) '백제부흥운동'을 벌였다
   는 직접적인 자료가 발견되지 않고 있다. 때문에 이 글에서는 東京·西京과 같이
   고대국가의 國都를 중심으로 한 저항이었던 '신라·고구려 부흥운동'에 초점을 맞추
   려고 한다. 용어의 사용 또한 연구사적인 면에서는 '삼국부흥운동'이라고 하였지만,
   전반적인 내용에서는 '신라·고구려 부흥운동'이라고 하였다.

났다는 것이다.

신종대 경주를 중심으로 한 경상도 지역에서 '신라부흥'을 내세운 것을 비롯하여, 고종대 서경에서 최광수 등이 '고구려부흥'을, 담양에서 이연년 등이 '백제부흥'을 각각 표방하였다는 것이다. 신라부흥운동은 최충헌 정권이 성립하자 의종 시해에 따른 경주민(慶州民)의 위기의식에서 비롯되어 이의민 잔존세력과 하급 군인층이 합세한 저항으로 이어졌다고[3] 하였다. 고구려부흥운동은 최충헌 정권의 전횡, 지방관의 폐단, 거란유종(契丹遺種) 침입기의 가혹한 役의 동원 등에 따른 재지세력 중심의 저항이었다고[4] 한다. 백제부흥운동은 최씨정권의 쌍봉사(雙峯寺) 사원세력의 구축과 그 과정에 대한 재지세력의 대응이었음을 지적한 견해가[5] 있다. 이러한 움직임들에 대해 삼국이 자리 잡았던 지역들을 중심으로 한 전국 각지에는 민족의식의 성장에 대응하여 향토의식이 발생하였다는 지적과[6] 무인집권기의 저항이 고려왕조를 부정하여 신국가 건설의 의지를 표방하는 단계로까지 진전되었음을 보여주는 것이라고도[7] 하였다. 또한 이 시기의 삼국부흥운동은 지방하층민들이 중앙정부와 연결된 지배층의 수탈에 저항하는 계급적 충돌로서의 민란 성격을 띠었던 반면, 저항의 응집력 면에서는 후삼국시대와 같은 삼국유민(三國遺民) 단위의 결집력을 갖기 어려웠다고도[8] 하였다.

결과적인 면에서 '삼국부흥운동'의 실패는 중앙 통제력의 우위를 강조하는 주장이 나타날 수 있었고,[9] 저항의 개별 사례에 주목하였던 이유이기

3) 金晧東,「高麗 武人政權下에서의 慶州民의 動態와 新羅復興運動」『民族文化論叢』2·3, 1982 ;「李義旼政權의 재조명」『慶大史論』7, 1994.
4) 申安湜,『高麗 武人政權과 地方社會』, 景仁文化社, 2002, 240~241쪽.
5) 金光植,「崔沆의 雙峯寺 寺院勢力 構築과 李延年亂」『水邨朴永錫教授華甲紀念 韓國史學論叢』, 탐구당, 1992.
6) 閔賢九,「高麗中期 三國復興運動의 역사적 의미」『韓國史 市民講座』5, 1989.
7) 朴宗基,「12, 13세기 農民抗爭의 原因에 대한 考察」『東方學志』69, 1990.
8) 노명호,『고려국가와 집단의식』, 서울대학교출판문화원, 2009, 86쪽.

도 하였다. 때문에 지금까지의 연구에서는 '지역성'을 담보로 한 '저항성' 보다는 사회적 모순에 대항한 저항 자체에 의미를 부여해 왔다. 즉 무인집 권기의 중앙정부는 폭압을 행사하는 배척의 대상으로, 지역사회는 새로운 변화 욕구가 일어나는 반정부적인 성향으로 바라보는 연구들이 대체를 이루었다. 하지만 중앙의 지역 장악 방식 및 지역 자체의 특색에 따른 상호 결합과 갈등적인 면이 우선하는 가운데, 그 관계가 깨졌을 때의 결과가 저항으로 나타날 수 있었다는 점도 강조될 필요가 있을 것이다.

이 글에서는 고려 중앙정부의 지역 인식방식을 기초로 하여 중앙과 지역의 상호 갈등에 따른 '지역성'과 '저항성'의[10] 표출을 무인집권기의 신라·고구려 부흥운동에 초점을 맞추어 살펴보려고 한다.[11] 따라서 '2장 부흥운동의 지역성'에서는 중앙의 지역인식과 지역의 자체인식을 구분하여 중앙과 지역의 통합적 혹은 갈등적인 측면을 찾아보려고 한다. '3장 부흥운동의 저항성'에서는 무인집권기 저항의 유형 속에서 신라·고구려 부흥운동이 차지하는 위상적인 측면을 추적해 보려고 한다.

---

9) 노명호는 "고려국가 단위의 사회통합이 진전됨에 따라 13세기 초 삼국부흥 표방의 실패를 끝으로 삼국유민의식은 사회적 집단의식으로서는 그 의미가 극히 축소되어 사실상 사라지게 되었고, 역사의식과 관련된 잔영만을 일부 남기게 되었다."라고 하였다(앞의 책, 2009, 87쪽).

10) 이 글에서 사용하는 '지역성'이란 '지역 자체의 정체성'을 지칭하는 용어로 사용하였고, 저항성은 '외부적 영향과 지역 자체 내에서 생성된 모순의 표출'이라는 의미로 사용하였다.

11) 고려왕조의 대체를 전제로 한 신라·고구려 부흥운동은 그 전후 시기의 묘청세력의 신국가건설(『고려사절요』 권10, 인종 13년 정월 무신), 조위총난(『고려사』 권19, 명종 4년 9월 기유), 삼별초항쟁(『고려사』 권26, 원종 11년 6월 기사), 동녕부(『고려사』 권26, 원종 11년 2월 정축)와 쌍성총관부(『고려사』 권24, 고종 45년 12월) 성립 등과의 연계성을 고려해 볼 수 있지 않을까 한다.

2. 부흥운동의 지역성

12세기 저항사로서의 신라·고구려 부흥운동은 저항세력의 '지역성'을 강조하는 데는 유용하였지만, 당대의 시대상을 반영할 정도의 세력화를 이루었을까는 여전히 의문으로 남아있다. 하지만 신라·고구려 부흥운동은 특정 지역사회의 '집단성'을 담보로 하였고, 고려사회가 안고 있었던 모순의 표출에서 비롯되었다는 점은 분명한 사실일 것이다. 이 장에서는 신라·고구려 부흥운동이 가지는 지역성에 대해 살펴보려고 하며, 중앙의 지역인식과 지역의 자체인식을 구분해서 서술하고자 한다.

1) 중앙의 지역인식

중앙의 지역인식은 지방사회를 바라보는 왕조의 시선이며 지배체제 구축의 토대가 되었을 것이다. 고려왕조의 등장은 왕조 권력의 교체를 통해서 이루어진 것이 아니라 통일신라의 분열 속에서 지역세력들의 치열한 각축전을 통해서 이루어졌다. 때문에 중앙의 지역 장악은 일률적인 지배체제 구축을 통해서 이루어지지 못하고 점진적인 통합 절차를 통해서 실현되었다.

고려의 지방제도는 광역단위의 경기제(京畿制)·양계제(兩界制)·5도제(道制)를 중심으로 그 하위단위의 주(州)·군(郡)·현(縣) 등을 포괄하였다. 이를 기반으로 하여 경기제의 중심에 개경(開京), 양계제의 중심에 서경(西京), 5도제의 중심에 동경(東京) 혹은 남경(南京) 등이 각각 위치하였다. 고려의 경제(京制)는 개경과 서경의 양경제를 근간으로 당대의 정치·사회적 목적에 따라 동경 혹은 남경을 덧붙인 3경제로 운영되었다.[12] 3경제는 국도

---

12) 3경제를 시행한 배경에 대해서는 관련 사료의 부족으로 사실적인 면을 밝히기가 어렵지만, 고려의 '三韓' 의식 혹은 풍수지리설의 유행에서 비롯되었다거나, 이를

개경을 중심으로 한 국토 운영의 효율성과 개경의 역사적 위상을 보완하려는 목적이 있었지만, 정작 실효성적인 면에서는 여전히 의문으로 남아 있다. 3경제를 통한 영토운영은 고려왕조의 지배체제를 이해할 수 있는 근간이 된다는 점에서 그 중요성이 있다고 하겠다.

가-① (현종) 21년에 다시 동경유수로 고쳤다. 당시 예방이 올린『삼한회토기』에 '고려 3경'이라는 문구가 있으므로 다시 설치한 것이다.[13]

가-② 김위제가 … 남경으로 천도하자고 요청하는 상서를 올리며 말하기를, "『도선기』에 이르기를, '고려의 땅에는 3경이 있으니, 송악이 중경이 되고, 목멱양이 남경이 되며, 평양이 서경이 된다. … 또『신지비사』에서 말하기를, '… 이것은 저울을 가지고 3경을 비유한 것입니다. 저울접시는 머리이며, 저울추는 꼬리이고, 저울대는 <균형을 잡기 위해> 끌어당겨 총괄하는 곳입니다. 송악은 부소이니 비유하자면 저울대이며, 서경은 백아강이니 비유하자면 저울머리이며, 삼각산 남쪽은 5덕을 갖춘 언덕으로 비유하자면 저울추입니다. …"라고 하였다.[14]

사료 가-①·②에서의 '3경'은『고려사』『고려사절요』등의 자료에서 나타나는 '삼국(三國)'·'삼한(三韓)' 등과 연관된 것으로 고려왕조의 정체성을 상징하는 용어로 이해되고 있다. 즉 삼국과 삼한은 '고구려·백제·신라'

먼저 시행했던 신라의 제도 등에서 찾기도 하였다(신안식, 「고려시대의 三京와 國都」『한국중세사연구』39, 2014 ; 본 연구총서 1권 참조).

13) 『고려사』권57, 지리2 경상도, 東京留守官 慶州, "(顯宗) 二十一年 復爲東京留守 時銳方所 上三韓會土記 有高麗三京之文 故復置之."

14) 『고려사』권122, 方技 金謂磾, "金謂磾 … 上書請遷都南京曰 道詵記云 高麗之地 有三京 松嶽爲中京 木覓壤爲南京 平壤爲西京 … 又神誌秘詞曰 … 此以秤諭三京也 極器者首也 錘者尾也 秤幹者提綱之處也 松嶽爲扶疎 以諭秤幹 西京爲白牙岡 以諭秤首 三角山南爲五德 丘 以諭秤錘 …."

혹은 '신라·후백제·후고구려'와 관련된 것인 동시에, 그 중심에 서경·동경 [혹은 남경] 등의 거점 도시들이 각각 위치하고 있었다.[15] 이들 영역을 개경 중심으로 통합하고, 지역과 지역의 이질적인 요소를 완충할 수 있는 지방제도의 정비가 지속적으로 이루어졌다. 하지만 통합성과 이질성 사이 에는 중앙과 지역 혹은 지역 내의 갈등적인 요소들이 상존할 수밖에 없었 다. 따라서 중앙의 지역인식은 지역사회의 전통적인 정체성을 인정하는 가운데 그 지역의 통제 방식으로 적용되거나, 지역사회의 자체인식과 상호 결합 혹은 갈등 양상으로 나타날 수 있었다.

가-③ 다섯째, 짐이 삼한 산천의 신령한 도움을 힘입어 대업을 성취하였다. 서경은 수덕이 순조로워 우리나라 지맥의 근본이 되며 대업을 만대에 전할 땅인 까닭에 마땅히 4중월에는 거기에 행차하여 100일이 지나도록 머물러 안녕을 이루도록 하라.[16]

가-④ 여덟째, 차현[차령산맥] 이남과 공주강 밖은 산의 모양과 땅의 형세가 함께 배역으로 달리니 인심도 또한 그러하다. 저 아래 고을 사람이 조정 에 참여하여 왕후, 국척과 혼인하여 국정을 잡게 되면 혹은 국가를 변란 케 하거나 혹은 통합된 원한을 품고 거동하는 길을 범하여 난을 일으킬 것이다.[17]

---

15) 이를 연구자들은 '兩京制' '三京制' '多京制' 등으로 명명하였다. 이는 곧 고려왕조의 다원적 영역인식을 통한 역사인식과 국도 개경 중심의 지배질서 구축 등의 토대가 되었다고 할 수 있다.

16) 『고려사』권2, 태조 26년 4월, "御內殿 召大匡朴述希 親授訓要 曰 … 其五曰 朕賴三韓山川 陰佑 以成大業 西京水德調順 爲我國地脈之根本 大業萬代之地." 이 자료는 일반적으로 고려의 '고구려 계승'이라는 점을 강조할 때 많이 인용되는데, 윤경진은 이를 고려의 '고구려 계승'보다는 '三韓一統'의 관점에서 보아야한다고(「고려의 三韓一統意識과 '開國' 인식」, 『한국문화』 74, 2016, 341~344쪽) 하였다.

17) 『고려사』권2, 태조 26년 4월, "其八曰 車峴以南 公州江外 山形地勢 並趨背逆 人心亦然 彼下州郡人 參與朝廷 與王侯國戚婚姻 得秉國政 則或變亂國家 或啣統合之怨 犯蹕生亂."

가-⑤ 전주는 옛날 백제 땅으로 그 성질이 아주 사나워 관대한 정사로는 다스릴 수 없기 때문에 억지로 형벌을 쓰게 된 것이지 본심으로 한 것이 아닙니다.[18]

가-⑥ 장차 하국을 정벌하려고 합니다. 비록 의로움을 받든 왕사이지만, 만일 천시를 얻고자 한다면 감히 상제에게 복을 구하지 않을 수 있겠습니까. 지난 역사의 남은 기록들을 구하여 동경의 처음 일을 살펴보면, 바야흐로 태조께서 천명을 받아 발흥하시니 김부[경순왕]가 땅을 바쳐 스스로 의탁하였습니다. 이것이 어찌 성(城)을 공격하여 탈취한 것이겠습니까. 진실로 의를 사모했던 까닭에 그런 것입니다. …[19]

사료 가-③·④·⑤·⑥은 각각 고려왕조의 옛 고구려·백제·신라에 대한 인식을 보여주는 사례들이다. 고려왕조는 고구려의 후예임을 자처하였고, 신라의 투항 및 후백제와의 통합전쟁을 통해서 등장하였다. 때문에 고구려와 신라에 대해서는 우호적이었던(사료 가-③·⑥) 반면, 후백제에 대해서는 비우호적인 인식을(사료 가-④·⑤) 드러내기도 하였다.[20] 이런 점은 3경제의 성립 과정과 국도의 천도운동에서도 그대로 반영되었고, 12세기 무인집

---

18) 『동국이상국전집』 권27, 與某書記書, "全古百濟 其性大悍 不可以寬政理 故勉强用刑耳 非本心也."

19) 『동국이상국전집』 권38, 天皇前別醮文, "云云 將以伐下國 雖云擧義之王師 如欲得天時 敢不徼福於上帝 徵前史之遺記 考東京之厥初 方太祖受命而勃興 有金傅納土而自附 是豈攻城而後取 良由慕義之所然 嘉乃忠誠 冊厥君於尙父之位 存其舊國 崇妓號以留守之司 何後世之民 忘前代之好 非特亂紀逆常之已甚 抑其殘民害物者滋多 拒我上都 雖無異螳螂之怒臂 原其虐迹 不奈如豺虎之流涎 故聲其罪以將征 非實我君之本意 人所怒也 天其忍諸 聊陳洞酌之儀 仰乞至靈之助 冀歆明信 遄降顯威 大兵所臨 若碬投卵 群賊自熄 如火燎毛 云云."

20) '우호적' '비우호적'이라는 표현은 고려왕조의 역사인식을 염두에 둔 것이고, '협조적' '비협조적'이라는 것과는 구별된다. 예컨대 옛 고구려 지역에 대한 인식에서 사료 가-⑤와 같은 인식을(『고려사절요』 권12, 명종 4년 9월, "近北界諸城 率多桀驁"; 金龍善, 『高麗墓誌銘集成』, 한림대학교출판부, 1993, 「田元均 墓誌銘」, "北俗性剛悍難化") 찾아볼 수 있기 때문이다.

권기의 신라·고구려 부흥운동에서는 중앙 정부와 맞서는 거점 지역으로서
의 역할을 하기도 하였다. 이는 '경기·양계·5도'라는 다원적 영역인식에
서[21] 비롯되었다고 할 수 있다.

사료 가-⑥에서 보면, 1202년(신종 5) 동경 지역의 저항에 대한 진압을
이규보는 '하국을 정벌[伐下國]'이라고 표현하였다. 이는 '제문(祭文)'의 형
식을 빌린 다분히 수사적인 표현으로 보이지만, 신라의 중심이었던 동경
권역을 '하국(下國)'이라고[22] 표현하였다는 점에서 주목된다. 이런 표현은
1031년(현종 22) 「정도사오층석탑조성형지기(淨兜寺五層石塔造成形止記)」
에서 고려 중앙정부를 '상국(上國)'이라고[23] 부른 것과 비교할 수 있는
것이다. 중앙과 지역을 각각 '상국'과 '하국'이라고 인식하였던 것은 고려
왕조가 황제국으로서 '개경[上都·中京]'이 '서경[西都·鎬京]'과 '동경[下都·
東都]'을 거느리는 형식이었음을 보여주는 것으로 생각된다.[24] 이와 같은
인식은 무인집권기의 저항 양상 중에서 '서적(西賊)'과 '남적(南賊)'이라는
표현에서도 찾아볼 수 있다. '서적'은 서경 권역을 중심으로 한 저항세력,
'남적'은 개경 이남의 불특정 다수 혹은 동경 권역과 관련된 저항을 통칭하
는 광역단위의 지역성을 나타낸 용어였을 것으로 이해된다.

---

21) 이 글에서 사용한 '다원적 영역인식'이라는 것은 고려왕조의 지방제도가 '경기[개경]
·양계[서경]·5도[동경 혹은 남경]'라는 다양한 구조로 이루어졌음을 표현한 것이며,
또한 서경과 동경[혹은 남경] 지역을 중심으로 한 남북 관계가 개경을 통해서
연결되었다는 점을 고려한 것이다.

22) 동경 권역을 '下國'이라고 표현한 것은 동경이 '下都'라고(『동국이상국전집』 권38,
山海神合屈祭文, "云云 不誼之人 天地所棄也 至誠之薦 山川其捨諸 爰有下都 敢成尤計
諭集幸災之遺盜 擅侵無罪之小城 謂永州也 緣此爲階 至今作梗 玆欲加於天討 垂已卽於戰場
主嶽主河 若有神之靈者 同心同體 宜借力以扶之 寔擧明禋 佇承陰相 致令秋毫不犯 東降吷主
之徒 春雪未消 北首朝天之路 云云") 표현된 이유였고, 개경이 '上都'로 불린 것과
연결되는 것이다.

23) 이기백 편, 『韓國上代古文書資料集成』, 일지사, 1987, 「淨兜寺五層石塔造成形止記」, "國
家覇業 長興鴻基永固 保遐齡於可久 延寶祚於無彊 長吏等賴此妙 因憑斯善事 災殃不染 福壽
增長處同歡 人人樂業 隣兵電滅 上國益安 百穀豊登 万民和泰 郡內老小男女百姓等 …."

24) 3경제를 저울에 비유하여 개경을 저울대로, 서경을 저울머리로, 남경을 저울추로
각각 인식하기도 하였다(사료 가-②).

한편 고려왕조의 '경기·양계·5도'의 다원적 영역인식은 각각의 경계 지역이 거론되었던 점에서도 찾아볼 수 있다.

가-⑦ 어떤 이는, "임금께서 서울의 대궐로 돌아가서 중신을 시켜 군사를 거느리고 항복을 청해야 합니다."라 하였고, 어떤 이는, "서경 이북의 땅을 떼어서 거란에게 주고 황주로부터 절령까지를 국경으로 삼는 것이 좋겠습니다."라고 하였다.[25]

가-⑧ 최탄이 몽고 군사 3,000명을 요청하여 서경에 주둔시키자, 몽고 황제 가 최탄·이연령에게 금패를, 현효철·한신에게 은패를 차등 있게 하사하 였다. 조서를 내려 <서경을>직접 몽고에 속하게 하고, 동녕부라고 이름 을 고쳤으며 자비령을 국경으로 삼았다.[26]

가-⑨ 경주인이 반역을 도모하여 비밀히 낭장동정 배원우를 보내 전장군 석성주가 귀양 간 곳인 고부군으로 가 달래기를, "고려의 왕업은 거의 다 되었으니 신라가 반드시 다시 일어날 것입니다. 공을 왕으로 삼아 사평도로 경계를 삼으려 하는 데 어떻습니까?"라고 하였다.[27]

사료 가-⑦·⑧에서 보면, 서경을 주축으로 한 지역의 남쪽 경계로 거론된 곳이 절령 혹은 자비령[28]이었다. 또한 가-⑨에서 보면, 동경을 주축으로

---

25) 『고려사절요』 권2, 성종 12년 윤10월, "… 或言 割西京以北之地 與之 自黃州至岊嶺 畫爲封疆 可也 …."
26) 『고려사』 권26, 원종 11년 2월 정축, "崔坦請蒙古兵三千 來鎭西京 帝賜崔坦·李延齡金牌 玄孝哲·韓愼銀牌有差 詔令內屬 改號東寧府 畫慈悲嶺爲界."
27) 『고려사절요』 권14, 신종 5년 11월, "慶州人謀叛 密遣郞將同正裴元祐 往前將軍石成柱配 所古阜郡 說曰 高麗王業幾盡 新羅必復興 以公爲主 沙平渡爲界 如何 …."
28) 절령과 자비령은 같은 지역이었다(『고려사』 권58, 지리3 西海道 平州, 洞州, "本高句麗 五谷郡 … 要害處 有岊嶺【卽慈悲嶺】"). 또한 1219년(고종 6) 義州 지역을 중심으로

한 지역의 북쪽 경계로 거론된 곳이 사평도[29]였다. 이들 남북 지역의 중간에 경기 지역이 설정되었고, 그 중심에 개경이 위치하였다. 이는 다원적 영역인식을 통해 국도 개경의 위상을 강화하는 동시에 지방지배의 효율성을 높이려는 의도가 반영된 결과에서 비롯된 것으로 이해된다. 하지만 고려시기를 통해 정치·사회적 갈등이 높아지게 되면, 서경과 동경 권역을 중심으로 한 저항들이 빈번하게 일어났다.

옛 국도를 중심으로 일어난 저항의 대표적인 사례가 서경 권역을 중심으로 한 1135년(인종 13) 묘청 반란, 1173년(명종 3) 김보당 반란, 1174년(명종 4) 조위총 반란, 1217년(고종 4) 최광수의 고구려부흥운동, 1258년(고종 45) 조휘·탁청 등과 1269년(원종 10) 최탄 등이 각각 몽골로의 투항, 1202년 (신종 5) 동경 권역을 중심으로 한 신라부흥운동 등이었다. 이러한 저항들이 일어났을 때 서경과 동경의 지역세력만 호응했던 것이 아니라 그 주변의 여러 지역에서도 호응하였고,[30] 그 파괴력 또한 다른 어떤 지역의 저항보다 높았다.

그런데 서경과 동경 권역을 중심으로 한 대규모 저항에서 중앙 관인층 출신 혹은 재지세력 중심의 저항세력이 지향하는 형태가 각각 달랐음도 살펴볼 수 있다. 전자는 인종대 묘청 반란과 같이 고려왕조를 대체할 신국가 건설을 기치로 한 저항, 무인집권기 김보당 혹은 조위총의 반란과 같이 구왕정(舊王政)의 복구를 시도한 저항 등에서 찾아볼 수 있다. 그에

한 저항에서는 淸川江을 경계로 삼았던 경우도 있었다(『고려사』 권130, 韓恂·多智, "韓恂·多智 皆義州戌卒 恂爲別將 智爲郞將 高宗六年 二人反 殺其防戌將軍趙宣 及其守李 樣 自稱元帥 … 擅發國倉 諸城響應 … 明年 恂·智等 以淸川江爲界 投東眞 …").

29) 사평도는 한강이었다(『고려사』 권56, 지리1 楊廣道 南京留守官 楊州, "漢江【卽沙平 渡】").

30) 『고려사절요』 권12, 명종 4년 9월, "西京留守兵部尙書趙位寵起兵 … 於是 岊嶺以北四十餘 城皆應之" ;『고려사』 권24, 고종 45년 12월 기축, "龍津縣人趙暉 定州人卓靑 以和州迤北 附蒙古 蒙古置雙城摠管府于和州 以暉爲摠管 靑爲千戶" ; 같은 책 권58, 지리3 北界 西京留 守官 平壤府, "元宗十年 西北面兵馬使營記官崔坦·三和校尉李延齡等 作亂 殺留守 以西京及 諸城 叛附于蒙古."

반해 무인집권기 신라·고구려 부흥운동 등과 같이 재지세력 중심의 저항은 구질서로의 회귀를 지향하거나,[31] 대몽항쟁기 동녕부·쌍성총관부 등과 같이 고려왕조로부터 이탈하여 아예 이민족으로 투항한 경우 등에서 찾아볼 수 있다. 이러한 차별적인 저항이 나타날 수 있었던 것은 중앙의 지역인식과 지역사회의 자체인식의 갈등적인 면이 반영되었기 때문으로 이해된다.

따라서 다원적 영역인식은 국도 개경의 중심성을 강화할 수 있었던 반면, 서경과 동경 권역은 상대적으로 소외될 가능성이 높았다. 때문에 이들 지역 간의 갈등이 심화되면 이를 중심으로 한 대대적인 저항이 일어나게 되었고, 심지어 왕조에 대한 부정적인 세력이 나타나게 되었던 것이다. 하지만 왕조에 대한 부정적인 세력의 등장은 오히려 중앙 집권세력의 결속력을 높이거나 왕조수호자로서의 위상을 강화시킬 수 있는 기회가 되기도 하였다.

2) 지역의 자체인식

지역의 자체인식은 지역사회의 집단성과 배타성을 통해 신라·고구려 부흥운동이 일어나게 된 배경을 찾아보는 것이다. 집단성은 저항세력의 결집과 확산의 중요 요소로 작동되었고, 배타성은 지역 혹은 저항세력 내부의 갈등적 요소로 작용하여 오히려 저항력을 위축시키는 이유가 되기도 하였다.

우선 지역적 집단성을 중심으로 한 저항이 발생되었을 경우에는 저항의 결집과 확산이 상당히 높았음을 알 수 있다.[32] 저항세력의 집단성을 강화

---

31) 구질서로의 회귀를 사회발전 논리로 과연 설명할 수 있을까 하는 의문은 여전히 과제로 남아있다.
32) 예컨대 묘청 반란(『고려사절요』 권10, 인종 13년 정월 무신), 김보당 반란(『고려사』

하고 외부세력과의 연대를 이루기 위해서는 공감대의 형성이 일차적인 요소였을 것이다. 그 결과 지역사회 내의 결속을 위한 국지적 집단성을 강화하거나, 지역과 지역의 결속력을 높이기 위한 광역적 집단성을[33] 이루는 경우가 있었다.

저항이 일어나게 되면 일차적으로 집단성의 성향에 동조하는 자들이 모여들게 된다. 이들은 오랫동안 그 지역사회의 구성원으로 살아온 자들이 대부분을 이루었겠지만, 한편으로는 사회경제적인 모순을 공유하던 외부 세력들도 참여하게 되었을 것이다. 이러한 다양한 구성원들을 결속시키고 지속적인 관계를 유지할 수 있었던 방편이 지역사회 내의 집단성이었다고 할 수 있다.

다음 <표 1>에서 보면, 저항세력 결집의 형태로서 '소취(嘯聚)'라는 표현이 발견된다. 이는 단순히 저항세력을 '불러 모으다'라는 표현에 앞서 집단성의 형성을 보여주는 구체적인 사례이기도 하였다. '소취당여(嘯聚黨與)(㉠), 소취관노급군불령자(嘯聚官奴及群不逞者)(㉡), 소취도중(嘯聚徒衆)(㉣), 소취원율·담양제군무뢰지도(嘯聚原栗·潭陽諸郡無賴之徒)(㉤)[34], 소취군인(嘯聚軍人)(㉥)' 등은 지역사회 내의 구성원들로서 공동체의 현실성을 바탕으로 집단성을 이룬 사례들이다. '소취망명('嘯聚亡命)(㉢), 소취기현초적급성중노예(嘯聚畿縣草賊及城中奴隷)(㉦), 소취용강·함종·삼화인(嘯聚龍岡·咸從·三和人)(㉧)' 등은 사회경제적 모순에 대한 공통의 현실성을 토대로 외부세력과의 집단성을 이룬 사례들이다. 따라서 국지적 집단성은 공동체의 현실성과 역사성이 중요했을 것이고, 이는 곧 지역사회 내의 공공적인

권19, 명종 3년 8월 경진), 조위총 반란(『고려사』 권19, 명종 4년 9월 기유), 공주 명학소의 망이·망소이 저항(『고려사』 권19, 명종 6년 정월 기사), 신라부흥운동(『고려사절요』 권14, 신종 5년 11월), 쌍성총관부(『고려사』 권24, 고종 45년 12월), 동녕부(『고려사』 권26, 원종 11년 2월 정축) 등이 그 사례들이다.

33) 예컨대 주) 32에서의 조위총 반란, 쌍성총관부, 동녕부 등이 그 사례들이다.
34) '無賴之徒'를 '山林'이라고도 하였다(『고려사』 권99, 崔惟淸附 崔璘, "高宗時 出爲羅州副使 時原栗人李延年 自稱百賊都元帥 嘯聚山林 寇掠州郡 璘與指揮使金慶孫 擊破之").

〈표 1〉 집단성 사례

	시기	지역	성향	경과
㉠	명종 6년 정월	공주	소민	공주(公州) 명학소민(鳴鶴所民) 망이(亡伊)·망소이(亡所伊) 등이 당여를 불러 모아[嘯聚黨與] 산행병마사(山行兵馬使) 라 자칭하고 공주를 공격하여 함락시켰다.
㉡	12년 3월	전주	기두	전주사록 진대유가 자못 자기의 맑고 고결함을 믿고 형벌을 가혹하게 집행하여 민들이 매우 고통스러워했다. 나라에서 정용군·보승군을 파견하여 관선(官船)을 건조 하게 하자, 진대유가 상호장 이택민 등과 함께 공사를 가혹하게 닦달하였다. 기두(旗頭) 죽동(竹同) 등 6인이 난 을 일으켜 관노와 많은 불순분자들을 불러 모아[嘯聚官奴 及群不逞者] 진대유를 산사(山寺) 등으로 쫓아내고 이택 민 등 10여 명의 집에 불을 질렀다. 주리(州吏)들이 모두 도망가서 숨어버리자 판관 고효승을 위협하여 주리를 교체 하게 하였으므로 고효승은 단지 임명장을 줄 뿐이었다.
㉢	23년 7월	운문 초전	남적	남적(南賊)들이 봉기하였다. 극심한 것은 김사미(金沙彌) 가 운문(雲門)을 근거지로, 효심(孝心)이 초전(草田)을 근거 지로 삼아 떠도는 자들을 불러 모아[嘯聚亡命] 주현(州縣) 을 약탈하였다.
㉣	고종 4년 정월	진위현	기민	많은 사람들을 불러 모아[嘯聚徒衆]현령(縣令)의 부인(符 印)을 빼앗아 창고를 열어 곡식을 빌려 주니 촌락의 굶주 린 민들이[飢民] 그들에게 많이 가담하였다. 주변 군(郡)에 공문을 보내면서 스스로 정국병마사(靖國兵馬使)라 칭하 고 의병(義兵)이라 불렀다.
㉤	9년 7월	개경 경기	노예 초적	강화(江華)로 천도하자 어사대 조예(皂隷) 이통이 개경이 빈틈을 타 경기 현(縣)에 있는 초적 및 성중의 노예를 불러 모아[嘯聚畿縣草賊及城中奴隷] 반란을 일으켰다. 유 수와 병마사를 쫓아내고 마침내 3군을 만든 뒤 여러 사찰에 공문을 보내 승도(僧徒)를 불러 모으고 공사(公私) 전곡(錢穀)을 표략하였다.
㉥	24년 봄	원율 담양	무뢰	초적(草賊) 이연년 형제가 원율·담양 등 여러 군의 무뢰배 를 불러 모아[嘯聚原栗·潭陽諸郡無賴之徒] 해양(海陽) 등 주현을 치며 내려오다 김경손이 나주(羅州)에 들어왔다는 소식을 듣자 나주성을 포위하였다.
㉦	원종 10년10월	서북면	반무인 정권	임연을 죽인다는 명분을 내걸고 용강현·함종현·삼화현 의 사람들을 불러 모아[嘯聚龍岡·咸從·三和人] 함종현령 최원을 살해하였고, 밤에 가도(椵島)로 들어가서 분사어 사 심원준과 감창사 박수혁, 경별초를 살해하고 반란을 일으켰다.
㉧	12년 정월	밀성군	삼별초 항쟁 가담	밀성군 사람 방보·계년·박평·박경순·경기 등이 군인들 을 불러 모아[嘯聚軍人] 장차 진도(珍島)에 호응하려고, 부사 이이를 죽이고 드디어 공국병마사(攻國兵馬使)라 칭 하면서 여러 군현에 공문을 보냈다.

* 출전 : ㉠→『고려사』권19, ㉡㉢→『고려사』권20, ㉣→『고려사절요』권15, ㉤㉥→『고려사절요』 권16, ㉦→『고려사절요』권18, ㉧→『고려사절요』권19

관계를 형성하는 토대가 되었을 것으로 이해된다.

그리고 무인집권기 저항세력들 중에는 국지적 집단성을 넘어서 지역과 지역이 결합하는 광역적 집단성을 보여주는 사례들도 다수 나타났다.

> 나-① 동북면병마사 간의대부 김보당이 동계에서 군대를 일으켜, 정중부·이의방을 토벌하고 전왕을 복위시키려고 하였다. 동북면지병마사 한언국이 군사를 일으켜 이에 호응하였으며, 장순석 등으로 하여금 거제에 이르러 전왕을 받들어 계림으로 나와 거처하게 하였다.[35]

> 나-② 서경유수 병부상서 조위총이 군대를 일으켜 정중부와 이의방을 토벌하기를 모의하고 격문을 보내 동북 양계의 여러 성을 소집하여 이르기를, "풍문으로 듣자하니 상경의 중방에서 의논하여 말하기를, '근래 북계의 여러 성에는 대체로 심성이 거칠고 사나운 이들이 많다고 하니 마땅히 가서 공격하여 토벌해야 할 것이다.'라고 하였다고 한다. 군대가 이미 크게 일어났으니 어찌 앉아서 스스로 죽임을 당하겠는가. 마땅히 각자 군사와 말을 규합하여 속히 서경으로 오라."고 하였다. 이에 절령 이북 40여 성이 모두 호응하였으나 오직 연주도령 현담윤과 그의 아들 현덕수는 연주 군대의 장수들에게 일러 말하기를, "예전에 거란 소손녕이 우리를 침범했을 때 여러 성이 모두 항복했지만 오직 우리 연주는 홀로 의연하게 굳게 지켜 공적이 왕부(王府)에 기록되어 있다. 지금 조위총이 화를 일으킬 마음을 품고서 군대를 일으켜 왕명을 거역하니 천지에서 용납할 수 없는 것이다. 진실로 충의의 마음을 가지고 있다면 어찌 차마 그 명령을 따르겠는가."라고 하였다. 마침내 연주의 장수들과 더불어 궁궐을 향해 늘어서 절을 하고 만세를 부르고 성문을 닫고 굳게

---

35) 『고려사』 권19, 명종 3년 8월 경진, "東北面兵馬使諫議大夫 金甫當起兵於東界 欲討鄭仲夫 李義方 復立前王 東北面知兵馬事 韓彦國擧兵應之 使張純錫等 至巨濟 奉前王 出居雞林."

지켰다.36)

나-③ 용진현 사람 조휘와 정주(定州) 사람 탁청이 화주 이북 지방을 몽고에 넘겨주었다. 몽고가 화주에 쌍성총관부를 설치하고 조휘를 총관으로, 탁청을 천호로 임명하였다.37)

나-④ 원종 10년에 서북면병마사영의 기관 최탄·삼화현의 교위 이연령 등이 반란을 일으켜 유수를 죽이고 배반하여 서경과 여러 성을 바쳐 몽고에 귀부하였다. 몽고는 서경을 동녕부라 하고 관리를 두어 자비령을 경계로 삼았다.38)

사료 나-①의 사례는 무인정권에 맞서 의종의 복위를 시도한 1173년(명종 3) 동북면의 김보당 등의 반란을 보여주는 것이다. 이때 의종을 계림(동경)으로 옮겼던 것은 넓은 의미에서 서경과 동경 권역을 아우르는 광역적 집단성의 표출이었다고 할 수 있다. 사료 나-②의 사례는 김보당의 반란과 마찬가지로 반무인정권을 기치로 하여 양계 지역을 아우르는 저항이었다. 이 저항이 관심을 끌었던 이유는 조위총 등 기존의 관인층 중심의 정치적인 저항 성향이 이후 일반민의 저항으로 확대되어 오랫동안 지속되었고, 절령 이북의 40여 성이 호응했을 정도로 지역적 집단성의 확산을 이루었기 때문이다. 이때 이들의 지역적 기반이 서경 권역을 중심으로 하였고, 서경 이북 대부분의 지역들이 합세하였다. 이들이 합세했던 목적은 지역마다 다를 수도 있었지만, 이들 저항이 지속적으로 이루어질 수 있었던 것도 지역적 집단성이 담보된 결과였을 것으로 생각한다. 이러한 광역적 집단성

---

36) 『고려사절요』 권12, 명종 4년 9월.
37) 『고려사』 권24, 고종 45년 12월.
38) 『고려사』 권58, 지리3 北界 西京留守官 平壤府.

은 사료 나-③·④의 쌍성총관부와 동녕부의 사례에서 보는 바와 같이 이민족으로 투항하는 집단성의 왜곡된 모습을 보여주기도 하였다.

따라서 국지적 집단성은 해당 지역의 현실성과 역사성이 중요하였지만, 광역적 집단성은 국지적 집단성 외에 외부세력의 영향력이 가세하면서 확대 재생산되었다고 할 수 있다. 여기에는 무엇보다 재지세력들의 향배가 중요한 변수가 될 수 있었다.

다음으로는 지역적 배타성을 드러내는 경우이다. 배타성은 집단성의 이중적인 형태에서 나타날 수 있는 것이었고, 이 또한 집단적 혹은 지역적인 갈등 형태로 표출되었다. 지역적 배타성은 주로 '재지세력 대 재지세력', '재지세력 대 민'의 갈등 양상에서 드러났다.

'재지세력 대 재지세력'의 대립 양상은 시기적으로는 무인정권 성립기(명종 원년~27년, 1170~1197)와 최충헌정권 초기(신종 즉위년~7년, 1197~1204)에 주로 발생하였고, 지역적으로는 동북 양계와 경상도 지역에서 주로 발생하였다. 시기적으로 명종·신종대로 한정된 것은 최씨집권기에는 일인 독재체제의 수립과 더불어 중앙에 의한 지방지배가 더욱 강화되었기 때문인 것으로 여겨진다. 아울러 이민족의 침략기에는 중앙에 의한 지방통제의 강화와 몽골군의 약탈 및 산성(山城)·해도입보책(海島入保策) 등으로 인한 재지기반의 파괴에 따라 재지세력의 존재는 그다지 부각되지 못하였다. 지역적으로는 외적과 대치 혹은 중앙에 의한 차별 대우 등 동북 양계의 지역적 특수성과 무인정권 전반기에 빈번하게 일어났던 저항 양상들이 주로 이들 지역에서 발생한 것과 관계있었던 것으로 추정된다. 이들의 대립은 주로 지역사회의 주도권 쟁탈에서 벌어진 경우였다. 그들은 국가권력과 결합하여 지역사회의 주도층으로 부상하거나 일반 민과 결합하기도 하였는데, 그 승패는 지역 내의 지방관과 주민들의 향배가 중요한 변수로 작용하였다. 그리고 재지세력의 향배는 국가권력 대 민의 갈등을 촉발시키는 원인을 제공하기도 하였다.[39]

'재지세력 대 민'의 대립 양상은 무인정권 전체 시기와 전체 지역에서 발생하였고, 주로 피지배신분층의 저항에서 드러났다. 이들의 대립은 재지세력의 탐학 및 지방관과 재지세력의 결탁 등에서 비롯된 폐단으로부터 발생하였다. 이 경우 재지세력은 지역사회에 대한 국가 지배에 앞장섰던 자들이다. 그 결과 국가권력과 저항세력에 의해 재지사회의 주도층이 교체되기도 하였고, 아울러 국가권력 대 재지세력의 대립을 야기하는 원인을 제공하기도 하였다.

그리고 1173년(명종 3) 김보당이 동계에서 반란을 일으켜 거제(巨濟)에 부처되었던 의종을 계림(鷄林)으로 옮겼을 때 계림 사람들이 진압군 이의민에게 의종을 넘긴 사건이 있었고,[40] 1174년 서경에서 조위총 반란이 일어났을 때 대부분의 북계 지역이 합세했지만 연주(延州)의 현덕수 부자만 홀로 협력하지 않았으며(사료 나-②), 북계 지역의 여러 고을들이 원나라 직할령 동녕부로 편제되었음에도 불구하고 '의주·정주·인주'는 붙지 않았던[41] 사례들이 있었다. 이는 특정 사안에 대한 지역과 지역의 배타성을 보여주는 것이라고 할 수 있다. 그리고 '신라부흥운동' 과정에서 경주인들에게 왕으로 추대되었던 전장군 석성주의 배신과[42] 경주적 도령 이비부자를 병마사에게 고발한 성황사 무당,[43] '고구려부흥운동' 과정에서 주동자

---

39) 채웅석은 재지세력과 재지세력 사이의 갈등은 민 항쟁의 범주에 속한다고 보기 어렵고, 당시 국가의 지배방식과 사회적 조건에 규정되어 항쟁의 역량과 방향이 왜곡되어 표출된 것이라고 하였다(『高麗時代의 國家와 地方社會』, 서울대학교출판부, 2000, 229~232쪽).

40) 『고려사』 권128, 李義旼, "明宗三年 金甫當起兵 以張純錫 柳寅俊 爲南路兵馬使 純錫 寅俊等至巨濟 奉毅宗 出居雞林 仲夫·義方聞之 使義旼及散員朴存威 領兵趣南路 義旼等至 雞林 有人遮說曰 前王來此 非州人意 乃由純錫·寅俊等爾 其徒不過數百 皆烏合之衆 去其魁 則餘悉潰走 請少留 吾歸圖之 第願勿加罪州人 義旼曰 我在勿憂 其人逕入州 謀諸衆曰 純錫輩 非今王所遣 殺之何害 夜以兵圍而攻之 斬數百人 列其首於路之左右 以待義旼 幽毅宗于客舍 使人守之 乃引義旼等入城."

41) 『고려사』 권28, 충렬왕 4년 4월 기묘, "次義州 時西北諸州 皆附東寧府 惟義·靜·麟三州不 附 吏民相率而迎 供億勝於他州."

42) 『고려사절요』 권14, 신종 5년 11월.

최광수를 제거하는 데 협력했던 분대녹사 정준유와 교위 김억·백유 등[44] 사례들에서는 지역 자체 내의 배타성을 찾아볼 수 있다.

따라서 배타성은 지역사회 구성원 내의 이질적인 요소로 작용하여 내부 분열을 가져오기도 하였고, 지역과 지역의 갈등 양상으로 확산되기도 하였다. 이런 경우, 이탈 세력들은 오히려 중앙정부와의 결속을 강화하는 양상으로도 나타났다.

3. 부흥운동의 저항성[45]

신라·고구려 부흥운동은 동경과 서경 등 특정 지역사회의 집단성을 토대로 발생하였지만, 지역사회 내부의 배타성을 극복하지 못한 제한적 요소를 지니고 있었다. 이런 점을 유념하면서, 이 장에서는 무인집권기의 저항을 유형화하는 가운데 신라·고구려 부흥운동의 위상적인 측면을 살펴보고자 한다.

1) 저항의 유형과 부흥운동

무인집권기의 저항을 그 성격에 따라 유형화하면 '국가권력과 지역사회

---

43) 『고려사절요』권14, 신종 6년 4월, "慶州賊徒都領利備父子 潛禱城隍祠 有覡紿之曰 都領擧兵 將復新羅 吾屬喜悅久矣 今日幸得見 請獻一杯 邀至其家 飮而醉 執之 獻于兵馬使丁彦眞 實彦眞之謀也."

44) 『고려사절요』권15, 고종 4년 6월, "崔光秀 據城作亂 自稱句高麗興復兵馬使金吾衛攝上將軍 署置僚佐 召募精銳 傳檄北界諸城 將擧大事 禱諸神祠 分臺錄事鄭俊儒 素與光秀 同里閈相善 率校尉金億·白儒等十餘人 袖斧就光秀所 與語因擊殺之 又殺其黨八人 餘置不問 城中遂安 王大喜 超授俊儒 攝中郎將屬內侍 賜衣冠鞍馬 億·儒加別將 其餘賞職有差 俊儒後改顥."

45) 저항성이란 시대적인 모순의 영향, 지역과 지역 및 지역 자체 내의 갈등, 외부적 영향 등을 통해 자신의 정체성을 표출하는 형태를 일컫는다.

의 대립 양상[국가권력 대 민, 국가권력 대 재지세력]'과 '지역사회의 갈등 양상[재지세력 대 재지세력, 재지세력 대 민]'으로 분류할 수 있다.[46] 이를 정리하면 <표 2>와 같은 사례들을 찾아볼 수 있는데, 저항 사례 중에서 중복된 경우는 저항의 성격을 다면적으로 파악할 수 있기 때문이다.

<표 2>에서의 저항 사례들은 1차적으로 무인집권기의 정치·사회·경제 등 12세기 고려왕조의 모순에서 비롯되었다. 저항세력 내의 집단성과 배타성은 저항세력의 확산 혹은 위축에 큰 영향을 끼쳤는데, 이는 곧 저항 주도세력의 성향과 맞물려 있었다. 국가권력과 지역사회의 대립 양상일 경우에는 저항세력의 주체가 '민'과 '재지세력'이라는 지역사회 구성원으로서 저항세력의 집단성을 토대로 저항세력 내의 결집을 이룰 수 있었다. 이에 비해 지역사회의 갈등 양상일 경우에는 지역사회 자체 혹은 복수의 지역사회 간의 배타성을 유발하여 저항세력의 저항성을 왜곡 시키기도 하였다. 또한 <표 2>의 사례들을 저항의 특징적 성향 즉 저항성 으로 구분해 보면 다음과 같다.[47]

① 반무인정권적인 성향 및 지방관의 부패에서 비롯된 경우로서, 창주· 성주·철주(1172), 조위총의 동북 양계(1174), 석령사(1175), 공주 명학소의 망이·망소이(1176), 손청(1176), 미륵산적(1177), 서해도 도적(1177), 의주· 정주(1177), 사승·덕수현인(1178), 관성현·부성현(1182), 기두 죽동(1182),

---

46) 무인집권기의 저항을 지방 지배체제의 모순과 '國家-在地勢力-民' 사이의 대립관계 에 주목하였거나(채웅석, 「12·13세기 지방사회의 변동과 '민'의 대응」 『역사와 현실』, 1990 ; 朴宗基, 「12, 13세기 農民抗爭의 原因에 대한 考察」 『東方學志』 69, 1990), 저항 양상을 지역적으로 구분하고 유형화함으로써 지역적 특수성을 부각시킨 연구 도(李貞信, 『高麗 武臣政權期 農民·賤民抗爭 硏究』, 고려대 민족문화연구소, 1991) 있다.
47) 본 논문은 '제105회 한국중세사학회 전국학술대회'에서 발표한 것이며, 그 과정에서 윤경진 교수의 토론이 저항의 유형을 구분하는데 많은 도움을 주었다(가톨릭대학교 고려다원사회연구소, 「관계와 소통-고려왕조 중앙과 지방의 네트워크」 발표문, 2016, 117~118쪽 토론문 참조).

〈표 2〉 무인집권기의 저항 유형

저항 유형	원인	주도층	저항 사례 및 시기
국가권력 ↔ 민	지방관 탐학, 공부(貢賦) 수탈, 과도한 역(役) 수취, 굶주림 등	주인(州人), 주민(州民), 군인(郡人), 군인(軍人), 초적(草賊), 공사노예(公私奴隷), 소민(所民), 부곡민(部曲民), 양수척(楊水尺) 등	창주·성주·철주(1172), 조위총의 동북양계(1174), 석령사(1175), 공주 명학소민 망이·망소이(1176), 손청(1176), 미륵산적(1177), 서해도 도적(1177), 의주·정주(1177), 관성현·부성현(1182), 기두 죽동(1182), 진주·안동(1182), 동경 도적(1190), 운문·초전(1193), 가노 만적 등 공사노예(1198), 명주·동경 도적(1199), 밀성 관노(1200), 합주 노올부곡의 광명계발(1200), 탐라 번석·번수(1202), 조위총 무리(1177), 경주인과 신라부흥운동(1202), 경주적 패좌(1202), 양수척(1216), 전주군마(1218), 진위현의 기민(1217), 최광수와 고구려부흥운동(1218), 마산초적(1231), 광주 관악산초적(1231), 충주관노(1232), 어사대 조예 이통(1232), 용문창적 거복·왕심(1233), 동경적 최산·이유(1233), 원율·담양의 이연년 형제(1237), 원주적 안열 등(1257), 울진 성중인(1259), 석도·가도민(1260), 밀성군인(1271), 개경 관노 숭겸·공덕 등(1271), 대부인(1271), 동계 양주민 장세·김세 등(1271)
국가권력 ↔ 재지세력	무인정권의 지방 통제강화 등	도령(都領), 현인(縣人), 사승(寺僧), 호장(戶長), 이속(吏屬), 동정직자(同正職者), 별장(別將), 낭장(郎將), 신기군(神騎軍) 등	조위총의 동북양계(1174), 사승·덕수현인(1178), 관성현(1182), 운문·초전(1193), 진주 공사노예(1200), 경주인과 신라부흥운동(1202), 종군사승(1218), 진위현인(1217), 최광수와 고구려부흥운동(1218), 의주 한순·다지(1219), 서경인(1226), 남경인 인걸(1227), 청새진 호장(1228), 서경인 필현보·홍복원 등(1233), 원율·담양의 이연년 형제(1237), 서북면 최탄·한신(1269)
재지세력 ↔ 재지세력	재지 주도권 쟁탈	도령(都領), 향공진사(鄕貢進士), 창정(倉正), 주리(州吏), 주인(州人), 족인(族人), 호족인(豪族人), 잡족인(雜族人), 별초군(別抄軍) 등	창주·성주·철주(1172), 조위총의 동북양계(1174), 진주 정방의세력(1200), 경주 이의민 족인과 주리(1200), 금주 잡족인과 호족인(1200), 경주별초군과 영주(1202), 경주적 패좌(1202)
재지세력 ↔ 민	재지세력 탐학, 재지세력과 지방관 결탁 등	주민(州民), 공사노예(公私奴隷) 등	창주·성주·철주(1172), 조위총의 동북양계(1174), 기두 죽동(1182), 진주 공사노예(1200), 충주관노(1232)

* 〈표 2〉의 사례들은 『고려사』와 『고려사절요』에서 찾아볼 수 있는 것으로 따로 출전을 표시하지 않았다.

진주·안동(1182), 동경 도적(1190), 운문·초전(1193), 명주·동경 도적(1199), 밀성 관노(1200), 진주 공사노예(1200), 합주 노올부곡의 광명계발(1200), 탐라 번석·번수(1202), 조위총(1177), 경주인과 신라부흥운동(1202), 경주 적 패좌(1202), 양수척(1216), 진위현의 기민(1217), 종군사승(1218), 전주군 마(1218), 최광수와 고구려부흥운동(1218), 의주 한순·다지(1219), 서경인 (1226), 남경인 인걸(1227), 청새진 호장(1228), 마산초적(1231), 광주 관악산 초적(1231), 충주관노(1232), 용문창적 거복·왕심(1233), 동경적 최산·이유 (1233), 원율·담양의 이연년 형제(1237), 원주적 안열 등(1257), 울진 성중인 (1259), 석도·가도 민(1260), 밀성군인(1271), 대부인(1271), 동계 양주민 장세·김세 등(1271) 등의 사례들이 있다.

② 재지세력과 일반 민이 결합하여 저항한 경우로서, 조위총의 동북 양계(1174), 관성현·부성현(1182), 진주·안동(1182), 운문·초전(1193), 합주 노올부곡의 광명계발(1200), 경주인과 신라부흥운동(1202), 진위현(1217), 최광수와 고구려부흥운동(1218), 의주 한순·다지(1219), 원율·담양의 이연 년 형제(1237), 서북면 최탄·한신(1269) 등을 찾아볼 수 있다.

③ 재지세력의 탐학에 대한 반발로 생긴 경우로서, 창주·성주·철주 (1172), 기두 죽동(1182), 진주 공사노예(1200), 충주관노(1232) 등의 사례가 여기에 속한다.

④ 재지세력간의 지역사회 주도권 쟁탈로써, 창주·성주·철주(1172), 조 위총의 동북 양계(1174), 진주 정방의 세력과 진인(1200), 경주 이의민 족인과 주리(1200), 금주 잡족인과 호족인(1200), 경주별초군과 영주(1202), 경주적 패좌(1202) 등의 사례들이 있다.

이들 저항들의 집단성은 '국지적 집단성[현실성과 역사성]'과 '광역적 집단성[국지적 집단성 외에 외부세력의 현실성과 영향력]' 등의 성향을 띠고 있었고, 공통의 타격 대상은 국가권력이었다. 배타성은 '내부 분열[구 성원 내의 이질적 요소]'과 '지역과 지역의 갈등[구성원 내의 이질적 요소외에 외부세력의 현실성 및 영향력과 충돌]'에서 비롯되었고, 그 결과 저항세력의 분열 혹은 지역성의 위축을 가져오기도 하였다. 즉 저항세력은 집단성을 토대로 국가권력에 대한 저항으로(①·②) 확산되었던 반면, 지역사회의 배타성으로 인한 지역사회 내부의 갈등(③) 혹은 인접 지역사회와의 갈등에(④) 의해 저항의 제한적인 면을 드러내기도 하였다.

이런 점에서 신라·고구려 부흥운동은 고려왕조를 부정하고 새로운 국가 창출을 목적으로 한 지역사회의 집단성을 기반으로 하였지만, 지역사회의 배타성에 따른 저항의 제한적인 측면에서는 여타의 저항세력과 크게 구분되지 않았다. 하지만 12세기 사회가 과거로 회귀하려는 배경에 대해서는 고려왕조의 역사계승의식에서 비롯되었다는 기존의 이해방식 외에 더 이상의 진전된 성과를 내지 못하고[48] 여전히 의문으로 남아있다. 그럼에도 불구하고 신라·고구려 부흥운동은 특정 지역사회의 지역성과 저항성이 배가되는 가운데 국가권력에 대한 재지세력 혹은 민의 저항을 확산시킬 수 있는 요소로 작용하였고, 특정 지역사회의 집단성과 배타성을 동시에 드러낸 대표적인 경우였다고 할 수 있다.

2) 부흥운동의 발생과 한계

여기에서는 신라·고구려 부흥운동이 발생하게 된 배경을 동경·서경 등의 권역별 저항에서 나타난 특징적 사실에서 찾아보고, 아울러 이러한 저항이 더 이상 확산되지 못한 이유를 밝혀보고자 한다. 우선 무인집권기 동경 권역에서 벌어진 저항 사례를 정리해 보면 <표 3>과 같다.

---

48) 2000년대 이후 삼국부흥운동에 대한 연구에서도 그 발발한 배경을 당시 전국적으로 발생하던 농민봉기의 연장선상에서 파악하거나(이정신, 「12·13세기의 삼국부흥운동」『한신인문학연구』1, 2000), 과거에 대한 회고와 감정을 이용한 정치적 행위로 보는 시각(김병인, 「고려시대 '過去'에 대한 인식과 활용」『歷史學研究』52, 2013) 등 종래의 연구 성향을 그대로 이어받고 있다.

<표 3> 동경 권역의 저항

	시기		지역	참가자	내용
①	명종	12년 2월	관성현 부성현	이민 (吏民)	관성현령(管城縣令) 홍언이 백성을 침탈하고 황음무도하였으므로 이민(吏民)들이 홍언이 사랑하는 기생을 죽이고 또 그 기생의 어미와 형제까지 죽인 뒤에 홍언을 잡아가두었다. … 또 부성현령(富城縣領)과 현위(縣尉)가 서로 사이가 좋지 않아서 그 피해가 무고한 백성에게 미쳤다. 온 현이 고통을 견딜 수 없게 되자, 드디어 현위 관청에 속한 남녀 노비(奴婢)를 죽이고 현령·현위의 관청을 봉쇄하여 출입을 못하게 하였다.
②		16년 윤7월	진주 안동	민	진주 수령[晉州守] 김광윤과 안동 수령[安東守] 이광실이 모두 탐욕스럽고 잔혹하게 수탈하였으므로 민들이 그 고통을 견디지 못하고 반역을 꾀하였다.
③		20년 정월	동경	도적	동경(東京)에서 도적이 일어났다. 안찰부사 주유저가 군사를 거느리고 적을 습격하려 했으나, 적이 알아채고 저항하는 바람에 사상자가 많이 발생하였다.
④		23년 7월	운문 초전	김사미 효심	남적(南賊)이 봉기하였다. 가장 극성스러운 자는 운문(雲門)을 거점으로 한 김사미와 초전(草田)을 거점으로 한 효심이었다. 유랑민을 불러 모아 주현(州縣)을 습격하여 노략질하였다.
⑤	신종	2년 2월	동경	도적	동경(東京)에서 도적이 일어나서 명주 적과 합류하여 주군(州郡)을 노략질하였다. 낭장 오응부와 차합문지후 송공작을 명주도(溟州道)로 보내고, 장작소감 조통과 낭장 한지를 동경으로 보내어 적을 회유하게 하였다.
⑥		3년 4월	진주	공사 노예	진주(晉州)의 공사(公私) 노예들이 무리를 지어 반란을 일으켜, 주리(州吏) 집 50여 채를 불태우다가 정방의의 집에까지 옮겨 붙었다. …
⑦		5월	밀성	관노	밀성(密城)의 관노(官奴) 50여 명이 관청의 은그릇을 훔쳐서 운문적(雲門賊)에게 투항하였다.
⑧		8월	합주	광명 계발	조통 등이 진주(晉州)에 이르렀다. 정방의의 잔학한 기세가 매우 심하였다. 조통 등은 도모할 방법을 알지 못하여 다만 팔짱만 끼고 있을 뿐이었다. 이때에 합주(陝州)에 광명계발이라는 도적이 있었는데 또한 횡포를 자행하여 한 지방의 큰 해악이 되고 있었다. 진주 사람 중에 정방의와 원수가 된 자 20여 인이 합주의 도적에게 투항하고 병사를 청하여 정방의를 공격하고자 하였다. 도적들이 이를 따라 진주에 이르렀다. 정방의가 나가 공격하여 격파하고, 승세를 타고 노올부곡(奴兀部曲)에 이르러 그 무리를 모두 죽였다.
⑨		8월	경주	이의민 족인	경주(慶州)의 이의민(李義旼) 족인(族人)들이 이미 석방되어 고향으로 돌아왔는데, 주리(州吏)들과 틈이 생겨서 싸우다가 서로 죽이는 일이 생겼는데 이의민의 친족들이 패하였다. 당시 안찰사 전원균이 경주로 왔으나 이들을 통제하지 못해서 방수·별장·통인이 모두 살해되었다. 전원균이 두려워서 바로 다른 고을로 도망갔다.

⑩	8월	금주	잡족인	금주(金州) 잡족인(雜族人)이 무리를 지어 난을 꾀하여 호족(豪族)들을 죽이자 호족들은 성 밖으로 도망쳐 피하였다. 그러자 이들이 무장하고 부사의 관청을 포위하였다. 부사 이적유가 지붕에 올라가 활을 쏘아서 주모자가 화살에 맞아 쓰러지자 일당은 사방으로 흩어졌다. 얼마 있다가 돌아와서 말하기를, "우리는 포악한 탐관오리를 제거하여 우리 고을을 깨끗이 하려는 것인데, 무슨 까닭으로 우리를 쏩니까?"라고 하였다. 이적유가 짐짓 놀란 척하면서 "나는 이런 것을 일찍이 생각하지 못하고 외적이라고 잘못 알았다."라고 하고는, 성 밖에 있는 호족들에게 몰래 알려서 협격하여 모두를 죽였다.
⑪	5년 10월	경주	별초군	경주(慶州) 별초군(別抄軍)이 영주(永州)와 본래 사이가 좋지 않았다. 이 달에 운문사의 반적과 부인사·동화사 두 사찰의 승려를 끌어들여 영주를 공격하였다. 영주 사람 이극인과 견수 등이 정예군을 이끌고 갑자기 성을 나와서 싸우자 경주 사람이 패하여 도망하였다. 최충헌이 이 소식을 듣고 재상과 여러 장군을 대관전에 모아놓고 의논하기를, "경주 사람들이 함부로 옳지 않은 일을 하더니 지금 다시 패거리를 모아서 인근 고을을 공격하고 있으니, 마땅히 군사를 동원하여 토벌해야 합니다."라고 하였다.
⑫	11월	경주	경주인	경주인(慶州人)들이 반란을 모의하고, 은밀히 낭장동정 배원우를 전장군 석성주의 유배지인 고부군에 보내어 설득하기를, "고려의 왕업(王業)이 거의 다하였으니, 신라가 반드시 부흥할 것입니다. 공을 주군으로 모시고 사평도(沙平渡)를 경계로 함이 어떻겠습니까."라고 하였다. 석성주가 기쁜 척하며 배원우를 집에 머물게 하고, 몰래 군수 유정에게 나아가 이를 알렸다. 유정이 체포하여 안찰사에게 보내고 보고하고, 그를 죽였다.
⑬	12월	경주	패좌 등	경주적(慶州賊) 패좌(孛佐) 등이 난을 일으키자, 김척후·최광의·강순의 등을 보내어 여러 방면에서 토벌하게 하였다.

* 출전 : 『고려사』권20 → ①②③④, 『고려사』권21 → ⑤⑦⑨⑩⑬, 『고려사절요』권14 → ⑥ ⑧⑪⑫

<표 3>에서 보면, 1202년(신종 5) 신라부흥운동이 발발한 시점을 기준으로 동경 권역의 저항 사례로는 명종대 4건과 신종대 9건 등 13건이 검색되었다. <표 3>-①은 경대승집권기, <표 3>-②·③·④는 이의민집권기, <표 3>-⑤·⑥·⑦·⑧·⑨·⑩·⑪·⑫·⑬은 최충헌집권기에 각각 벌어진 저항들이다. 이는 또한 '국가권력과 지역사회의 대립 양상[국가권력 대

민(<표 3>-①·②·③·④·⑤·⑥·⑦·⑧·⑫·⑬), 국가권력 대 재지세력(<표 3>-①·④·⑫)]'과 '지역사회 내의 대립 양상[재지세력 대 재지세력(<표 3>-⑧·⑨·⑩·⑪·⑬), 재지세력 대 민(<표 3>-⑥)]'으로 구별할 수 있다. 이런 점에서 동경 권역의 저항 양상은 무인정변이후 지역사회의 총체적 모순을 모두 담고 있었다고 할 수 있다. 특히 재지세력간의 지역사회 주도권 쟁탈은 국가권력을 대신하던 지방관의 역할이 중요한 변수로 작용했고, 일반 민의 향방도 재지세력에게는 중요한 변수로 작용하였다. 따라서 동경을 중심으로 일어난 신라부흥운동은 지역적 집단성으로 표출될 수 있는 좋은 토대가 될 수 있었고, 그 과정에서 재지세력의 역할이 특히 중요하였음을 보여주고 있다.

　신라부흥운동의 촉발은 무인정권 최고집정자 이의민에 의해서였고, "자신이 경주 출신이므로 비밀리에 신라를 부흥시킬 뜻을 가지고 적 사미·효심 등과 연결하니 적도 역시 거만을 보냈다."라는[49] 자료에서 확인된다. 그는 경주 사람이었고, 1173년(명종 3) 김보당의 저항이 발발했을 때 경주에서 의종을 시해하였으며, 경대승집권기에서는 신변의 위협을 받아 경주로 피신하기도 하였다. 이런 점은 이의민이 경주에서 상당한 정도의 정치적 기반을 가지고 있었음을[50] 알 수 있게 해준다. 그러나 이 시기 그의 권력은 이미 최고집정자로서의 위치를 확보하고 있었다. 이런 그가 저항세력과 내통하려는 매개체가 신라부흥의 뜻이었다는 것이다. 이는 곧 경주 권역을 중심으로 한 집단성의 표출이었음을 고려할 수 있다. 이를 "태사가 주하기를, '천문이 경계함을 보인 지 오래나이다. 지금 남방이 아직 고요하지 못한데 국가에서 능히 토평(討平)하지 못하오니 신은 내심 한심한 바입

---

49) 『고려사』 권128, 李義旼, "自以籍出慶州 有興復新羅之志 與賊沙彌·孝心等通 賊亦贈遺鉅萬."
50) 旗田巍, 「高麗の武人と地方勢力－李義旼と慶州」 『朝鮮歷史論集』 上, 1979 ; 金塘澤, 「李義旼政權의 性格」 『歷史學報』 83, 1979(『高麗武人政權研究』, 새문사, 1987, 재수록) ; 金晧東, 「李義旼政權의 재조명」 『慶大史論』 7, 1994.

니다. 하물며 우리 조정의 성덕은 목방(木方, 東方)에 있사온데, 바야흐로 가을 잎이 떨어지면 변이 따라 일어날 것이오니. 청컨대 삼가소서.'라고 하니, 왕이 내외에 명하여 계엄하도록 하였다."라고[51] 하여 정변을 암시하는 태사의 건의가 있게 되었던 것이다. 이러한 이의민에 대한 불신은 이후 최충헌에 의해 제거되는 명분이 되었고, 무인정변에 참여하지 않았으면서도 최고집정자가 될 수 있었던 최충헌의 왕조수호자로서의 위상을 높일 수 있는 명분으로도 작용하였다.

최충헌은 이의민을 제거하고 지후 한광연을 경주에 보내 이의민의 3족(族)을 도륙하고, 여러 주(州)에 사자를 보내어 그 노예와 추종자들을 죽였다.[52] 경주는 이의민과 밀접한 관계가 있었기 때문에 최충헌은 잔존 이의민세력의 기반을 분쇄시킴으로써 반발세력을 제거할 수 있었다. 하지만 이들이 제거됨으로써 상대적으로 불이익을 받게 된 자와 이후 새롭게 등장한 재지세력간의 갈등이 수반될 수밖에 없었다(⑨). 특히 경주를 중심으로 한 신라부흥운동은(⑪·⑫·⑬) 집권 무인세력과 일반 지배층에게 큰 충격이었고 최씨정권의 정권유지에 중요한 걸림돌이 될 수 있었다.

이런 점들에서 보면, '신라부흥운동'은 1193년(명종 23) 김사미·효심의 저항으로부터 1202년(신종 5) 동경 지역의 저항이 일어날 때까지 지속되었음을 알 수 있다. 동경 권역의 저항들이 지속적으로 발발할 수 있었고, 지역 내부 혹은 지역과 지역을 이어주는 매개체가 '신라부흥'이라는 집단성이었다고 할 수 있다. 하지만 '지역사회 내의 대립 양상[재지세력 대 재지세력(<표 3>-⑧·⑨·⑩·⑪·⑬), 재지세력 대 민(<표 3>-⑥)]'이라는 배타성은 저항의 한계였다고도 할 수 있다. 또한 신라부흥운동은 오히려 '경주인을 대표했던 낭장동정 배원우'[53]와 '성황사의 무당'[54]이라는 극히

---

51) 『고려사』 권20, 명종 24년 9월 기미.
52) 『고려사절요』 권13, 명종 26년 4월.
53) 『고려사절요』 권14, 신종 5년 11월.

제한된 인물을 통해서 알려졌다. 또한 진압군에 참여했던 이규보의 글에서 도[55] 동경 권역의 저항이 거세지는 것을 걱정했지만, 신국가 건설을 표방한 신라부흥운동을 염려한 글을 찾아보기 어렵다. 따라서 신라부흥운동은 제한된 지역적 집단성과 지역사회 내의 배타성으로 인해 크게 주목받지 못한 한계가 있었다고 하겠다.

둘째로 서경 권역의 저항 사례는 <표 4>와 같다.

〈표 4〉 서경 권역의 저항

	시기	지역	참가자	내용
①	명종	2년 6월	북계	창주인 성주인 철주인	서북면병마사 대장군 송유인이 해임되기를 간청하므로 금오위 대장군 우학유로 대신하게 하였다. 경인년 이후로 북쪽 사람들이 제멋대로 방자하게 굴어 창주인(昌州人)은 그 고을 수령이 사랑하는 기생을 죽여 아문(衙門)에 두었고, 성주인(成州人)은 삼등현(三登縣)을 멸망시킬 것을 의논할 때 따르지 않아 죽임을 당한 이가 수십 인에 이르렀고, 철주인(鐵州人)은 그 수령을 죽이려고 모의하다가 격투가 벌어져 죽였다. 송유인이 능히 제지하지 못하고 해가 자기에게 미칠까 두려워하여 병을 핑계로 교체해 주기를 간청한 것인데, 우학유 또한 능히 제지하지 못하였다.
②		3년 8월	동계	김보당	동북면병마사 간의대부 김보당(金甫當)이 동계에서 군대를 일으켜, 정중부·이의방을 토벌하고 전왕을 복위시키려고 하였다. 동북면지병마사 한언국이 군사를 일으켜 이에 호응하였으며, 장순석 등으로 하여금 거제(巨濟)에 이르러 전왕을 받들어 계림(雞林)으로 나와 거처하게 하였다.
③		4년 9월	서경 동북 양계	조위총	서경유수 병부상서 조위총(趙位寵)이 군대를 일으켜 정중부와 이의방을 토벌하기를 모의하고 격문을 보내 동북(東北) 양계(兩界)의 여러 성을 소집하여 이르기를, "풍문으로 듣자하니 상경(上京)의 중방에서 의논하여 말하기를, '근래 북계의 여러 성에는 대체로 심성이 거칠고 사나운 이들이 많다고 하니 마땅히 가서 공격하여 토벌해야 할 것이다.'라고 하였다고 한다. 군대가 이미 크게 일어났으니 어찌 앉아서 스스로 죽임을 당하겠는가. 마땅히 각자 군사와 말을 규합하여 속히 서경으로 오라."라고 하였다.
④		7년 3월	서해도	도적	서해도에서 도적이 일어나서 호부원외랑 박소를 파견하여 주(州)·현(縣)의 군대를 이끌고 토벌하게 하였다.

54) 『고려사절요』권14, 신종 6년 4월.
55) 『동국이상국집』권38, 道場齋醮疏祭文.

⑤		7년 4월	의주 정주	주인 (州人)	의주(義州)·정주(靜州)의 2주에서 반란이 일어나자, 직문 하 사정유와 예부낭중 임정식을 보내 이들을 타일렀다.
⑥	고종	4년 6월	서경	최광수 사졸 (士卒)	최광수(崔光秀)가 성에 웅거하여 난을 일으키고 구고려 흥복병마사 금오위섭상장군이라 자칭하였다. 보좌관을 나누어 임명하고, 정예한 군사를 불러 모으고, 북계(北界)의 여러 성에 격문을 전하였다. 장차 큰일을 일으키려고 여러 신사(神祠)에 기도하였다.
⑦		6년 10월	의주 (義州)	한순 다지 등	한순(韓恂)과 다지(多智)는 … 반란을 일으켜 방수장군 조선과 수령 이체를 죽이고는 스스로 원수(元帥)라고 일컬었으며 … 제멋대로 국가의 창고를 열어 곡식을 나누어주니, 여러 성(城)들이 호응하였다. … 다음 해에 한순과 다지가 청천강(淸川江)을 경계로 하여 동진(東眞)에 투항하려고 하였다.

* 출전 : 『고려사』 권19 → ②④⑤, 『고려사』 권130 → ⑦, 『고려사절요』 권12 → ①③, 『고려사절요』 권15 → ⑥

<표 4>에서 보면, 1217년(고종 5) 고구려부흥운동이 발발한 시점을 기준으로 서경 권역의 저항 사례로는 명종대 5건과 고종대 2건 등 7건이 검색되었다. <표 4>-①·②·③·④·⑤는 무인정권 초기, <표 4>-⑥·⑦은 최충헌정권의 거란유종 침략기에 각각 벌어진 저항들이다. 이들 사례들은 '국가권력과 지역사회의 대립 양상[국가권력 대 민(<표 4>-①·③·④·⑤·⑥), 국가권력 대 재지세력(<표 4>-③·⑥·⑦)]'과 '지역사회 내의 대립 양상[재지세력 대 재지세력(<표 4>-①·③), 재지세력 대 민(<표 4>-①·③)]'으로 구별할 수 있다.

서경 권역의 저항 양상은 무인정변이후 지역사회의 총체적 모순을 모두 담고 있었다고 할 수 있다. 특히 무인정변에 따른 중앙정부와의 갈등 양상이 빈번하게 일어나기도 하였다(<표 4>-②·③). 하지만 고려왕조를 부정하는 저항세력으로 확산되지 않았는데, 이는 과거 신국가 건설을 목표했던 묘청 반란의 역사적 경험이 작용했을 것으로도 이해된다. 이런 과정을 거치면서 고려왕조에 대한 부정적인 세력이 1217년(고종 4) 서경의 최광수에 의한 고구려부흥운동으로 표출되었다(<표 4>-⑥).

다-① 최광수라는 군졸이 가는 것을 옳게 여기지 않아 독기(纛旗)를 세우고
군사를 소집하여 서경으로 돌아왔다.[56]

다-② 최광수가 성에 웅거하여 난을 일으키고 구고려흥부병마사금오위섭
상장군이라 자칭하였다. 보좌관을 나누어 임명하고, 정예한 군사를 불
러 모으고, 북계(北界)의 여러 성에 격문을 전하였다. 장차 큰일을 일으키
려고 여러 신사(神祠)에 기도하였다. 분대녹사 정준유가 본래 최광수와
한 동네에 살아 서로 친했는데 교위 김억·백유 등 10여 인을 거느리고
소매에 도끼를 넣고 최광수가 있는 곳에 가서 함께 이야기하다가 쳐서
죽였다. 또 그 당여 8인을 죽이고, 나머지 사람은 불문에 부쳤다. 성
안이 드디어 안정되었다.[57]

최광수가 어떤 신분이었는지 정확히 알려주는 자료는 없다. 다만 서경의
경기 지역이었던 성주(成州) 출신이었고,[58] 신분이 군졸이었다는(사료 다-
①) 사실만 확인할 수 있다. 또한 그의 제거에 동원되었던 인물이 그와
같은 지역에서 친하게 지냈던 분대녹사 정준유 등이었다는[59] 점에서,
그 역시 서경 권역의 재지세력의 일원이 아니었을까 한다. 이런 그가
전쟁에 나가지 않고 서경으로 되돌아간 이유는 무엇이었을까? 그것은
최유공과 같은 지방관의 사졸들에 대한 수탈이 일차적 요인이었다. 그러나
이들이 목숨을 걸고 반기를 들었던 것은 무엇보다 지금까지 누적되었던

---

56) 『고려사절요』 권15, 고종 4년 5월, "有卒崔光秀 不肯行 豎纛 召集軍士 還西京."
57) 『고려사절요』 권15, 고종 4년 6월, "崔光秀據城作亂 自稱句高麗興復兵馬使金吾衛攝上將軍
署置僚佐 召募精銳 傳檄北界諸城 將擧大事 禱諸神祠 分臺錄事鄭俊素與光秀同里閈 相善
率校尉金億白儒等十餘人 袖斧 就光秀所 與語 因擊殺之 又殺其黨八人 餘置不問 城中遂安."
58) 『동문선』 권100, 鄭氏家傳, "… 大將軍以臺掾 分司西京 會成州人崔光秀 乘遼擊金始之亂
殺西京兵馬使崔愈恭 據其城署置僚佐 募精銳 聲言興復高勾麗 傳檄相煽 實我高王四年丁丑
也."
59) 『고려사절요』 권15, 고종 4년 6월.

불만에서 비롯되었을 것이다. 즉 명종대의 김보당·조위총 등과 같은 자들이 서경 권역을 근거지로 저항을 일으켰지만 곧 실패했고, 그에 따라 무인정권은 대대적인 지방관의 파견과 서경의 공해전을 재편하는[60] 등 이 지역에 대한 통제를 강화하였다. 그리고 재지세력 내의 대립과 갈등으로 인하여 상대적으로 몰락한 자들의 불만도 누적되었을 것이다. 특히 최충헌정권의 전횡, 지방관의 폐단, 거란유종의 침입에 따른 가혹한 역(役)의 동원 등은 지역사회의 불만이 고조되기에 충분한 조건이었다.

최광수를 따랐던 군사들이 어느 정도의 규모였는지 알 수 없지만, 서경을 큰 마찰 없이 장악할 수 있었던 점에서 일정 규모를 이루었을 것으로 추정된다. 또한 "장차 큰일을 일으키려고 여러 신사(神祀)에 기도하였다"라는(사료 다-②) 것에서 서경 권역의 지역적 집단성을 이용하려는 측면도 엿보인다.[61] 이는 곧 서경 권역의 현실성과 역사성이 결합할 수 있는 조건이 되었을 것이고, 최광수 등이 고구려부흥운동을 표방할 수 있는 토대였을 것으로도 판단된다.

이러한 점은 다분히 앞서 동경 권역의 신라부흥운동의 영향을 받았을 것으로 여겨지는데, 최광수의 재지세력으로서의 역량과 전쟁으로 인한 사회적 혼란이 그 계기로 작용했을 것이다. 그러나 고구려부흥운동은 여타 재지세력들의 호응을 받지 못한 한계가 있었으며, 재지세력 내의 배타성으로 인하여 실패할 수밖에 없었다. 이러한 지역적 집단성의 한계는 오히려 이민족으로 투항하는 극단적인 모순이 수반되기도 하였다(<표

---

60) 『고려사』 권78, 식화1, 田制 公廨田柴, 명종 8년 4월, "更定西京公廨田 有差 留守官公廨田 五十結 紙位田 二百七十二結 三十七負七束 六曹公廨田 二十結 紙位田十五結 法曹司公廨田 十五結 諸學院公廨田十五結 書籍位田五十結 文宣王油香田十五結 先聖油香田五十結 藥店 公廨田七結 僧錄司公廨·紙位田各十五結."

61) 최광수가 "여러 神祠에 기도하였다"고 한 신사로는 서경의 東明王墓가 대표적일(『고려사』 권58, 지리3 北界 西京留守官平壤府, "箕子墓【在府城北土山上】東明王墓【在府東南 中和境龍山 俗號珍珠墓 又仁里坊有祠宇 高麗以時降御押 行祭 朔望亦令其官 行祭 邑人至今 有事輒禱 世傳東明聖帝祠】") 것이다.

4>-⑦).

이상과 같이 신라·고구려 부흥운동은 특정 지역사회의 집단성을 토대로 일어났지만, 각 권역별 지역성을 벗어나지 못했다. 그리고 초기 단계에서 많은 호응 세력을 규합할 수 있었지만, 저항을 확산시킬 수 있는 내부적 역량 면에서도 한계가 있었던 것으로 생각된다.

4. 맺음말

지금까지 고려 중앙정부의 지역 인식방식을 토대로 하여 중앙과 지역의 상호 갈등에 따른 '지역성'과 '저항성'의 표출을 신라·고구려 부흥운동에 초점을 맞추어 살펴보았다. 부흥운동의 지역성에서는 중앙의 지역인식과 지역의 자체인식을 구분하여 중앙과 지역의 통합적 혹은 갈등적인 측면을, 부흥운동의 저항성에서는 무인집권기 저항의 유형 속에서 신라·고구려 부흥운동이 차지하는 위상적인 측면을 각각 추적하였다.

중앙의 지역인식은 다원적 영역인식으로 접근하였다. 고려의 지방제도는 광역단위의 경기제·양계제·5도제를 중심으로 그 하위단위의 주·군·현 등을 포괄하였다. 이를 기반으로 하여 경기제의 중심에 개경, 양계제의 중심에 서경, 5도제의 중심에 동경 혹은 남경 등이 각각 위치하였다. 이는 국도 개경의 중심성을 강화할 수 있었던 반면, 서경과 동경 권역은 상대적으로 소외될 가능성이 높았다. 때문에 이들 지역의 갈등이 심화되면 이를 중심으로 한 대대적인 저항이 일어나게 되었고, 심지어 왕조에 대한 부정적인 세력이 나타나게 되었던 것이다. 하지만 왕조에 대한 부정적인 세력의 등장은 오히려 중앙 집권세력의 결속력을 높이거나 왕조수호자로서의 위상을 강화시킬 수 있는 기회가 되기도 하였다.

지역의 자체인식에서는 지역사회의 집단성과 배타성을 통해 신라·고구려 부흥운동이 일어나게 된 배경을 찾아보았다. 집단성은 저항세력의 결집과 확산의 중요 요소였고, 국지적 혹은 광역적 집단성으로 표출되었다. 국지적 집단성은 해당 지역의 현실성과 역사성이 중요하였지만, 광역적 집단성은 국지적 집단성 외에 외부세력의 영향력이 가세하면서 확대 재생산되었다. 여기에는 무엇보다 재지세력들의 향배가 중요한 변수가 될 수 있었다. 배타성은 지역사회 구성원 내의 이질적인 요소로 작용하여 내부 분열을 가져오거나, 지역과 지역의 갈등 양상으로 확산되기도 하였다. 이런 경우에 이탈 세력들은 오히려 중앙정부와의 결속을 강화하는 양상으로도 나타났다.

신라와 고구려 부흥운동은 서경과 동경 권역의 집단성을 토대로 국가권력에 대한 저항으로 확산되었던 반면, 지역사회의 배타성으로 인한 지역사회 내부의 갈등 혹은 인접 지역사회와의 갈등에 의해 저항의 제한적인 면을 드러내기도 하였다. 따라서 지역성은 저항의 초기 단계에서는 많은 호응 세력을 규합하여 저항성을 배가시킬 수 있었던 토대였지만, 저항을 확산시킬 수 있는 내부적 역량 면에서의 한계로 인하여 더 이상 확산되지 못한 한계가 있었다.

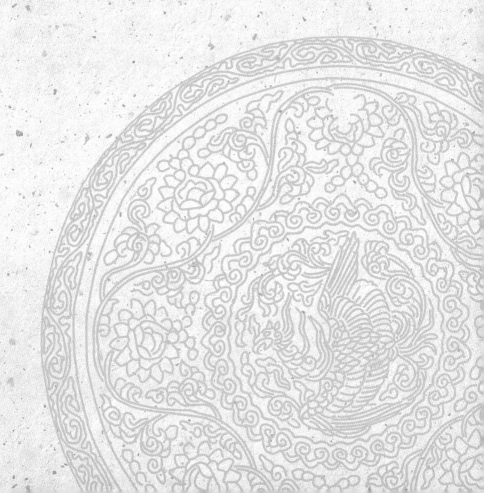

제2부

소통과 관계망

제1장

고려시대 지방과 지방 사람에 대한 관인층의 관계 양상

서 성 호

1. 머리말

독립적이었던 나말여초 지방세력들을 아우르며 성립한 고려 국가에게, 지방은 긴장이 동반되는 통치의 객체인 동시에 전대의 모순 구조를 극복하고 새로운 사회를 운영하는 데 필요한 역동성이 내재된 자원이기도 하였을 것이다. 그렇게 볼 때, 고려시대 중앙과 지방의 관계와 소통을 살펴보는 일은 그러한 지방의 존재 가치와 효용을 고려사회의 틀 안에서 이해하는 데에 반드시 필요한 작업이라 할 수 있겠다. 그러한 점에서 고려사회 지배층의 근간인 관인층이[1] 지방사회와 지방 사람, 그리고 향촌의 공간에 대해 가졌던 관계 맺기의 양상은 중요한 고찰 대상이 된다고 할 것이다.

고려시대 관인 신분으로서 공식적으로 지방사회와 지방 사람에 대해 가장 큰 방향에서 보편적 영향을 미치는 존재는 지방관이었다. 따라서 이 글에서는 먼저 이들의 임무로서 다른 시대와 달리 중요시되고 치적으로 특기되었던 향리 제어에 관해 살펴보고 그것이 가지는 역사성을 생각해

---

[1] 여기서 관인층이란 종9품 이상의 전·현직 품관들과 그 배우자 및 관직을 준비하는 자제들을 지칭하는 용어로 사용하였다.

보았다. 또 향리 제어와 함께 지방관의 실제 업적으로 구현되어 지방관 개인의 묘지명에 특기된 농업 생산기반의 개선에 대해서도 그 사례를 개관하고 그것이 지닌 농업생산력과 민생 측면에서의 의의를 생각해 보았다. 이어 지방관과 지방 사람들의 관계에 대해서도 살폈다. 이는 지방관의 목민행위의 모든 범주에 걸쳐 검토가 이루어질 때 풍부한 진면목이 드러날 것이나, 이 글에서는 다만 지방관 통치행위의 총체적인 성과에 대한 주민들의 반응 방식과, 지방관과 주민과의 교분, 그리고 임지 주민에 대한 지방관의 후견 등을 살피는 것으로 가름하였다.

다음으로 개인으로서의 관인이 지방 사람들과 맺은 인간관계에 대해 검토하였다. 이에 대해서는 과거제도를 통한 신분 이동이 가능해진 고려시대라는 점에 유의하면서, 재지 연고에 기반한 유대관계와 지식문화의 공유를 통한 교유에 대해 검토하고, 관인층과 지방 사람 간의 혼인에 대해서도 살펴보았다. 지방 출신 관인의 재지 주민에 대한 후견과, 과거에 직결된 지방 교육 과정에서의 사제관계, 그리고 관인층과 호장층을 중심으로 하는 향촌 지식층과의 교유, 주로 호장층 자제들의 상경(上京) 유학 과정에서의 교유, 그리고 관인층과 지방 사람들을 가족관계로 이끄는 혼인 사례 등이 그 내용이 될 것이다.

마지막으로 지방에 대한 관인층의 관계 맺기에서 빼놓을 수 없는 대상인 향촌의 공간에 대해서도 살폈다. 향촌의 공간은 관인층에게 다양한 효용성으로 존재하지만, 여기서는 관인으로서의 삶과 죽음의 터전이라는 점에 초점을 두고, 일시적으로 퇴거하거나, 관로에서 완전히 은퇴하여 여생을 보내고 죽어서 뼈를 묻는 터전으로서의 지방에 대해 그 사례들을 살피고 선택의 경향성에 대해서 생각해 보았다.[2]

---

2) 전시과 등 국가분급지의 수조권자나 사유지의 소유자로서 이들 토지의 경작 농민에 대한 관계라든지, 부호장 이하의 향리에 대한 업무를 담당하는 지방 사심관의 역할, 개별 관인의 공과에 의한 출신 군현의 읍격 승강 등도 고려시대 관인의

2. 지방관과 지방사회, 그리고 임지 주민

1) 지방관의 향리 제어와 농업 생산기반의 개선

고려시대 관인 집단 중에서 지방사회와 지방 사람에 대해 가장 큰 방향에서 보편적인 영향력을 미치는 존재는 지방관이었다. 고려 국가는 집권적 지방제도를 확립한 1018년(현종 9)에 지방관의 업무규범 내지 방향성을 '제주부원 봉행육조(諸州府員奉行六條)'라는 이름으로 제시하였다. 그 첫째는 백성들[民庶]의 고통을 살피는 일, 둘째는 향리[黑綬長吏]들의 능력을 살피는 일, 셋째는 도적과 간사하고 교활한 자들[姦猾]을 살피는 일, 넷째는 백성들의 범법[犯禁]을 살피는 일, 다섯째는 백성들이 효도하고 우애 있고 청렴하고 결백한지를 살피는 일, 마지막 여섯째는 향리[吏]들이 전곡(錢穀)을 흩어버렸는지를 살피는 일이 그 내용이다.[3]

제시된 지방관 업무의 방향성은, 궁극적으로 민생 안정과 도덕·사회질서의 진작 위에서 국가의 재정 수입을 안정적으로 확보하려는 것일 터이다.

지방에 대한 관계의 여러 범주에 드는 대표적인 중요 사안들이지만, 토지제도사나 지방제도 등과 관련한 그동안의 많은 연구들에서 논의되어 온 쉽지 않은 주제들이고, 무엇보다도 이들을 모두 포괄하여 다루는 것이 필자의 능력을 뛰어 넘는 일이기에 본고에서는 이를 담지 못했음을 말씀드린다. 한편 본고에서 다루는 자료 중 다수를 차지하는 묘지명에 대해 이를 각주에서 인용할 때에는 다음과 같은 규칙에 따라 표기하였다.

· 「○○○ 묘지명」: 金龍善, 『高麗墓誌銘集成』(제5판), 한림대학교 출판부, 2012 수록 「○○○ 묘지명」

· 「□□□ 묘지명」(속) : 김용선, 『(속)고려묘지명집성』, 한림대학교 출판부, 2016 수록 「□□□ 묘지명」

3) 『고려사』 권75, 선거3, 銓注, 현종 9년 2월, "新定諸州府員奉行六條 一察民庶疾苦 二察黑綬長吏能否 三察盜賊姦猾 四察民犯禁 五察民孝弟廉潔 六察吏錢穀散失". "諸州府員奉行六條"의 '州府'에 대해서는 대개 州牧과 都護府, 곧 계수관을 상정한 것으로 봐야 하고, 따라서 "제주부원봉행육조"는 외관의 일반적인 규범이라기보다 광역 단위로서의 계수관에 초점을 둔 것이라고 보기도 한다(윤경진, 「고려 界首官의 제도적 연원과 성립과정─9州·12牧과의 연결성을 중심으로」 『韓國文化』 36, 2005, 82~83쪽).

그런데 눈에 띄는 것은, 향리들의 능력을 살피고 그들의 지방 재정 운용을 감독하는 등 향리들에 대한 감독을 강조한 부분이다. 향리들을 지방관의 중요한 통치 대상으로서 감독해야 할 객체로 명확히 설정하고 있는 것은 고려말 신진사대부들의 경세관이 투영된 '수령오사(守令五事)'나 그 연장 선상에 있는 조선시대 '수령칠사(守令七事)'와 크게 다른 부분이다.4) 이는 고려전기부터 지방사회에서 지방민에 끼치는 토호로서의 향리들의 영향 력이 그만큼 크고 직접적이었기 때문에 이들에 대한 집권국가의 적절한 제어가 시대적 과제로 부각되었기 때문일 것이다.

고려전기부터 지방관의 업무 방향성으로 내세워진 향리에 대한 제어는 고려시대에 지방관을 역임한 관인들의 묘지명과 일부 사서에서 그 사람의 치적으로 내세워지고 있어서 실제로 지방관들의 통치 과정에서 중요한 임무로 간주되고 있었음을 알 수 있다.

다음 <표 1>에서 보듯이, 향리 등 토호를 엄격히 다스려 누르고, 그 결과 그들이 지방관을 두려워하여 발호하지 못하게 한 것을 지방관의 치적으로 기록하고 있다. "힐(黠)", "강호(强豪)", "간호(姦豪)"라 표현된 부류들도 그 중심은 향리들일 것이며, 향리직을 갖고 있지 않더라도 향리들과 친족관계에 있던 자들일 것이다. 물론 고려중기 이래로 과거 합격자의 수가 증가하여 실직을 받지 못한 채 산관(散官)으로서 지방에 거주하게 된 관인층도 있었겠지만, 역시 중심은 향리들이었다고 생각된다. 12목에 목사가 파견되기 1년 전인 982년(성종 1)의 시무에서 최승로는 "향호(鄕豪) 가 매번 공무를 가탁하여 백성을 침포(侵暴)하여 민들이 명을 감당하지 못하니 외관을 두기를 청합니다."라고 하였는데,5) 이처럼 '공무를 가탁하

---

4) 『고려사』 권75, 선거3 銓注 辛禑 원년 2월, "敎 守令考績之法 以田野闢 戶口增 賦役均 詞訟簡 盜賊息五事 爲殿最 其遞任者 必待新官交付 去任朝參". 조선시대의 '수령칠사'는 農桑盛, 學校興, 詞訟簡, 奸猾息, 軍政修, 戶口增, 賦役均이어서, 고려의 '수령오사'에 비해 '군정수'·'학교흥'이 완전히 새로 추가되고 나머지는 '수령오사'와 대체로 일맥상통하는 내용들로 큰 차이가 있다고 하기 어렵다.

〈표 1〉 향리 제어

지방관 (생몰 연도)	치적	전거
전원균 (1149~1218)	—(합주) 교활한 향리들[猾吏]을 다스리 때에는 심히 위엄 있게 하여 —서도(西都)는 번잡한 고을이라 다스리기 어렵다고 하지만, 공은 강한 자를 누르고[抑强] 약한 자를 북돋우며	「전원균묘지명」 (『동국이상국전집』 권35)
최충헌 (1149~1219)	—(지안동부사) 향리들[吏]에게는 엄하였으나 백성들에게는 너그러웠으니,	「최충헌 묘지명」
금의 (1153~1230)	—춘주도(春州道)를 다스릴 때 향리들[吏]을 심히 엄하게 다스리고	「금의 묘지명」
유광식 (미상~1221)	—(영암) 청렴하고 엄정히 다스렸으므로 향리들[吏]이 두려워하고 백성들은 존경했다.	『고려사』 권101, 열전14, 유광식
임익돈 (1163~1227)	—(황려현) 자애롭게 곤궁한 이들을 어루만지고, 위엄으로 교활한 이들을 다스렸으며[馭黠]	「임익돈 묘지명」
윤승해 (1163~13세기 전반)	—(수주) 일체 법으로 다스리자, 향리[吏]들이 두려워하고 꺼리면서 감히 똑바로 쳐다보지 못하였다.	「윤승해 묘지명」
김지대 (1190~1266)	—(전주사록) 외롭고 쓸쓸한 사람들을 구휼하고 힘 있는 토호들[强豪]을 억눌렀으며, 귀신과 같이 잘못을 적발하니 이민(吏民)이 존경하고 두려워하였다.	『고려사』 권102, 열전15, 김지대
송언기 (1204~1246)	—(금주) 간교한 토호들[姦豪]이 자취를 감추었다.	『고려사』 권102, 열전15, 송언기

여' 공적 지배체계 안에서 백성에게 작폐를 행하는 주체로 지목된 '향호'는 바로 이듬해 시행된 향리제의 향리였던 점도[6] 이와 관련하여 참고될 것이다.

지방관 개인에 대한 기록에서 향리로 대표되는 토호를 제어 대상으로 설정하고 이들을 제어해 낸 사실을 지방관 치적의 맥락에서 쓰고 있는 것은 조선시대 수령 역임자의 묘지명에서 거의 찾아지지 않는다. 주지하듯이 일반적인 기록 자료들에 비해 묘지명은 그 사람의 생애를 가능한 한 긍정적으로 기록하는 것이 특징이고, 지방관으로서의 업적 역시 되도록 상찬의 내용으로 구성된다. 따라서 조선시대 묘지명에서 고려시대 묘지명과 달리 지방관 재임시의 업적으로 향리에 대한 제어가 언급되지 않은

---

5) 『고려사』 권93, 崔承老.

6) 尹京鎭, 「高麗前期 鄕吏制의 구조와 戶長의 직제」, 『韓國文化』 20, 1997, 119~120쪽.

것은 나름의 의미가 있다고 본다. 조선시대에 수령이 감독과 제어의 대상으로 공연히 언급할 대상이 굳이 있었다면, 그것은 향리가 아니라 고려후기부터 지방사회에 증가하여 조선시대에 와서 향촌사회의 큰 세력으로 부각된 사족들이었을 것이다. 이들 사족을 제쳐 두고 확실한 신분적 열위에 있는 향리들을 잘 제어했다며 굳이 묘지명이나 개인 치적 기록에 남기는 것은 어색한 일이었을 것이다. 그렇다고 같은 신분층인 사족들을 고려의 향리들처럼 대상화하여 표현해야 할 상황도 아니었다.

분립적인 호족들을 통합하고 이들의 자율적 통치의 기반과 역량을 활용하였던 고려왕조로서는 호족의 후예인 향리들을 제어 대상으로 인식하지 않을 수 없었을 것이다. 위 표에서처럼 향리에 대한 성공적 제어를 12세기 이후에도 재임시 치적으로 명시하고 있는 것은 그만큼 향리 제어가 지방관에 있어 중요한 과제였음을 말해주는 것이라 하겠다.

고려시대 지방관들의 실적으로 기록에 남은 일 중에서 향리의 제어와 함께 눈에 띄는 것은 농업 생산기반의 개선이다. 다음 <표 2>의 사례들이 그것이다.

〈표 2〉 농지 개간과 수리(水利) 확충[7]

지방관 (생몰 연도)	치적		전거
정목 (1040~ 1105)	(영청현) 덕지원(德池原)에 몇 리가량 불을 놓아 잡초를 태우게 하였다. … 보리와 벼가 무르익자 피[稗]가 자라지 않고 온 들판에 이삭이 여물어 늘어져 있었다. 공이 사람을 시켜 베어들이게 하니 실로 50여 섬을 군량으로 저축하였으며, 백성이 수확한 것이 또한 얼마인지 알 수 없을 정도였다. … 지금까지 20년간 고을 사람으로 음식꾸러미를 가져오는 자가 끊이질 않으니…	개간→ 수확증대	「정목 묘지명」
장문위 (?~1134)	(수주) 밭으로 개간되지 않은 곳은 마름풀을 베고 동산에 씨를 뿌리니, 곡식이 해를 이어 크게 넉넉하여져서 공부(貢賦)에 충당할 수 있게 되었다. 또 주의 동쪽 교외는 땅이 습기가 많고 강물이 때로 농사를 결딴내어 그해의 노력을 잃게 하기도 하였다. 공이 이에 2,500여 보(步) 가량의 땅을 파서 물의 흐름을 고르게 하니 백성이 그 해를 입지 않았다.	·개간→ 수확증대 ·수리사업 (수해방지 수로)	「장문위 묘지명」

이문저 (1113~ 1180)	(홍주) 도랑을 (파서) 물을 끌어들여 물은 댄 전(田)이 [□渠引水漑田] 5·6천 경(頃)이나 되어 백성들의 식량이 풍족해지고 창고가 차며, 부고(府庫)도 가득해져 온 경내가 탄복하였다.	수리사업 (관개수로) → 수확 증대	「이문저 묘지명」
오원경 (1128~ 1180)	(영광군) 유망민을 권유하여 끌어들인 것이 거의 천 명이나 되어 인민(人民)들이 다시 되살아났다. 둑을 쌓고 농지[田壤]를 기름지게 하였으며,	수리사업 (제방축조)	「오원경 묘지명」
임민비 (?~1193)	(명주) 도랑 쳐서 전(田)에 물을 대었으며[浚渠漑田]	수리사업 (관개수로)	『고려사』 권 99, 열전12, 諸 臣, 임민비
최보순 (1162~ 1229)	(제안) 우거진 풀숲을 불사르고 준메마른 땅에 물을 대게 하니 쓸모없는 땅 천 리가 양전(良田)으로 바뀌었다. 첫해 가을에 곡식이 크게 익어 만 호(戶)의 백성들이 모두 풍족하게 되었으므로, 당시의 출척사가 훌륭하다고 칭찬하며 … (안남대도호부 부사) 둑을 높게 쌓고 도랑을 내어[決潴渝] 사람들의 수화(水禍)를 제거하니, 그 자애롭게 다스린 것이 제안(齊安)에 있을 때보다 만의 만 배나 더하였다.」	·개간, 수리사업 (제방축조 수해방지 수로) ·개간→ 수확증대	「최보순 묘지명」
이원윤 (13세기 후반~14세 기 전반)	(양주) 전(田)이 저습(低濕)하여 가물면 벼가 잘 익지만, 비가 오면 수해를 입으니, 풍흉이 다른 고을과 다르다. … 도랑을 깊이 파게 하고[深其溝洫, 사람들로 하여금 반드시 묵은 전(田)을 몇 무(畝)씩 개간하게 한 다음 힘을 다해서 다른 방도로 이를 보상해 주었다.	·수리사업 (수해방지 수로) ·개간	『졸고천백』 권1 送安梁州 書

<표 2>에서 보듯이, 수리사업과 농지 개간이 지방관의 주요 치적으로 기록되고 있다. 이것들은 조선시대 묘지명 중 지방관 역임자의 것에서 지방관 재임시의 농업 관련 치적을 특별히 기록하지 않거나 혹 기록한 경우에도 단순히 양잠과 농사를 장려했다는 식의 상투적·의례적 상찬에 그치고 있는 것과는 다른 점이다. 제방의 축조, 농지에 물을 대는 수로의 개설, 저습지의 수해를 막기 위한 수로 개착, 가경지 확대를 위한 개간 등이 그 규모나 사업 결과, 혜택의 정도와 함께 구체성을 지닌 채 서술되어 있기 때문이다.[8]

---

7) 농사나 양잠을 권장·독려했다는 정도로만 기록된 것들은 구체성이 결여된 의례적 표현으로 보아 제외하였다. 예컨대 魚鹽에만 의지하며 농업을 힘쓰지 않던 진도현민들에게 농사를 독려했다는 윤승해의 사례(『동국이상국전집』 권35, 登仕郎檢校尚書戶部侍郎行尚書都官員外郎賜紫金魚袋尹公墓誌銘), 農桑을 권면하여 백성들이 부유해졌다는 李伯謙의 사례(『고려사』 권109, 李伯謙)들이 그러하다.

농업 생산기반의 개선과 확충을 위한 이런 조치들에 대해, 고려전기의 계서적 지방지배 구조가 12세기 초 이래의 대규모 유망 등으로 동요한데 대한 수습책이자, 고려 수전(水田) 농업의 발전이나 조선초로 이어지는 수리체제 진전 과정에서 적지 않은 의미가 있는 것이었다는 평가가 있었다.9) 임지에 대한 위 지방관들의 농업 생산기반 개선 조치들이 전체 고려 농업 발전에 어느 정도의 추세적 의미를 가질지 쉽게 추단하기는 어렵다. 다만 12세기 초 이래로 지방사회에서 유망이 광범하게 발생하고 심지어 무력적인 저항까지 나타나는 일련의 흐름과 지방관들의 그러한 노력들이 시기적으로 대략 부합하는 점은 주목할 필요가 있겠다.

지방민들의 유망이나 무력 저항을 낳았던 경제적 환경은 비단 속현이나 특수행정구역만이 아니라, 위 사례들의 지방관 임지와 같은 주현들도 예외가 아니었을 터이므로, 지방관들은 그러한 환경 속에서 농업 생산기반의 개선을 이룩하려고 노력을 기울였다고 해야 할 것이다. 여기서 기존의 환경이란, 1, 2년 내지 2, 3년씩 휴경해야 하는 농지가 매년 경작할 수

---

8) 향리에 대한 제어나 농업 생산기반의 확충을 위한 구체적인 사업은 조선시대 지방관 역임자의 묘지명에 보이는 지방관 재임시 치적에서 거의 보이지 않는다. 예컨대, 국립중앙박물관에서 2011년에 소장 묘지명을 역주·간행한『조선묘지명Ⅰ』(역사자료총서11)에 수록된 지방관 이력을 가진 묘지명 주인 14명(17~19세기) 중에는, 임지만 언급한 경우가 8명, 의례적 표현뿐인 경우가 3명이고, 구체적인 치적 내용을 적은 경우는 3명에 불과하며, 그 내용도 구휼, 노역 경감, 유망민 안집 등이다. 또 2012년에 간행된『조선묘지명Ⅱ』(국립중앙박물관 역사자료총서12) 수록 묘지명들(17~19세기) 가운데 지방관 역임자의 것들로서 임지만 기록한 것을 제외하고 구체적인 재임시 업적을 적은 것이 8명인데, 그나마 의례적인 표현에 그친 것이 4명이며, 구체적으로 내용으로 상찬한 나머지 4명의 경우에도 환곡의 경감이나 관청 쓰임새의 절약, 향교 교육에 힘쓴 일, 진휼 정도이다. 물론 조선시대 묘지명에 대해 이 정도의 사례만으로는 일반화가 어려우므로 앞으로 충분한 수의 사례 검토가 필요하겠으나, 조선시대에 들어와서는 향리층이 아닌 재지사족층이 지방관과 협조와 긴장의 관계를 형성했던 점, 그리고 농업경제 면에서도 여말선초 농업생산력 발전의 성과를 수렴하며 향촌사회에 뿌리 내린 재지사족층이 전 시대의 지방관의 역할을 대신하여 지주제 중심의 농업경영을 안정화시켜야 하는 주체로 대두하게 된 점 등이 반영된 결과가 아닐까 추정해 본다.

9) 이평래,「고려후기 수리시설의 확충과 수전 개발」『역사와 현실』5,1991 참조.

있는 농지보다 많았던 사정, 이른바 휴경법 내지 휴한법 단계에 머물러 있던 농업생산력 수준에[10] 제약된 상황을 말한다. 즉 위 사례의 지방관들이 행한 가경지 확대와 갖가지 수리사업은, 기존의 토지 소유 및 공물 수취의 구조와 농업생산력 수준 속에서, 민생과 국가적 부세 확보를 동시에 안정시키기 위한 나름의 노력들이었던 것이다.

다만 이런 일부 지방관들의 노력이 지방사회의 농업 생산기반을 전반적으로 변화시키는 데 의미 있는 영향을 주었다고 볼 근거는 부족해 보인다. 뿐만 아니라 그것들은 모두 지방관 임지에서 지방관에 의해 행해진 것들로, 당초 고려 국가 지방제도의 계서적 구조에 대해 어떤 변화를 모색한 것이었다고 보기도 어렵다. 따라서 조선시대의 이른바 제일적(齊一的) 군현 지배를 위한 농업적 기반 형성의 과정에서 이들 지방관의 노력이 가지는 의미도 매우 제한적이었을 것이라고 생각된다.

2) 지방관과 임지 주민

(1) 지방관에 대한 주민의 반응

지방관은 재임 시 선정을 폈다고 인정되는 경우, 임지를 떠난 뒤에도 주민들로부터 크고 작은 도움을 받거나, 좋은 평판에 따른 이례적 인사, 또는 개인적인 명예의 선양을 누렸다. 예컨대 정목(鄭穆, 1040~1105)은 영청현(永淸縣) 재임 시에 백성들을 아끼는 정사를 편 나머지, 임지를 떠난 지 "20년이 흐른 뒤에도 고을 사람들이 음식꾸러미를 바치는 자가 잇달아 끊어지지 않았다."고 한다.[11] 정목의 정사를 잊지 못하던 영청현민이 정초를 비롯한 절일에 그에게 선물을 꾸준히 보내왔던 것으로 보인다. 선물 마련과 전달에 필요한 재력과 인력을 고려할 때, 이들은 영청현의 일반

---

10) 이태진, 「고려말 조선초의 사회변화」『한국사회사연구』, 지식산업사, 1986 참조.
11) 「정목 묘지명」.

농민들이었다기보다는 경제적으로 여유가 있는 계층이었을 것이고, 그 중심은 역시 향리들이었을 가능성이 크다.

정목의 경우처럼 선정에 대한 주민들의 반응이 오랜 기간에 걸친 선물 [음식물] 공여라는 형태로 나타나기도 했지만, 경우에 따라서는 정치적 소용돌이 속에서 지방관 자신의 목숨을 구하는 힘으로까지 작용하기도 하였다. 예컨대 이지명(李知命, 1127~1191)은 과거 급제 후 황주서기와 충주판관으로서 청렴·정직하게 일하고 굶주리는 임지 주민을 정성으로 잘 구휼하는 등 선정을 폈는데, 그 덕분에 정중부의 정변 때 내외의 문신들이 피해를 보는 상황에서 그동안의 선정에 감복했던 고을 사람들이 그를 감싸 혼자 목숨을 건질 수 있었던 것이다.[12)]

선정의 결과는 때로 주민들의 청원에 의해 유임으로 이어지기도 하였다. 신종 때 동경과 영주에 반란이 일자 안무를 고심하던 조정은 예전 동경에서의 청렴·덕행으로 주민들의 신망이 높던 채정(蔡靖, ?~1217)을 다시 동경 부유수로 임명하였다. 채정이 부임하자 동경 주민들은 마음을 돌리고 안정을 찾게 되었다고 한다.[13)] 또 최우 집권 당시, 진주에서 선정을 펴다 동경으로 옮기게 된 왕해(王諧, ?~1246)는 진주 주민들이 울면서 조정에 유임을 간청하여 진주에 1년 더 머무르게 되었다.[14)]

매우 희귀한 경우이지만, 선정을 편 지방관에게 생사당(生祠堂)을 세워 그를 기리기도 하였다. 주지하듯이 생사당은 고려·조선시대에 수령이나 감사의 선정을 찬양하는 표시로 임지의 백성들이 감사나 수령을 지낸 사람이 살아있을 때 세우고 그를 받들어 제사지내는 사당으로, 안종원(安宗源, 1325~1394)의 예를 들 수 있다. 공민왕 때 신돈 세력에게 영합하지

---

12) 『고려사』권99, 李知命, "調黃州書記 居官廉直 民有飢者 盡心賙恤 流民襁負而至 後爲忠州 判官 政如黃州 鄭仲夫之亂 內外文臣 逃竄無所容 州人感知命惠政 護之 知命獨免."

13) 『고려사』권103, 蔡靖.

14) 『고려사』권121, 王諧.

않은 안종원이 강릉부로 폄출되어 그곳에서 백성들을 위해 열심히 선정을 폈다. 얼마 후 교체되자 그의 선정을 기려 강릉 백성들이 그를 위해 생사당을 세우고 제사까지 지내주었다.[15]

(2) 지방관과 임지 주민의 교분

주지하듯이 고려시대 향촌사회에서의 향리들의 영향력은 컸다. 앞서 살핀 바와 같이 지방관에게 토호세력을 대표하는 향리층의 제어가 중요한 지방 통치상의 과제로 설정된 것은 그 때문이었다. 그러나 향리로 대표되는 토호세력, 말하자면 임지의 유력자들이 국왕을 대신하여 내려온 지방관들을 능가하는 권한을 지닌 것은 아니었다. 더욱이 지방관의 통치를 힘들게 하거나 민생을 어지럽히는 "힘 있는 토호들[强豪]"이나 "간교한 토호들[姦豪]"만 있었던 것은 물론 아니었다. 많은 경우 임지의 향리 등 토호들과 지방관은 소통하고 협력하였을 것이다. 그 과정에서 지방관과 향리를 비롯한 토호들은 인간적인 교분을 나누었을 수 있고, 지방관이 임지를 떠난 후까지 그러한 인연을 유지하는 경우도 많았을 것이다.

예컨대 광주(廣州)에서 수령을 지낸 유돈(柳墩, 1274~1349)의 사례는 방기(方技) 내지 술수(術數) 방면의 해박한 식견으로 크게 인정받은 지방관이 이임 후에도 그런 식견에 대해 감복하던 옛 주민들에 의해 기억되고, 느슨하게나마 교분을 유지한 사례라 할 것이다. 유돈은 좁고 누추한 관사를 보고 한 눈에 그것이 본래 옛터의 것이 아닐 것이라고 했고, 실제로

---

15) 『고려사』 권109, 安宗源. 생사당은 공식 기록상으로 대부분 조선시대에 많이 세워진 것으로 나타나며, 고려시대의 것으로 확인되는 것은 안종원이 유일한 것이 아닐까 한다. 한편 『동문선』에 따르면 조선 건국 직후 강릉부사에 부임한 조운흘이 강릉 사람들이 안종원을 잊지 못하는 것을 보고 생사당을 세우고 안종원의 畵像을 그려 걸어놓았다고 한다(『동문선』 권120, 有明朝鮮國諡文簡公安公墓碑銘 幷序, "··· 趙密直云 仡後公二十餘年 乃任江陵 知父老思公不忘 爲構生祠堂 畵公像以掛之 及公之沒 遠近聞者 莫不相弔以悲"). 『고려사』와는 생사당 건립 시점에 차이가 있는데 본고에서는 일단 『고려사』의 것을 따랐다.

땅을 파 보니 옛터의 섬돌과 주춧돌이 완연하여 고을 전체가 그 식견에 탄복하였다고 한다. 그런가 하면 부로들이 고을 서쪽 큰길이 기운을 패하게 하여 광주에 인물이 나오지 않는다며 얘기 나누는 것을 듣고 유돈이 북쪽으로 길을 옮겨 내도록 하여 고을이 번창했다는 얘기도 전한다. 유돈이 사망했을 때 광주의 백성들이[廣州之民] 멀리 찾아와 조문하고 부의를 바친 것도 각종 방기나 술수 등의 분야에서 훌륭한 식견을 과시한 전임 수령에 대한 존경이 망자에 대한 성의로 이어진 것이 아닐까 한다.[16] 유돈의 상(喪)에 멀리 찾아 온 '광주지민'이나 앞서 광주 서쪽 길에 대해 논하던 '부로'들은 모두 농민을 비롯한 일반 평민이나 노비들이 아닐 것은 쉽게 짐작된다. 적어도 그들은 수령의 방기·술수 담론에 동참할 수 있고, 멀리까지 찾아가 문상할 만한 지적·경제적 위치에 있는 사람들일 것이므로, 역시 지역 여론을 주도하며 수령과도 소통의 기회가 많은 토호, 즉 재지유력자들이라 하겠다. 따라서 그러한 사람들의 중심에는 역시 향촌사회의 실질적 지도자이자 지식층인 향리들이 있었다고 생각된다.

비단 유돈이 아니더라도 전임 지방관과 일정 이상 계층의 옛 임지 주민들이 인간적 교분과 인연을 나눈 일은 적지 않았을 것이다. 유돈의 경우 다소 신이한 방기·술수적 안목을 특기하는 차원에서 기록에 남게 되었을 것이다. 유돈의 경우에서 보듯이 지방관과 인간적인 교분을 가질 만한 사람들은 평민을 포함한 다수의 일반 임지 주민이라고는 보기 어렵다. 따라서 이는 지방관이 목민관으로서 보편적 의미의 선정을 행하였는가라는 문제와는 직접적인 관련이 희박하다고 할 것이다. 지방관과 교유한 임지 주민들은 현실적으로 향리를 중심으로 한 지역의 토호들이었을 것이기 때문이다. 유돈의 경우도 목민관으로서는 오히려 백성들이 심히 괴로워할 정도로 가혹한 시정을 펴는 유형이었음이 참고된다.[17]

---

16) 「유돈 묘지명」.
17) 『고려사』 권105, 柳璥 附 柳敦, "仁和 後改敦 中第 歷代言 大司憲 出鎭合浦 苟酷少恩

(3) 임지 주민에 대한 지방관의 후견

지방관들 중에는 자신의 임지 주민을 개경으로 데리고 가서 후견하고 관료로 성장하기까지 도운 사람들도 있었다. 임기 동안 평민 등 일반 주민보다는 주로 향리를 중심으로 한 지역 토호층과 접촉·소통한 지방관으로서는 이들을 통해 자연스럽게 해당 지역의 가능성 있는 인재에 대한 정보를 많이 얻었을 것이므로, 그들 중 형편이 어려운 사람들을 직접 개경으로 데리고 가 보살피는 일은 그리 드물지 않았을 것이다.

예컨대 10세기 말~11세기 초 동경 유수로 내려와 있던 이성공(李成功, ?~?)은 "한미한 집안의[家世單微]" 이주좌(李周佐, ?~1040)라는 자의 가능성을 한눈에 알아보고 임기를 마친 후 개경으로 데리고 가 국학에 입학시켰다. 이주좌는 보답하듯 목종 때 과거에 급제했고 훗날 재상의 반열에까지 올랐다.[18] 이주좌가 집안이 한미하다지만, 그것은 중앙의 관인층에 편입되지 않은 지방 사람들에 대한 보편적인 신분·사회적 시점의 표현일 따름으로, 이주좌가 일반 평민층이었을 가능성을 말해 주는 것은 아니라고 하겠다. 이성공이 개경에 데려간 후 바로 국자감에 입학할 정도의 학습 능력을 이미 갖추고 있었던 것은 왕경에서 일개 지방 도시로 된 이후에도 남아 있던 경주의 수준 높은 문화 기반 덕분이겠지만,[19] 적어도 이주좌가 그런 지식문화의 분위기에 가장 가까이 있던 신분층의 출신이었기에 가능한 일이었을 터이다. 그 점에서 본다면 이주좌는 역시 경주 지역 향리층

民甚苦之." 이것은 광주가 아닌 합포에서의 일이긴 하지만, 묘지명이 아닌『고려사』의 기록이라는 점에서 목민관으로서의 유돈의 시정 형태가 어떠했을지에 대한 보다 객관적인 자료가 될 수 있을 것이다.

18)『고려사』권94, 李周佐.

19) 이주좌가 사망한 2년 뒤인 1042년(정종 8)에 부유수 최호를 비롯한 동경의 관원들이 왕명을 받들어『前漢書』,『後漢書』와『唐書』를 새로 간행하여 바쳤다(『고려사』권6, 정종 8년 2월 기해, "東京副留守崔顥 判官羅旨說 司錄尹廉 掌書記鄭公幹等奉制 新刊兩漢書與唐書以進 並賜爵."). 이 사실은 고려 건국 후 왕경에서 일개 지방 도시로 된 경주이지만 목판인쇄의 역량이 다른 곳에 비해 뛰어날 정도로 문화적 수준이 여전히 높았음을 보여준다.

출신이었을 가능성이 크다.

또 12세기 초반 완산의 수령으로 있던 박춘령(朴椿齡, ?~?)은 이곳 아이들에게 시를 짓게 하고 그중에서 최척경(崔陟卿, 1120~1186)·최균(崔均, ?~1174)·최송년(崔松年, ?~?) 등 세 명을 선발하였다. 임기를 마치고 돌아갈 때 이들을 개경으로 데려가 교육시켰는데, 최척경과 최균이 과거에 급제하여 관인으로 활동하는 등 세 사람 모두 훗날 '완산삼최(完山三崔)'라 불릴 만큼 선비로서 이름을 날렸다.[20]

12세기 중반에는 연주분도장군(延州分道將軍)으로 재직하던 김치규(金稚圭)가 현덕수(玄德秀, ?~1215)의 인물됨이 총명·비범한 것을 특이하게 여겨 개경으로 데려갔다. 현덕수는 책을 읽어 대의에 통달하고 글도 잘 지었으나 과거에 여러 번 낙방하고 병을 얻어 낙향했는데, 후에 조위총 난 때 연주성을 굳게 지킨 공을 발판으로 관직에 오른 후 병부상서에까지 이르렀다. 현덕수는 연주 도령(都領) 현담윤의 아들인데,[21] 양계지역 도령은 대체로 지역 토착세력으로 추정되고 있다.[22]

지방관이 자신이 재임한 곳의 인재를 후견하여 개경 관인 사회로 끌어올릴 수 있었던 것은, 일반 관인들과 달리 지방관 재임 동안 임지의 인재들을 살피고 평가할 수 있는 기회가 많은 데다 무엇보다도 인재를 알아보고 그를 관인으로 성장시키려 한 지방관의 개인적 식견과 의지가 작용한 결과라 할 것이다. 현덕수를 후견한 연주분도장군 김치규나, 이주좌를 키운 이성공에 대해서는 더 이상의 기록이 없으나,[23] 최척경·최균·최송년

---

20) 『고려사』권99, 崔陟卿.
21) 『고려사』권99, 玄德秀.
22) 趙仁成, 「高麗 兩界 州鎭의 防戍軍과 州鎭軍」『高麗光宗研究』, 一潮閣, 1981, 132~133쪽 ; 金南奎, 「明宗代 兩界 都領의 性格과 活動」『高麗兩界地方史研究』, 새문사, 1989, 114~ 115쪽. 양계지역 도령이 지역 토착세력이긴 하나 그 지위가 대체로 호장보다는 낮은 것으로 보고 있다(김갑동, 「고려시대의 都領」『한국중세사연구』 3, 1996, 82~86쪽).
23) 이성공에 대해서는 동명의 인물이 현종대와 靖宗代에 각각 전중시어사헌에 임명되거

을 보살핀 박춘령의 경우, 관인이 되기 전부터 재능과 학문으로 정지상(鄭知常, ?~1135)과 이름을 나란히 할 정도였다는 사실이 참고된다.[24] 모든 후견인이 그러했던 것은 아니겠지만, 박춘령처럼 자신의 재능이 특별했던 경우는 인재를 알아보고 보살피려는 식견과 의지 역시 남달랐을 가능성이 많다.

지방관들이 임지의 인재를 개경으로 데리고 가 보살피고 성장시킨 일이 그리 흔한 일은 아니었겠지만, 기록에 전하는 것보다는 많았을 것이다. 후견을 받은 이들이 반드시 과거 급제 등으로 관로에 오를 수도 없는 일이고, 관인이 됐다고 하더라도 앞서 본 이주좌와 최척경, 현덕수처럼 후견 받은 이들이 『고려사』 열전에 입전(立傳)되지 않는다면 후견 사실 자체가 기록에 남지 않았을 것이기 때문이다.[25]

3. 관인과 지방 사람의 인간관계

1) 재지 연고 기반의 유대

고려시대에는 중앙 관인층의 다수가 재지세력 출신들이어서 중앙 관인층과 지방인과의 유대관계나 교유가 하나의 사회구조적 현상이 될 수 있는 우리 역사상 초유의 환경이 되었다. 이러한 관인층과 지방 사람들과

나 전중감으로 재직한 기록이 있지만(『고려사』 권4, 현종 7년 4월 갑신 ;『고려사』 권6, 정종 5년 2월 임술), 이주좌가 과거에 급제한 것이 목종대이므로 그 이전에 동경유수로 있던 이성공과는 관력상 시기적으로 맞지 않다.

24) 「이승장묘지명」, "父棟民 少與計偕 北學于京 才學與椿齡知常齊名."

25) 임지 주민에 대한 지방관의 후견 사실은 주로 후견자가 아닌 피후견자의 열전에 전한다. 지방관은 아니지만, 중앙의 관인층이 출신 고향 사람들이나 평소 친분이 있던 지인의 자제를 지방에서 불러올려 후견하였던 사례도 있다. 이에 대해서는 후술한다.

의 관계 중에서 보다 일차적인 것은 무엇보다 재지적 연고에 따른 유대였다. 재지 연고 기반의 유대는, 혈연과 혼인 관계로 인연을 맺은 친인척들은 말할 것도 없고, 친인척은 아니지만 오랜 세월 같은 지역 공동체의 구성원으로서 인간관계를 다져 온 사람들, 이른바 '향당(鄕黨)'과의 사이에서도 존재하였다.

관인 고영중(高瑩中, 1133~1208)이 출신 본관지의 고향 사람들에 대해 각별한 배려와 도움을 준 사례에서 관인과 향당의 유대를 확인할 수 있다. 전주 옥구현 출신 품관 고돈겸의 아들로서 개경에서 관직 생활을 하던 고영중은, 가난하여 자립하지 못하는 향당, 즉 고향 사람들[향당]을 '친소(親疏)'를 가리지 않고 개경에 불러올려 보살피고 가르쳐 많은 이들을 성공시켰다.[26] 이처럼 고향 사람들의 생활이나 사회적 성장을 돕는 일은 고영중 이외에도 적지 않았을 것이다. 고영중의 경우는 묘지명에서 말하듯이 도움을 받은 사람들 중 많은 이들이 사회적으로 성공했기에 특기되었을 것이다.

중앙 진출 관인의 출신지 사람들에 대한 도움과 후견은 나말여초에 각 지역별로 할거하던 자위공동체 수장이 그 구성원에 대해 가지던 보호자로서의 위상과 자의식이[27] 고려 국가의 집권적 지방제도 성립 후에까지도 그 후예인 호장 등 재지유력층의 관념 속에 승계되어 왔던 결과가 아닐까 한다. 고영중의 경우도 묘지명에 아버지가 옥구현 출신으로 진사가 된 후 감찰어사를 역임했다는 점만 기록하고 그 윗대의 선조들에 대해서는 아무런 언급이 없는 점, 옥구현 토성에 고씨가 있는 점을[28] 함께 감안할

---

26) 「고영중 묘지명」, "至如鄕黨子弟 貧不能自業者 無問親疎 皆聚於家 或撫育之 或敎誨之 由是 鄕黨賴公而成者 甚衆."
27) 나말여초 지역자위공동체와 그 수장의 후신인 수호장 등 호장층의 지역 지도자로서의 독보적 위상에 대해서는 다음의 글들이 참고된다. 노명호, 「고려시대 지역자위공동체」『한국고대중세 지방제도의 제문제』, 집문당, 2004 ; 「고려시대 향리집단 속의 호장 이유(李裕)-향리」『한국사시민강좌』39, 일조각, 2006.
28) 『신증동국여지승람』 권34, 전라도 옥구현 성씨.

때, 아마도 조대(祖代) 또는 그에 가까운 선대까지 옥구현의 호장을 역임하였을 가능성이 크다.[29] 주지하듯이 나말여초 시기 각 지역공동체를 할거적으로 통치하던 지방세력은 '성주(城主)', '장군(將軍)' 등으로 불리며 지역통치를 위한 '관반(官班)' 조직을 운용하고 그 수장으로 활약하였다. 그런데 그러한 관반 조직들이 고려 집권국가에 의해 983년(성종 2) 향리 조직으로 편제되면서 관반의 수장들이 호장으로 바뀌었던 것이다.[30] 고영중의 사례가 이미 고려의 집권적 관료체제가 성숙할 대로 성숙한 뒤의 일이기는 하지만, 오랜 세월 지역의 지도층으로서 가져온 보호자로서의 자의식이 향당에 대한 후견의 저변에 깔려 있었을 가능성이 크지 않을까 한다.

이러한 지방 출신 관인과 그 출신 지역의 사람간의 관계도 고려시대를 통하여 일정한 변화는 있었을 것이다. 고려후기까지 사망 관인 중 다수가 출신지역 등 연고지가 아닌 개경 일원과 경기 지역에 묻히고,[31] 고려 관료제가 성숙하면서 이른바 사족층과 지역에 남아 호장 등 향리직을 수행하는 이족층의 분화가 이루어지는 속에서 관인층의 재지적 연고의 일정한 약화 내지 균열을 초래했을 수 있다. 그러나 고려전기에 일찍

---

29) 지방인을 개경에서 돕는 일종의 후견은 이와 같은 재지 연고에 기반한 것 외에도 있었다. 앞서 본 것처럼 지방관이 임지 주민을 도운 경우가 그것이며, 지방관이 아닌 개경의 관인이 아무런 재지 연고나 친인척 관계와 무관하게 지방 사람을 후견한 경우들도 있었다. 어느 군현 호장의 아들 金瑞□(?~1200)이 개경에 유학하였을 때 門下相公 김영□의 아낌을 받으며 공부하고 마침내 현량과를 통해 관직생활을 시작한 것이 그 예이다(「김서□ 묘지명」). 재지 연고나 친인척 관계는 아니지만 사망한 동료 관인과 같은 지인의 아들을 거둬 준 사례도 있다. 재상 이준양이 자신과 친분이 있던 상의봉어 함덕후의 아들 咸有一(1106~1185)이 아버지를 잃고 외가에서 자라다 15살에 개경에 찾아오자 이를 측은히 여겨 자신의 집에 데려다 기른 일이 그러하다. 함유일은 이준양의 배려로 후에 吏部의 記官으로 벼슬을 시작하였다(「함유일 묘지명」 ;『고려사』권99, 咸有一).
30) 나말여초 지방세력의 在地官班에 대해서는 金光洙, 「羅末麗初의 豪族과 官班」,『韓國史研究』23, 1979 ; 윤경진, 앞의 논문, 1997 참조.
31) 김용선, 「高麗 支配層의 埋葬地에 대한 考察」,『東亞研究』17, 1989.

관인이 된 지방 출신들이라 해도 사유지는 물론이고 전시과 토지 등 국가 분급지까지 소위 '영업전'화하는 추세 속에서 토지를 매개로 한 지방에 대한 개입과 관심이 유지되었을 것이므로 관인층의 재지 연고가 근본적으로 변화해 갔으리라고 보기는 어려울 것이다.

관인층의 재지 연고에 기반한 유대로는 지방 교육과 관련한 사제간의 유대도 특기할 만하다. 고려시대에 과거를 통한 관인으로의 신분 상승이 재지세력에게 가능해짐으로써 국가 주도의 향교 교육이든 개별적 사사든 지방 교육이 매우 중요해졌기 때문이다. 지방에서 교육을 이끌던 스승은 그에게서 배워 과거에 급제한 관인에게 특별한 존재가 되었을 것이다. 예컨대 12세기 품관 김유신의 아들 김광조(金光祖, ?~?)와 그 스승의 관계를 들 수 있다. 개경에서 관직 생활을 하던 김광조가 어떤 연유로 원주에 잠시 머물 때 개경 누이집에 계시던 어머니의 부음을 듣고 개경 도착 즉시 장례를 치를 수 있도록 모친의 묘지명을 어린 시절의 스승에게 부탁하였다. 원주에 살던 성명 미상의 이 스승은 제자 김광조의 부탁을 바로 수락하여 묘지명을 써 주었다. 김광조의 어머니와 외할머니의 고향인 원주에 옛 스승이 살고 있는 것으로 보아[32] 김광조는 어릴 적 외가에서 자라고 수학을 한 것으로 보인다. 그 소싯적 스승은 김광조가 어린 나이로 국자감시에 급제하여 관인이 될 수 있게 해 준, 잊을 수 없는 은사로서 돈독히 모셔야 할 사람이었고, 원주에 내려와 있을 때에도 그런 관계는 변함이 없었을 것이다. 갑작스런 묘지명 부탁과 수락은 각별한 사제 간에 있을 수 있는 극히 자연스런 일이었을 터이다.[33]

---

32) 「김유신 처 이씨 묘지명」.
33) 김광조의 스승이 김광조를 교육시킨 것이 원주목의 향교에서였는지, 개별 사사에서 였는지는 묘지명 내용으로는 확인할 수 없다.

2) 지식문화 기반의 교유

(1) 불교 사원과 신앙을 매개로 한 교유

고려시대 관인과 지방 사람의 인간관계에는 재지 연고에 기초한 유대 외에, 지식 문화의 공유를 매개로 새롭게 형성되는 교유도 있었다. 고려시대에는 불교 사원이 전국 범위에 걸쳐 인쇄문화와 불교 신앙, 철학 등 지식 문화의 중심 공간으로 기능하는 가운데, 관인층이 사원이나 개인 승려와 다양한 계기로 연결된 네트워크를 형성하고 있었다.[34] 이들은 그러한 네트워크를 통해 다른 관인들과의 관계망을 다시 구축해 나갈 수 있었을 것이다.[35] 품관 권덕여의 아들 권적(權適)이 관직에 오르기 전 청평산 문수사에 머물 때 문벌 출신의 저명한 거사 이자현(李資玄)을 만나 평생의 도우(道友)가 되기를 허여 받았다든가, 원주 개선사(開善寺)에 노닐며 진사 신의부(申毅夫)와 각별한 교유를 맺은 일 등은 불교 사원이 관인들을 다양한 지식층과의 인적 관계망으로 연결시키는 공간이었음을 보여준다 할 것이다.[36]

승려나 사원을 연결 고리로 하는 관인층의 교유에서 향촌사회의 유력자이자 지식층인 향리들과의 관계도 상당한 비중을 차지하였을 것이다. 주지하듯이 고려의 향리는 향촌사회에서 읍사나 개인 차원의 각종 불사(佛

---

34) 고려 당시 관인들의 불교계 네트워크의 기본적 계기와 양상에 대해서는 이병희, 「고려시기 관료의 불교계 네트워크」, 『한국중세사연구』 39, 2014 참조.
35) 고려시대 관인들 간 교유의 계기나 형태에 대해서는 이정훈, 「고려시대 관료들의 교유목적과 수단-李奎報를 중심으로」, 『한국중세사연구』 39, 2014 참조.
36) 「권적 묘지명」. 묘지명에 따르면 신의부는 꿈에 한 위인이 나타나 "내일 귀양 간 신선이 이리 올 것이오"라고 했다면서 꿈이 맞아 떨어짐을 기념하는 시를 지어 권적에게 주었다고 한다. 원주 토성에 신씨가 있는 것으로 보아(『신증동국여지승람』 권46, 강원도 원주목 성씨), 신의부는 원주 출신의 진사로서 고향에 거주하고 있었던 것으로 보인다. 물론 원주 토성이 아닐 가능성도 배제할 수 없으나, 신앙과 지식문화를 공유하는 관인층간의 교유가 개선사라는 사원을 매개로 이루어지고 있는 점이 주목된다.

事)를 주관하거나 직접 시주자로 활약하면서 향촌사회의 문화를 이끌던 지역의 정신적 지도자이자 지식층이었기 때문이다.

예컨대 1224년(고종 11)에 이의사(利義寺)라는 사원의 승려가 호장 손준서, 검교장군 손유 등과 함께 임금의 만수무강과 전쟁의 종식 등을 발원하며 추진한 반자(飯子) 제작 불사라든지,[37] 1225년(고종 12)에 대량평부곡의 전 부곡장(部曲長)과 관음사의 주지가 주관하고 지후동정 □추선(□□追善)이 시주로 참여했던 관음사 종의 주종 불사[38] 같은 것은 관인과 향리가 특정사원의 불사에서 공동 발원자, 혹은 시주와 주관자로 참여한 사례들이다.[39]

또 1334년(충숙왕 복위3) 경주에서 『백화도량발원문약해(白花道場發願文略解)』의 간행에 각수승 보영(甫英), 동천사(東泉社) 도인(道人) 선순(善珣) 등 승려들과 함께, 권지계림부윤이자 지울주사 노신(盧愼), 그리고 기관(記官) 최변(崔汴)과 별색(別色) 전 부호장(副戶長) 이기(李奇) 등 전·현직 향리로 이루어진 경주지역 토호들이 참여한 것도 좋은 예이다. 『백화도량발원문약해』는 익재 이제현의 형이자 고려 화엄종의 중요 인물이던 체원(體元)이

---

37) 국립중앙박물관 소장 '貞祐十二年'명 반자(유물번호 : 본관12318)에는 "貞祐十二年甲申正月日 利義寺火香大師玄津亦同寺飯子小鍾等亦全闕爲去乎才用良奉□同都監仁守"正孫時用戶長孫俊書檢校將軍孫儒同屬聖壽天長隣兵永息國土大平愿以造成懸排入重十一斤印大匠仁天住夫"라는 명문이 새겨져 있다(국립중앙박물관, 『고려시대를 가다』, 2009, 130쪽). '正孫時用'의 正은 戶正이 아닌가 한다. '同都監仁守'는 정확한 의미를 알 수 없다. 충북 영동군 양산면 가곡리에서 출토된 이 반자의 발원자는 그 성씨로 보아 고려 당시 영동현 소속의 풍곡부곡 또는 앙암부곡의 향리와 그곳 출신의 품관일 가능성이 있으나, 확실하지는 않다.

38) 일본 高麗美術館 소장 '貞右十三年'명 종에는 "貞右十三年乙酉正月日造」大良坪觀音寺鍾入」卄二斤(匠)七甫」東梁前長宋子」寺主大德得休」□主祗侯同正□追善"이라는 명문이 새겨져 있다(허흥식 편, 『韓國金石全文 中世下篇』, 아세아문화사, 1984). 불사를 주관한 '東梁'(棟梁)이 따로 있으므로, 동량과 구별하여 불사 핵심 인물로 새겨진 '□主祗侯同正'(祗侯는 祗候일 것)의 □主는 불사 비용을 댄 施主 또는 齋主가 될 수밖에 없다.

39) 이의사 반자 불사에서 향리와 품관이 같은 성씨이기는 하나, 관인과 향리가 함께 지역 내 불교 신앙을 주도하던 지식층으로서의 정신적 유대가 작동하였기에 가능한 일이었을 것이다.

의상(義湘)의『백화도량발원문』을 주해한 것으로, 이 책의 발문에서 체원은, 자신의 가형(家兄)인 보응대사 인원공(忍源公)이 일생 동안 관음대성만을 신앙하였다는 것과, 이제『백화도량발원문』을 간략히 해석하여 "가형이 (관음을) 숭상하고 믿는 정성을 돕고, 아울러 동학(同學)들의 교우(交于)하는 뜻에 보답하고자" 하였음을 밝히고 있다. 이로써『백화도량발원문약해』의 간행을 통해 당시 승려들과 지방 수령, 그리고 지역의 지도층 인사들인 전·현직 향리들이 관음신앙을 가졌음을 알 수 있거니와, 체원이 말한 '동학'은 이 책의 간행에도 참여하였을 것이다.[40] 즉 관음신앙은 물론이고 불교 교학(敎學)에 대한 열의를 공유하는 '동학'으로서 승려와 지방관과 향리가 불교 교학서의 간행이라는 고급한 문화에 동참하고 있는 것이다.[41] 이는 단순히 같은 지역의 사람이라는 유대 의식과는 구별되는, 신앙의 바탕 위에 불교에 대한 학문적 관심과 애호를 공유하는 지식층으로서의 공통분모가 작동한 모습이라 해야 할 것이다.

---

40) 정병삼,「『白花道場發願文略解』의 저술과 유통—새로 발견된 판본과의 비교를 중심으로」,『한국사연구』151, 2010, 40쪽.『백화도량발원문약해』관련 서술은 모두 이 논문에 의거하였다.

41)『백화도량발원문약해』간행 이듬해(1335년, 충숙왕 복위4)에도 권지계림부윤 지울주부사 노신과 경상도 안렴사 감찰집의 김경 등 지방관들, 보응대사 성괭 등의 승려들, 별색 기관 최변, 호장 김진 등의 향리들이『達磨大師觀心論』을 간행하였다(蔡尙植,『高麗後期佛教史研究』, 一潮閣, 1991, 208쪽). 향리의 불경 간행 참여 사례는 특수행정구역에서도 확인된다. 서울대학교 규장각한국학연구원 소장『대불정여래밀인수증료의제보살만행수능엄경(大佛頂如來密因修證了義諸菩薩萬行首楞嚴經)』(가람 古貴 294. 336-Su720, 이하,『능엄경』)의 말미 간기에는, 鹿鳴鄕(『신증동국여지승람』권32, 경상도 고성현 고적)의 前 鄕長(鹿鳴鄕前長) 李勝光이 1235년(고종 22) 7월 극원·요비 등의 승려와 함께, 임금의 수명장수와 전쟁의 종식, 진양후 최우의 消災招福, 풍년과 민생 안락 등을 발원하며 사재를 모두 털어『능엄경』을 조판하였음과(盡捨家儲彫板), 그 간행의 비용을 부담한 '財主'가 이승광임을 밝혀 놓았다. 이 책의 간행에 관인층은 참여하지 않았지만, 향 지역의 장리 역시 불교 교학서의 간행에 지대한 관심을 가진 지식층, 독서층이었음을 알 수 있다.

(2) 상경(上京) 유학 향리들과의 교유

관인과 지방 사람의 교유는 비단 지방에서만 이루어진 것은 아니었다. 관인층이 밀집하여 살아가던 개경에서도 양자의 만남과 교유가 있었다. 특히 고려시대는 과거제도가 실시되고 그를 통한 계층 이동이 가능해지면서 과거 준비를 위해 개경에 유학 온 지방 사람들과 개경의 관인층이 교육 체제를 매개로 만나는 일이 과거 실시 이후로 고려후기까지 지속되었다.

상경하는 아버지를 따라가서 개경의 문회(文會), 즉 문필 모임에 들어가 활약한 합주(陜州) 이순목(李淳牧, ?~1249)의 경우는 그 좋은 예일 것이다. 이순목은 "일찍이 아버지를 수행하여 개경에 가서는 매번 문회에서 운자(韻字)에 응하여 주필(走筆)하니 명성이 한때 자자하였다." 그가 문회에 들어간 것은 단순 취미 차원만은 아닐 것이며, 궁극적으로 과거에 대비한 준비였을 것이다. 실제로 그는 과거에 급제하여 벼슬이 판비서성사에 이르렀고, 무인 집정 최항(崔沆)의 소싯적 스승이 되기도 하였다.[42] 『고려사』에서 이순목이 향리 출신이라고 했으므로 그 부친 역시 향리일 것이다. 나아가 부친이 개경에 간 것으로 볼 때, 향리 중에서도 신년하례를 위한 원단숙배(元旦肅拜)나 국가·왕실의 경조사 때 수시로 예궐숙배(詣闕肅拜)차 개경을 왕래하던 호장일 가능성이 매우 높다.[43] 시작(詩作) 행위의 특성상 문회의 다수 구성원은 관인이거나 그 자제일 것이다. 이들이 이순목을 새 구성원으로 받아들이는 과정에 어떠한 거부의 움직임도 없고, 문회에서의 이순목의 활약이 빼어났던 것은 문회 구성원들이 호장 자제를 바라보는 시선과 더불어 상경 이전 합천에서의 수학 과정이 만만찮은 수준이었음을 보여준다. 이처럼 개경의 관인층과 지방 호장층 자제가 문필 행위라는 지식문화를 별 잡음 없이 공유하였다는 것은 주목되는 현상이고, 그러한 공유의 경험은

---

42) 『고려사』 권102, 李淳牧.
43) 李樹健, 「高麗時代 '邑司' 研究」 『國史館論叢』 3, 1989, 85~87쪽.

결국 양자 간의 인간적 교감을 강화하여 각별한 교유를 맺게 되는 바탕이 되었을 것이다.

고려시대 호장이나 부호장 등 고위 향리 집안의 자손 중에는 본관이나 외가가 있던 향리에서 과거 준비를 하여 급제한 경우가 역시 많았겠지만, 이순목처럼 아예 상경하여 수년 또는 길게는 10여 간 과거에 대비한 후 마침내 급제하여 관인이 된 사람들도 적지 않았다. 조부와 부 모두 동래군 호장[郡長]을 지낸 집안 출신의 정목(鄭穆, 1040~1105)은 18세에 개경에 유학하여 27세에 성균시, 33세에 문과에 각각 급제하였고, 동경 출신으로 증조부·조부·부가 모두 호장을 지낸 김자류(金子鏐, 1065~1145)도 개경에 유학하여 진사과에 급제하고 관직 생활을 시작하였다.44) 증조부·조부·부 모두 밀성 호장을 지낸 박복야(朴僕射, 1085~1151)는 10대 중반에 상경, 문헌공도의 성명재에서 공부하고, 20세에 성균시, 30세에 진사에 합격하였다. 영일현 부호장 정후감의 아들 정습명(鄭襲明, 1094~1150)도 11살 때 공시(貢試) 급제 후 상경하여 17세에 성균시에 합격하고 27세에 다시 과거에 급제했으며,45) 영가군(안동)의 누대 호장 집안 출신 권정평(權正平, 1085~1160) 역시 향시 합격 후 상경하여 남산도의 강신재에서 공부하고, 10여 년 뒤 동진사출신 제2인에 급제하였다.46)

형부상서 한림학사로 치사한 이문탁(李文鐸, 1109~1187)은 증조부와 조부 모두 열성군(현 청양군 정산면)의 호장[縣長]을 지냈는데, 거자(擧子) 신분으로 홀로 자신을 키우던 아버지가 사망한 후 17세 때 상경, 계모 이씨의 집에서 생활하며 과거에 급제하였다.47) 또한 상주 경산부 출신

---

44) 김자류는 신라 왕실의 후손으로 삼한공신 대광 시중인 金禮의 7세손이자 상사봉어를 역임한 金殷翼의 현손인데, 증조부 때 고향인 경주[동경]로 되돌아가 향리가 되고 이후 향리직을 세습한 매우 특이한 사례이다(김용선(속), 41~44쪽).

45) 「정습명 묘지명」(속).

46) 「권정평 묘지명」(속).

47) 「이문탁 묘지명」. 개경으로 올라가 몇 년 동안 공부 후 1125년(인종 3)에 과거에 급제한 진주 출신 鄭知源(『정지원묘지명』, 김용선(상), 151~153쪽)의 경우도 비록

감찰어사 이승장(李勝章, 1138~1192)의 아버지 이동민(李棟民)은, 어릴 때 가족들과 함께 개경으로 가서 당대 최고의 사학인 문헌공도의 솔성재에 속하여 공부하였다. 기록에 이동민의 선대는 전하지 않지만, 성씨로 볼 때 경산부의 향리 집안이었을 것으로 추정된다. 이동민은 솔성재에서 수학하고 과거에 급제하여 권지감찰어사에까지 이르렀다.[48) 군현 호장의 아들 김서□(金瑞□, ?~1200) 역시 개경에 유학하였는데, 유학 당시 문하상공(門下相公) 김영□의 아낌을 받으며 공부한 후 현량과를 통해 관인이 되었다.[49) 아버지와 외조부가 해주의 부사호(副司戶)와 권사호(權司戶)를 역임한 오천유(吳闡猷, 1168~1238)도 22세에 사마시에 합격하여 대학에 입학하고 27세에 과거에 급제하였으니,[50) 최소 5년 이상 상경 유학한 셈이다.

거의 대부분 호장가의 자제인 개경 유학 향리 자제들이 어느 스승에게 혹은 어떤 교육 기구에서 수학했는지 잘 알 수 없는 경우가 대부분이지만, 수학 과정에서 과거 급제라는 목표를 공유한 개경 관인층 자제들과 만날 기회가 그리 드물지는 않았을 것이다. 특히 앞서 본 박복야나 권정평, 이동민이 소속해 수학한 솔성재와 성명재, 강신재는 당시의 유수 사학 문헌공도와 남산도의 세부 교육과정이어서 재생의 다수가 아무래도 관인층 자제들일 것이므로, 박복야·권정평·이동민 등 향리 자제는 이들 관인층 자제들과 동문으로서 자연스런 사귐이 있었을 것이고, 그 중에는 각별한 교유 관계로 이어지기도 했을 것이다.[51) 이와 같은 관인층과 상경 유학

그 가계는 알 수 없으나 그 성씨를 볼 때 진주 호장 집안 출신일 가능성이 높다.
48) 「이승장 묘지명」. 이 묘지명은 이승장의 어머니가 그의 새 남편에게 전 남편[이동민] 이 공부했던 사학에 아들[이승장]도 입학시켜 생부의 뒤를 잇게 해줄 것을 강력히 요구하였고, 새 남편이 마침내 이를 받아들여 이승장을 솔성재에 입학시켰다고 기록하고 있다. 따라서 이승장의 아버지 이동민이 당초 문헌공도 솔성재에 속하여 공부하였음을 알 수 있다.
49) 「김서□ 묘지명」.
50) 「오천유 묘지명」.

향리 자제들의 교유는 고려시대에 과거가 실시되면서 사상 처음으로 지방 사람들의 신분상승이 가능해짐에 따라 가능해진 새로운 인간관계이자 사회현상이라 할 것이었다.

3) 혼인

고려시대 관인층과 지방 사람의 인간관계로는 혼인이라는 매우 특별한 관계를 빼놓을 수가 없다. 이 경우 혼인 상대는 지방 사회를 사실상 이끌던 향리층이었고, 그 중에서도 특히 향리의 수반인 호장의 가문이 주된 대상이었다.

이 농서공(李 隴西公, 978~1059)은 누대 고관을 배출한 집안의 자손으로 내의령(內議令) 왕모(王某)의 외손이기도 했는데, 그 부인은 「□□읍 호장 연한(連翰)의 장녀」였다.[52] 이 농서공의 관직에 대해서는 묘지명의 마멸과 내용 자체의 소략함 등으로 자세히 알 수 없다. 그러나 그가 대대로 고관을 지낸 집안의 출신인 데다, 고려초기 최고 중앙행정기관이던 내의성의 종1품 장관인 내의령의 외손이었다는 데서 그를 관인층으로 분류해도 무리가 없을 것이다. 즉 이 농서공의 사례는 누대 고관 집안 자제와 호장층

---

51) 묘지명 자료와 달리 관찬 사서인『고려사』열전이 입전 인물의 과거 응시 전 수학 과정을 거의 기록하지 않은 점을 감안하면, 박복야·권정평·이동민처럼 유수 사학에서 수학한 사례는 더 많았을 것으로 추정된다. 사학의 諸生이 함께 공부하던 동학과 각별한 친교를 맺은 예로는 李穀(1298~1351)의 사례를 들 수 있다. 이곡은 韓山郡吏로 井邑監務를 역임한 이자성(『고려사』권109, 李穀 ;「이자성 처 이씨 묘지명」)의 아들로서 개경의 사학에서 공부하였는데, 산직 품관의 자제로서 지방에 살다 상경한 鄭云敬[정도전의 아버지. 증조부가 봉화현 호장을 지냈으나, 조부대에 품관(散職)으로 상승]과는 十二徒를 통해 친분이 깊어지고 나이차를 잊은 교유까지 나누었다고 한다(『삼봉집』권4, 行狀, 高麗國奉翊大夫檢校密直提學寶文閣提學上護軍榮祿大夫刑部尙書鄭先生行狀 "從舅氏翰林安狀原名奮 母之兄 來開京 學問日進 遊十二徒 有名諸生中 大爲翰林劉公 名東美門下贊成事謹齋安公所稱賞 稼亭李公與爲忘年交").

52)「이 농서공 묘지명」.

이 결합한 혼인 예로 봐도 되겠다. 내의령이라는 관직명이 930~982년에 존속했으므로 이 농서공의 혼인 시기는 대략 11세기 초 정도로 볼 수 있겠다.

상장군 유달(攸達)의 현손으로 금오위상장군을 역임한 양일의 증손자이며, 검교첨사 양공소의 아들이고, 감찰어사를 지낸 박성덕의 외손자인 양원준(梁元俊, 1089~1158)은 12세기 초 무렵 음성현 호장의 딸과 혼인하였다. 문음으로 서리가 된 양원준이 혼인 당시에 서리 신분이었는지, 그의 첫 품관직인 군기주부(軍器注簿)였는지는[53] 확인하기 어렵다. 그러나 이 농서공과 마찬가지로 양원준 또한 누대 품관 집안의 자손이었다. 설사 그가 서리 때 처음 혼인을 하였다 하더라도 문음의 혜택을 누리는 유서 있는 품관 집안의 자식이 호장의 딸과 혼인한 점에서 이를 관인층과 호장층의 결합 사례로 봐도 큰 무리는 없지 않을까 한다.

또 앞서 보았듯이 한림학사로 치사한 이문탁의 아버지는 누대 호장 집안의 자제로서, 첫 부인인 이문탁의 생모가 사망한 후 12세기 초에 과거 응시자[擧子] 신분으로 개경에 머물 무렵 개경 품관의 딸[京師衣冠之子] 이씨와 혼인하였다.[54] 개경에 자리잡은 품관 신분의 계모 이씨의 아버지로서는 아직 과거 응시자 신분의 호장 자식을 사위로 맞은 것이다.

숙·예종대 중신 윤관의 손자이자 시어사·남원 부사 등을 역임한 윤언순의 아들 윤중첨(尹仲瞻)은, 12세기 후반 조위총의 난 당시에 사촌 형 윤인첨의 휘하에서 진압군의 병마판관으로 활약하였다. 이때 윤중첨을 위하여 자기 고을 사람들에게 조위총의 편에 서지 말도록 유도한 사람은 윤중첨의 사위이자 선주(현 평북 선천)의 토호로 향공진사 방서란(房瑞鸞)이었다.[55] 『신증동국여지승람』의 선천 성씨조에 방씨가 보이지 않는다는 점에서

---

53) 「양원준 묘지명」 ; 『고려사』 권99, 梁元俊.
54) 「이문탁 묘지명」.
55) 『고려사』 권100, 房瑞鸞.

일단 방서란 가의 '가풍'은 이 지역 호장가의 그것에는 못 미쳤다고 생각된다. 조위총 난 평정 후 방서란이 동정직이긴 하나 내시(內侍)에 배속되고, 그 형들인 방효진과 방득령이 각각 산원과 호장에 임명되었는데,[56] 방득령이 일종의 포상으로 호장직을 수여받았다는 점도 이 점을 뒷받침한다. 방서란을 사위로 맞을 당시 윤중첨의 지위를 알 수는 없지만, 재상 윤관의 손자이자 중견 관인의 자식으로서 호장에도 못 미치는 서북 변방 토호가와 혼인을 맺은 것은 다소 이례적이다. 다만 방서란이 사실상 관인신분에 준하는 향공진사로 된 시점이 양가 혼인 이전이라면 이러한 이례성은 해소된다.

13세기 중반 무렵 흥녕현(현 경북 영주 순흥면) 출신으로 검교군기감을 지낸 안성기(安成器)는 조부와 부친이 흥녕현의 호장을 역임한 호장 가의 아들 안석(安碩)을 사위로 맞았다. 안성기도 사위 안석처럼 흥녕현의 토성 가문 출신인 만큼, 멀지 않은 선대까지는 흥녕현의 향리였다가 품관층으로 오른 집안이 아닌가 한다. 안석은 흥녕현 향리 신분으로 과거에 급제한 후 벼슬을 하지 않고 은거하였는데,[57] 향리로 있으면서 과거에 응시하였던 만큼 과거 응시 이전에 이미 결혼해 있었을 가능성이 급제 후 벼슬을 하지 않은 상태에서 결혼했을 개연성보다 크지 않은가 한다. 산직이긴 하나 품관이던 안성기가 향리로 근무 중이던 같은 현 같은 성씨의 호장의 아들을 사위로 맞은 것이다.

또한 조부와 부친이 중앙군의 중하급 무관(산직)을 지낸 관인층의 자제로서 13세기 중반에 호장의 딸과 혼인한 김대린(金大鱗)을 비롯하여,[58]

---

56) 『고려사』 권100, 房瑞鸞.
57) 『고려사』 권109, 安軸, "安軸 字當之 福州興寧縣人 父碩 以縣吏登第 隱不仕" ; 「안축 묘지명」. 안석이 과거 급제 후에 은거하고 벼슬을 하지 않은 것은 관직 자체를 거부해서라기보다 고려중기 이래 포화상태에 이른 품관직 상황 때문일 것이다(朴恩卿, 『高麗時代 鄕村社會硏究』, 一潮閣, 1996, 173쪽).
58) <金璉准戶口>(노명호 외, 『韓國古代中世古文書硏究』(上), 서울대학교출판부, 2000, 188~191쪽). 이 준호구의 근거 호적은 1261년(원종 2)에 작성되었고, 1301년(충렬왕

역시 조부와 부친이 각각 상의직장과 검교신호위 상장군을 역임한 관인층의 아들로 13세기 초 나주 호장의 딸과 혼인한 한광윤(韓光胤),[59] 누대로 문무 품관을 지낸 집안의 자제로서 13세기 후반에 누대 호장가의 딸과 혼인한 좌우위 보승중랑장 한세대(韓世大),[60] 13세기 말경 경산부사 정윤의의 사위가 된 경산부 향리 이장경의 아들 이조년(李兆年),[61] 그리고 대를 이어 호장을 지낸 집안의 아들로서, 부친과 조부가 합문지후와 낭장을 각기 역임한 원구단직(圓丘壇直) 권득균의 딸과 13세기 말~14세기 초에 혼인한 예안군 호장 김희보(金希寶)[62] 등의 사례들도 관인층과 호장층이 혼인으로 결합한 것이라 하겠다.

위에서 보았듯이 고려전기 이래로 고려후기까지 관인층 자제가 향리층의 딸과 혼인하거나, 향리층 자제가 관인층의 딸과 혼인하는 일이 호장층

---

27)에 김대린의 아들인 47세의 호주 조산대부 시소부감 김련에게 발급되었다. 따라서 김대린의 혼인 시기는 늦어도 1254년(고종 41) 이전이라 하겠다. 김대린의 아버지와 조부는 각각 흥위위 별장동정과 금오위 중랑장동정 행대정을 역임하였다. 따라서 김대린이 혼인 당시 관직은 없었으나 관인의 자제로서 호장 딸과 혼인한 사례라 해도 될 것이다.

59) <韓康准戶口>(노명호 외, 위의 책, 2000, 192~193쪽). 이 준호구의 기재 내용은 1294년(충렬왕 20)에 작성된 것으로, 호주는 한광윤의 아들 도첨의중찬 수문전태학사 감수국사 판전리사사 치사 韓康(1227~1303)이다. 따라서 한광윤의 혼인 시기는 늦어도 1226년(고종 13) 이전이라 하겠다. 한광윤 역시 혼인 당시 관직은 없었으나 그 부친과 조부가 문무반의 품관을 지낸 관인층의 자제로서 호장의 딸과 혼인한 사례라 해도 될 것이다.

60) <崔碩玘戶口資料>(노명호 외, 앞의 책, 2000, 213~215쪽). 이 호구자료는 1367년(공민왕 16)에 작성된 것으로 추정되는 것으로, 준호구의 기재 내용은 1294년(충렬왕 20)에 호주 崔碩玘에게 발급되었다. 한세대는 최석기의 외조부이다.

61) 『고려사』 권109, 李兆年 ; 「이인복 묘지명」.

62) <金輅戶口資料>(노명호 외, 앞의 책, 2000, 281~284쪽). 이 호구자료는 1390년(공양왕 2)에 작성된 것으로, 호주는 당시 40세이던 전 좌우위 보승낭장 김로이다. 김희보는 김로의 고조부이다. 김희보의 장인 권득균은 원구단직을 역임했는데, 원구단직은 그 성격상 제릉직과 같은 雜權務의 직으로 추정된다. 잡권무는 대체로 隊正에 비견되는 대우를 받은 점에서 전형적인 품관직이라고는 보기 어렵지만, 권득균의 부와 조부가 합문지후와 낭장을 역임한 품관 집안이라는 점에서 김희보는 관인층의 딸과 혼인했다고 보아 큰 무리가 없을 것이다.

을 중심으로 지속되었다. 관인층 자제가 호장층의 딸과 혼인한 예가 그 반대의 경우보다 더 일반적이지만, 반대로 호장층의 아들이 관인층의 딸과 혼인한 예도 13세기 말까지 확인되고 있다. 이러한 것은 고려시대 지방사회의 지도층인 호장층의 사회적 위상이 적어도 혼인 관계의 면에서는 고려 전후기를 통해 큰 변화가 없었음을 새삼 말해 주는 것이 아닐까 한다.

4. 관인의 지방 퇴거지(退居地)와 장지(葬地)

1) 관인의 일시 퇴거지

고려시대 지방에 대한 관인층의 관계 형태에서, 지방 사람들과의 인간관계와 더불어 중요한 것은 그들이 향촌의 공간을 삶과 죽음의 터전으로서 어떻게 활용하였는가 하는 점일 것이다. 물론 향촌의 공간은 무엇보다도 전시과를 비롯한 분급수조지와 사유지 등 관인층 보유 토지의 소재지이자, 각종 특산물이 생산되는 곳이라는 점에서 관인의 삶과 밀접한 관계가 있다. 그런데 이러한 효용들 외에 향촌의 공간은 관직 생활에서 물러나 퇴거하고 죽어서 묻히기도 하는 터전이라는 점에서 관인 개개인에게 중요한 의미가 있었다.

고려시대 관인들은 관직 생활 도중에 벼슬을 내놓고 개경을 떠나 지방에 일시 퇴거하는 경우가 많았다. 이러한 퇴거에는 강한 종교·사상적 성향이나 노부모 봉양의 필요성, 연로·현달 등 극히 개인적인 성향이나 사정에 따른 퇴거가 있는가 하면, 개경의 정치나 관료계에 대한 회의나, 관료로서의 위신 추락, 또는 예견되는 정치적 곤경이나 위기 등 다양한 여러 정치적 사정을 배경으로 한 퇴거도 있었다.

종교·사상적 성향에 의한 일시 퇴거로는, 예컨대 청주 출신으로 숙종대 참지정사를 지낸 곽상의 아들 곽여(郭輿, 1058~1130)를 들 수 있다. 곽여는 홍주목사의 임기를 마치고 예부원외랑이 되었다가 금주(현 경남 김해)에 은거하였다. 재상의 자식으로서 이미 개경이 생활 근거지였을 그가 뚜렷한 배경 없이 남쪽 멀리 금주로 퇴거한 것은 도교·불교·의약·음양의 설에 두루 능통한 선풍(仙風) 짙은 성향 때문일 것이다. 동궁 시절에 잘 알던 예종이 금주로부터 불러올리고 궁중에 거처하게 하며 선생으로 예우했는데, 이런 곽여를 두고 사람들이 '궁중의 신선[金門羽客]'이라 불렀다고 한다. 곽여가 문득 벼슬을 내놓고 남쪽 멀리 연고도 없는 금주로 내려가 은거했던 것이나, 도교와 선풍의 진작에 힘쓰던 예종이 그를 다시 불러올린 것이나 모두 곽여 자신의 성향을 떠나서 생각하기 어려울 것이다.[63] 도교 내지 선가적 은일(隱逸)과는 다르지만, 본관지인 파평에 일시 퇴거하여 스스로 금강거사(金剛居士)라 칭한 윤언이(尹彦頤, 1090~1149)도 불교에 조예가 깊고 선(禪)에 심취했던 종교 내지 사상적 성향 때문이었다고 하겠다.[64] 표면적으로는 연로하다는 것을 내세웠지만, 이자현처럼 불교에 심취하여 일시나마 복잡한 개경의 정치를 벗어나 정신적 안식을 취하려는 것이 퇴거의 속내였을 것이다.[65]

다른 특별한 사정보다는 단지 연로·현달함을 이유로 퇴거하기도 하였다. 진주 고성현 출신의 판밀직사사 감찰대부 세자원빈인 이존비의 손자이

---

63) 『고려사』 권97, 郭輿. 곽여의 선풍은 세속을 완전히 절연한 온전한 의미의 仙家는 아닌 듯하다. 그의 열전에 따르면, 홍주목사 재직 시 어떤 기생과 사통했다가, 개경으로 돌아오게 되자 약을 먹인 다음 그 여자가 신선이 되어 갔다고 속이고는 몰래 데리고 개경으로 왔으나 기생의 용모가 시들해지자 돌려보냈다고 한다. 또한, 산재에서 늘 비첩을 거느리고 있었으므로, 당시 사람들이 그를 낮추어 보았다고도 한다. 이런 사람의 은거가 일시적이었던 것은 어쩌면 당연한 일이었는지 모른다.
64) 許興植, 『高麗佛敎史硏究』, 一潮閣, 1986, 449~440·444·474·489쪽.
65) 『고려사』 권96, 尹彦頤, "晩年 酷好佛法 請老退居坡平 自號金剛居士 嘗與僧貫乘 爲空門友."

자 철원군 이우의 아들 이암(李嵓, 1297~1364)은 나이 60인 데다 지위도 극에 달해 은퇴하기에 좋은 때라며 연고가 확인되지 않은 청평산으로 퇴거했다가 공민왕의 명으로 돌아왔다. 왕의 안동 피난 때 호종한 공으로 현달하였고 개경 도성에서 가까운 대덕산의 부인 묘역에 합장되었다.[66] 그 역시 안팎으로 당당한 품관 집안 출신으로서 어디까지나 개경에 뿌리내린 관인의 한 사람이었으니, 본관지도 아닌 청평산에의 퇴거가 최종적인 것일 수는 없었겠다.

노부모 봉양을 위해 지방에 퇴거하기도 하였다. 최이 집권기에 진양수령 정안(鄭晏, ?~1251)은 노모 봉양을 위해 사직하고 본관지인 하동에 일시 은거하였고,[67] 13세기 중반 이승휴(李承休, 1224~1300)는 과거에 급제한 후 어머니를 모시려고 삼척 두타산 구동(龜洞)으로 갔다가 몽골군 침입으로 길이 막히는 바람에 오래도록 개경으로 돌아오지 못하고 농사지으며 노모를 모셨다.[68] 원래부터 노모 봉양을 위해 내려간 것이지만, 전란으로 인해 은거의 시간이 크게 길어진 것이다. 1261년(원종 2)에 내시 낭장 최윤통(崔允通, ?~?)도 병든 노모를 위해 사직하고 "전리(田里)"로 물러났는데, 이로 인해 효자로서 이름이 알려졌다.[69] "전리"는 보통 "고향"이라는 의미로 많이 쓰이므로 퇴거지는 최윤통의 본관지일 가능성이 높다. 물론 비슷한 무렵의 이승휴가 노모 봉양을 위해 외가인 삼척 두타산으로 퇴거했던 것처럼 최윤통 모친의 거처가 최윤통의 외가일 가능성도 배제할 수는 없겠다. 다만 최윤통이 노모 사후에 개경으로 복귀했는지는 확인되지 않는다.

관인 일시 퇴거의 가장 흔한 이유는 정치적인 것들이었다. 그 중에는

---

66) 「이암 묘지명」.
67) 『고려사』 권100, 鄭晏.
68) 『動安居士集』, 動安居士行錄 권1, 行錄, 病課詩<幷序>, "至壬子春 擢第於公之門下 乃歸覲 眞珠府 其明年 胡兵梗路 綿年不退 由是未得還京 姑息桑鄕."
69) 『고려사』 권25, 원종 2년 1월 정축.

관료로서의 뚜렷한 추락이나 별 위기가 아닌데도 그야말로 정치 현실에 대한 회의와 불만으로 인해 개경을 떠나는 경우가 있었다. 공민왕대에 급제하여 여러 관직을 역임하고 군부좌랑에 오른 뒤 정치가 날로 문란해진 다며 "전리"에 퇴거한 이서(李舒, 1332~1410)의 예가 그러하다. 이서는 본관이 홍주이지만, 고종대 문하시중 이연수의 6세손으로서 과거를 통해 입사하여 여러 관직을 역임한 것으로 보아 집안이 이미 개경에 뿌리를 내리고 세거했을 것으로 보이는데, 그러한 그가 "전리"로 퇴거한 것이다. "전리"가 일반적으로 출신 고향을 지칭하는 용어로 많이 쓰이고, 퇴거할 당시 부친도 생존해 있었으므로, 이때의 "전리"는 본관지인 홍주일 가능성 이 크다. 이서는 퇴거 후에 여러 번의 관직 임명에도 부모의 연로함이나 부모상 등을 이유로 사양하다가 1388년(우왕 2)에 내서사인(內書舍人)에 제수된 후 관직에 복귀하였다.[70] 또 충렬왕대 우사의대부 정흥(鄭興, ?~?) 역시 개경의 정치 세계에 대한 회의로 일시 퇴거한 경우이다. 정흥은 당시 홍다구에게 붙어 김방경의 죄를 조작하던 이분희 형제와 같은 조정에 서 벼슬하는 것을 수치스럽게 여기고, 노모의 봉양을 표면적 이유로 내세 워 사직하고 나주로 퇴거하였다가 얼마 지나지 않아 왕이 불러들였다.[71] 정흥의 출신 지역은 알 수 없으나 그의 성씨와 나주로 퇴거한 사실에서 나주 정씨로서 본관지인 나주로 퇴거한 것일 가능성이 높다.

　　정치적 추락 후의 회복 내지 충전을 위해 퇴거하기도 하였다. 앞서 본 이승휴는 노모를 봉양하던 삼척 두타산 생활 10여 년 만에 안집사 이심의 권유로 개경으로 돌아왔는데, 후에 충렬왕의 뜻을 거슬러 파직되자

---

70) 『태종실록』 권20, 태종 10년 9월 계유. 이서는 조선 건국 후에 공신의 號까지 받고 영의정에 이르는 등 현달하다가 한양의 자택에서 사망하였다. 이서가 퇴거했던 '전리'가 어디인지는 알 수 없다.
71) 『고려사절요』 권20, 충렬왕 4년 2월. 이승휴는 10년 뒤 충선왕의 부름을 받아 개경으 로 돌아가기까지 이곳에 容安堂을 짓고 불경을 읽는 한편으로 『제왕운기』와 『內典錄』 을 지었다.

두타산 구동으로 다시 돌아갔다. 이승휴로서는 어머니의 고향이자 옛 은거지인 두타산 자락이 평화로움 속에 자존심을 회복하는 데 정서적으로 큰 도움이 됐을 것이다.[72] 우왕 복위를 모의한 변안열 사건으로 고초를 겪고 다시 윤이·이초의 옥사에 연루되어 갇혔다 풀려난 나주 출신의 정지(鄭地, 1347~1391)가 광주(光州)의 별업(別業)으로 퇴거한 것[73] 역시 정치적으로 극심한 고초 후의 자신감의 충전을 위한 시간이 필요했기 때문일 것이다. 정지는 광주 별업에서 지내다가 판개성부사로 부름을 받았으나 부임 전에 병사한다. 이처럼 정치적 추락 이후의 퇴거 시에는 정신적 휴식이나 회복을 위해 본관지나 외가 지역과 같은 연고지나 그에서 가까우면서 별도의 경제기반이 있던 곳이 당연히 선호되었을 것이다.

심각한 정치적 위기를 예견하고 이를 피하려고 퇴거하는 일도 많았다. 무인집권 초기 문신 도륙이 잇따르는 상황에서 시사재주부(試司宰注簿) 박인석(朴仁碩, 1144~1212)은 처숙부인 김항이 김보당의 누이와 혼인한 터여서 김보당 난으로 인해 입장이 매우 옹색해져 있었다. 이에 그는 "풍속이 자못 순박하여 사람 살기에 마땅하다는 소문"이 있던 원주로 퇴거하였다. 박인석은 후에 자신의 본관지인 광주 연창군[竹州, 현 경기도 안성시 죽산면]으로 귀양 갔다가 최당의 추천으로 동래현령에 기용되고 이후 대부경, 삼사사 등을 역임한 후 개경의 오룡산에 묻혔다.[74] 원주가 퇴거지로 선택된 것은 박인석의 말대로 "풍속이 순박"해서였겠지만, 한편으로 그곳이 자신의 본관지도 외가나 처가 지역도 아니라는 점 역시 고려되었을 것이다.[75] 또 김보당의 난 때 동북면지병마사이던 김평(金平, ?~1205)

72) 『고려사』 권106, 李承休.
73) 『고려사』 권113, 鄭地.
74) 「박인석 묘지명」. 박인석이 묻힌 오룡산은 고려시대 개경 도성 북쪽 10리 부근에 있던 산이다(「김은설묘지명」, "卒于戊辰三月初四日己丑 葬于城北十里鍾岩下五龍山南麓").
75) 박인석의 외가는 安城郡이고 처가는 강릉이다(「박인석 묘지명」).

은 김보당 측에 호응한 장인 한언국이 피살되자 처자를 데리고 승평군에 숨어 살다가 훗날 기탁성에 의해 직사관으로 발탁되었다.[76] 반역자의 사위가 되어 숨어든 승평군은 당연히 아무런 연고가 없는 곳이었을 것이다.

한편 앞에서 살폈듯이 정안이 노모 봉양을 위해 관직에서 물러나 본관지인 하동에 은거했는데, 평소 정안의 재능을 아끼던 최이가 그를 국자좨주에 임명하고 불렀다. 그러나 정안은 최이의 전횡으로 인한 피해의 가능성을 생각하고 그러한 상황에서 멀어지기 위해 연고지는 아니지만 본관지 하동에서 가까운 비연고지 남해현으로 은둔하였다.[77] 정안의 경우 객관적인 위기가 심각했다기보다 스스로 최이를 꺼린 측면이 많아서 본관지와 전혀 멀리 떨어진 곳 대신 본관지에서 가까운 곳을 택한 것이 아닌가 한다. 인적·경제적 기반이 있던 본관지 인근의 남해현이 생활상의 편의나 인간관계 등에서 선호되었을 것이다.[78]

2) 관인의 은퇴 후 퇴거지와 장지

고려시대 전 시기를 통하여 대부분의 관인들은 관직생활을 할 때는 물론이고 은퇴한 뒤에도 개경 일원에 살았으며, 죽은 뒤에도 개경 일원과

---

76) 『고려사』 권100, 奇卓誠.
77) 『고려사』 권100, 鄭晏, "出倅晋陽 以母老 辭歸養河東 怡愛其才 奏授國子祭酒 晏見怡專權忌克 欲遠害 退居南海." 정안은 최항 집권 후에 재상이 되는 등 현달하다가 최항의 미움을 사 죽임을 당하였다.
78) 공민왕대의 공신 瑞寧君 柳淑(1324~1368)의 경우도 이와 유사하다. 공민왕이 의심하고 꺼리는 것이 많아 목숨을 보전한 공신이 적은 데다, 자신에게 감정을 품은 신돈이 득세하는 속에서 이미 지위가 높은 자신에게 해가 끼칠 것을 두려워하여, 伊山縣(현 충남 예산군 덕산면) 伽倻山으로 퇴거하였다. 유숙은 1368년(공민왕 17)에 결국 신돈에 의해 영광군에서 살해당한 후 4년 만에 德豊縣(현 예산군 고덕면과 봉산면, 당진시 합덕읍 지역) 加也洞에 묻혔다(「유숙 묘지명」 ; 『고려사절요』 권28, 공민왕 14년 8월). 처음 이산현으로의 퇴거가 당초 자의에 의한 것이기는 하지만 최종적이었는지는 확인할 수 없다.

경기지역에 묻혔다. 그러나 한편에서는 은퇴 후 지방에 퇴거해 있다가 그곳에 묻히는 이들이 조금씩 늘어났다.[79] 박승중의 예처럼 본관지에 유배되어 사망한 경우도 있고,[80] 13세기 말 김방경(金方慶, 1212~1300)처럼 개경에서 사망하였으면서도 자기의 소망대로 고향에 묻힌 관인도 있었지만,[81] 적지 않은 사람들이 자발적인 퇴거지로 지방을 선택해 그곳에서 삶을 마감하고 묻혔다. 그들에게 지방은 일시적인 퇴거를 넘어 여생을 보내고 자신의 뼈를 묻을 터전으로 인식된 것이다.

대대로 익양현(현 경북 영천군)에서 살아온 이탄지(李坦之, 1086~1152)는 대주(현 경북 성주군) 수령으로 재직 중 질병으로 물러나 은해사에서 생활하다가 사망하였다. 그가 은해사를 택한 것은 평소 그곳에서 여생을 보내고자 했기 때문이었다.[82] 물론 그 은해사가 본관지인 영천 땅에 있었기 때문임은 말할 것도 없다. 은해사에서 죽은 그가 대대로 뼈를 묻어온 영천에 묻혔을 것은 분명하다.[83]

---

79) 김용선, 앞의 논문, 1989.

80) 박승중은 이자겸 패망으로 울진에 유배되었다가 누대의 공적이 참작되어 본관지인 무안현으로 옮겼고, 사망 후에는 유배처소에서 옮겨져 장례를 치를 수 있게 허락되었다(『고려사』 권125, 朴昇中, "卒許歸葬").

81) 김방경은 개경 백목동 앵계리에서 사망한 후 유언에 따라 본관지인 永嘉郡(현 경북 안동시) 예안현의 산기슭에 묻혔다(「김방경 묘지명」). 그와 달리 아들 김순과 손자 김영돈은 개성부 속현인 덕수현에 묻혔다(「김순 묘지명」, 「김영돈 묘지명」). 김방경이 굳이 유언을 남기면서까지 본관지에 묻히고자 했던 정확한 이유는 알 수 없으나, 이른바 '김방경 무고사건'과 같은 고초를 여럿 겪은 후 영혼의 안식처로 본관지의 언덕을 소망했기 때문일 수 있다. 김방경의 아들 김순과 손자 김영돈이 김방경의 무덤을 그(김방경) 유언에 따라 멀리 영가군에 모셨음에도 자신들은 경기 지역에 묻힌 것은 이들의 사망 당시 현직 품관 신분이던 아들 김영돈과 金縝이 종래의 일반적인 관행대로 그 아버지(김순, 김영돈)의 장지를 결정했기 때문일 것이다.

82) 「이탄지 묘지명」.

83) 젊은 이탄지가 여진과의 전투에 神將으로 참전했다가 현지에서 병사한 아버지를 현지 화장한 후 유골을 우여곡절 끝에 개경으로 모셔와 개경 북쪽에 장사지낸 것은(「이탄지 묘지명」), 멀리 영천이 고향인 입장에서 조금이라도 고향에 가까운 개경에서 장례를 치르는 것이 당시 중앙 관인들이 개경과 경기 일원에 장사지내던 관행에 비추어서도 당연하기 때문이었을 것이다. 따라서 영천에서 죽은 이탄지

함유일의 아버지 상의봉어 함덕후(咸德侯, ?~1188?)는 11세기 말~12세기 초 본관지인 항양현(현 경기도 양평)으로 물러나 기거하다가 함유일을 낳고 3년 만에 사망하였다. 그 과정에서 함덕후가 다른 곳으로 옮겼거나 죽어 타지에 묻혔다는 기록이 없으므로,[84] 장지 역시 본관지에 마련된 것이 분명하다. 그의 사례는 중앙 품관이 개경이나 경기가 아닌 타지방에 장지를 쓰기 시작한 가장 이른 시기의 것으로서, 종래에 가장 빠른 때로 지목돼 온 무인집권기에[85] 앞서는 11세기 말~12세기 초 무렵의 일이다.

14세기의 관인 이조년(李兆年, 1269~1343)도 벼슬에서 은퇴 후 본관지 경산부에서 여생을 보내다 죽어 역시 고향 경산부의 부동(釜洞)에 매장되었다.[86] 이조년의 경우는 앞서 정치 현실에 만족을 못 느끼고 일시 퇴거했던 이서의 경우와 비슷한 면이 있으나, 이서와는 달리 더 이상 중앙 정계에 나아가지 않은 채 고향에서 여생을 보낸 후 그곳에 묻혔다.[87] 이조년의 아들 검교 시중 이포(李褒, ?~1373)는 아들 이인임(李仁任)이 수시중으로 있을 때 공민왕이 직접 그린 자신의 초상화를 아들 이인임을 통해 하사받았

자신의 유골도 그 아버지처럼 개경으로 옮겨가야 할 이유는 없었다고 하겠다. 승평군에서 수령으로 재직 중 사망한 吳元卿(1128~1180)의 유골을 힘들게 개경까지 옮겨 간 것이 흔히 회자되지만(「오원경 묘지명」), 이탄지와 오원경은 사정이 크게 달랐다. 오원경이 죽은 승평군은 이탄지가 사망한 영천과 달리 연고지가 아닌 머나먼 임지였을 뿐이고, 오원경의 유골을 묻은 개경은 고향 해주와의 거리가 승평군에 비교도 안 될 만큼 가까운 곳이었다.

84) 「함유일 묘지명」, "奉御君退居鄕閭 公生三歲而孤 未數年 母夫人亦捐舘 零丁枯槁 鞠於母兄 之家 年甫十五 徒步入京師."
85) 고려 지배층의 장지의 추이를 분석하여 시기적 추이를 명확히 드러낸 김용선은, 무인집권기부터 향리층 출신의 중앙 관인들 중에서 개경 일대나 경기지역 이외의 지방에 장지를 마련한 사람이 나오기 시작함을 지적하고 이는 매우 큰 변화라 하였다(김용선, 앞의 논문, 1989, 256~266쪽).
86) 「이조년 묘지명」.
87) 『고려사』 권109, 李兆年. 이조년의 열전에 따르면, 한창 나이의 충혜왕이, 총애하는 노비의 아버지인 상인 林信을 갑자기 대호군에 임명하고, 임이 구타한 奇輪의 집을 직접 부숴 버리는 등 뭐든 내키는 대로 하자, 여기에 실망하고 늙어서 임금을 바로 이끌지 못하는 책임감과 그 禍가 자신에게 미칠 것에 대한 염려를 토로하면서 그 이튿날 바로 낙향한 후 죽을 때까지 세상일에 관여치 않았다고 한다.

고,88) 그 이듬해에 아버지 이조년처럼 고향 경산부에서 사망하고 묻힌 것으로 보아89) 이미 고향에 퇴거해 있었음을 알 수 있다. 이인임도 비록 자발적 퇴거는 아니었지만, 고향인 경산부에서의 장례가 허용되었다.90) 한편 이인임의 형이자 이포의 장남인 이인복(李仁復, 1308~1374)은 부친 이포와 조부 이조년과 달리 개경에서 관인 생활을 마치고 개경에 묻혔다.91) 이조년 자신과 아들 이포가 고향에 퇴거 후 묻힌 것과 달리 손자 이인복은 끝까지 개경에서 살고 뼈를 묻었으니, 직계 3대 내에서조차, 그것도 관직 생활을 한 형제끼리도 은퇴 후의 거처와 장지를 달리한 예로서 주목된다.

무장 김득배의 부친 김록(金祿, ?~?)도 판전의시사 역임 후 본관지 상주 의 속현인 산양현(현 경북 문경군 산양면)의 '선영'에 묻혔을 것이다.92) 김록의 아들이자 김득배의 동생으로, 동지밀직사사와 전라도 도순문사를 역임한 김선치(金先致, 1318~1398) 역시 본관지 상주에 은퇴해 살다가 묻혔다.93)

본래 한양 사람으로서 용진(현 함남 문천시 덕원)으로 집단 이주하였던

---

88) 『고려사』 권43, 공민왕 21년 3월 경오.
89) 『고려사』 권112, 李仁復, "(恭愍王) 二十二年 以檢校侍中 居父憂在京山 王遣判典校寺事林 撲弔慰." 검교 시중 이인복이 부친 이포의 상을 당하여 경산부에 있었다고 하므로, 이포 역시 검교 시중으로서 고향 경산부에 은퇴해 있다가 사망하여 그곳에 묻혔음을 알 수 있다.
90) 『고려사』 권126, 李仁任.
91) 「이인복 묘지명」.
92) 김용선은 김록도 김득배의 '선영'(『고려사』 권113, 安祐·金得培·李芳實)이 있다는 산양현에 묻혔을 것으로 추정하고, 이조년과 마찬가지로 향리 자제로서 중앙에 진출했다가 치사 후에 낙향하여 그대로 그곳에 묻힌 인물로 봐도 좋지 않을까라고 하였다(김용선, 앞의 논문, 1989, 268쪽). 상주목 속현 산양현의 성씨에는 김씨가 없다. 따라서 김록·김득배 부자의 본관은 토성으로 김씨가 있는 상주목 본현이 되겠다. 본관지와 '선영' 위치가 본현과 속현으로서 일치하지 않는 것이 고려전기부 터의 일인지, 고려후기의 현상인지는 알 수 없으나, 고려전기에도 매장지가 본관에 인접한 비본관지에 설정되는 것은 흔히 있는 일이었는지 별도의 검토가 필요한 부분이다.
93) 『고려사』 권114, 김선치.

조휘의 손자 조돈(趙暾, 1308~1380)도 1372년(공민왕 21) 사직을 간청하여 우봉현(현 황해북도 금천군)에 살다가 본관지는 아니지만 새 고향격인 용진에 퇴거하다가 사망하였다.[94]

관직에서 물러난 것이 아니라 전란을 피해 부득이 낙향하여 살다가 그곳에서 죽어 장례를 치르기도 하였다. 1361년(공민왕 10) 홍건적의 침입 때 대광(大匡) 밀성군(密城君) 박윤문(朴允文, ?~?)과 그의 처 김씨는 함께 박윤문의 고향인 밀성현(현 경남 밀양)으로 내려가 살았는데, 부인은 남편의 고향인 그곳에서 사망하고 묻혔다.[95]

관인 자신이 개경이나 경기지역에 살다가 묻힌 것과 달리, 그 부인은 남편의 본관지에 살다가 묻힌 경우도 있다. 허공(許珙, 1233~1291)의 부인 윤씨와 민사평(閔思平, 1295~1359)의 부인 김씨가 그러하였다. 부인 윤씨의 장례를 자신의 본관지인 양천에서 치른 허공은[96] 자신은 정작 개경에서 살다가 개경 보현원의 서산 기슭에 묻혔다.[97] 민사평 역시 개경에서 가까운 대덕산 기슭에 묻힌 데[98] 비해, 그 부인 김씨는 남편의 삼년상을 마치자마자 홍건적을 피해 영남으로 피난했다가 남편 고향인 여흥에 머물러 살았고 그곳에서 죽어 묻혔다. 김씨가 남편이 묻힌 개경으로 가지 않고 남편의 본관지인 여흥에서 죽을 때까지 살았던 이유는, 자신이 밝히고 있듯이 신돈 측에 의해 외손자 김제안(김구용의 동생)이 고문을 받고 귀양을 가다가 일찍 죽임을 당했기에 다시 개경으로 갈 면목이 없어서이기도 했겠으나,[99] 이미 전란을 경험한 상태에서, 굳이 죽은 남편이 묻혀 있는

---

94) 『고려사』 권111, 趙暾.
95) 「박윤문 처 김씨 묘지명」. 박윤문의 사망 시기와 장지는 확인되지 않으나, 같이 낙향한 부인이 묻힌 자신의 고향 밀성현에 함께 묻혔을 가능성이 높다.
96) 『고려사』 권105, 許珙.
97) 「허공 묘지명」.
98) 「민사평 묘지명」.
99) 「민사평 처 김씨 묘지명」, "及菴公旣歿 喪甫畢 避辛丑紅賊于嶺南 還居驪興 嘗自嘆曰 吾孫齊顔不得其死 吾何顔復入京邑乎."

곳이라 하여 인적·경제적 기반이 지금 있는 남편의 고향보다 나을 것이
없는 개경으로 가서 살아야 할 뚜렷한 이유가 없었던 것이 무엇보다 크게
작용하였을 것이다.

　본인의 본관지가 아닌 부인의 본관지 또는 어머니의 본관지가 선택되기
도 하였다. 정도전의 아버지 정운경(鄭云敬, 1305~1366)의 본관은 증조부
인 정공미가 호장을 지냈던 봉화현이지만, 정운경이 병으로 관직에서
물러나 살다 묻힌 곳은 자신이 어릴 때 살던 곳이자 부인 우씨의 본관지이
던 영주였다.[100] 공민왕 때의 재상 윤택(尹澤, 1289~1370)은 병이 나자
금주로 물러나 죽었는데, 그의 본관은 무송현(현 전북 고창군 무장면)으로,
증조부가 그곳 호장을 지냈다. 금주는 윤택이 아닌 어머니 김씨의 본관지
였다.[101] 그런데 금주에는 윤택 선조의 분묘[文貞之祖先墳墓]가 일곱 개나
되었고,[102] 그중에는 윤택의 아버지 윤수평과 어머니 김씨의 무덤도 있었
다고 한다.[103] 그렇다면 윤택의 집안은 증조부 다음의 어느 시기에 윤택
어머니의 고향인 진례군, 즉 금주로 이주한 것으로 추정되고, 이후로 윤씨

---

100) 『고려사』 권121, 鄭云敬 ; 『삼봉집』 권4, 行狀, 高麗國奉翊大夫檢校密直提學寶文閣提學
　　上護軍榮祿大夫刑部尚書鄭先生行狀, "本貫 安東府奉化縣 考檢校軍器監均 祖祕書郞同正英
　　粲 曾祖戶長公美 先生姓鄭 諱云敬 字□□. 早喪母 養於姨母家 年甫十餘 自奮于學 入榮州鄕校
　　升福州牧鄕校…(至正)二十五年冬 謝病歸榮州 二十六年正月二十三日乙巳 病卒于家 壽六十
　　二 附葬于先墓之域 在榮州治東十里 是年冬十二月十八日 夫人禹氏卒…榮州士族散員淵之
　　女也."
　　정운경의 무덤이 있다는 "영주 읍치 동쪽 10리"는 현 영주시 이산면 신암리로서
　　봉화현에 바로 인접한 곳이기는 해도, 고려 당시나 지금이나 모두 영주의 영역이었다.
　　정운경의 부인 우씨는 영주 토성 출신 土族 禹淵의 첩실 소생이다. 위 행장에서
　　이곳에 정운경의 "先墓之域"이 있다고 한 것으로 보아 봉화 출신의 정운경 선대의
　　무덤들이 정운경 처가 본관지인 영주에 소재하였음을 알 수 있다. 토성 출신 가문의
　　분묘들이 본관이 아닌 본관지에 매우 인접한 위치에 있을 수 있었음을 보여주는
　　예로 보이는데, 이에 대해서는 앞으로 분묘 소재지라는 별도 주제의 세밀한 검토가
　　필요하지 않을까 한다.
101) 「윤택 묘지명」 ; 「윤구생 처 최씨 묘지명」. 윤택의 어머니는 '진례군부인'에 봉해졌는
　　데, 진례군은 곧 금주를 말한다.
102) 「윤구생 처 최씨 묘지명」.
103) 『고려사』 권121, 尹龜生.

집안은 금주에 터를 잡아 살면서 그곳을 퇴거지이자 장지로 삼은 것으로 보인다. 윤택으로서는 어머니의 본관지이고, 윤택 아버지로서는 부인의 본관지였던 셈이다.

한편 앞서 살핀 이승휴의 모친이 남편의 본관지인 가리현이 아닌 삼척 두타산에 거처하다가 죽은 것처럼, 관인의 부인이 남편의 본관지도 아닌 자신[친정]의 본관지에 살다가 묻힌 경우도 있다. 앞서 본 민사평 처 김씨가 홍건적을 피해 피난할 때 그녀를 모신 것은 딸 민씨(1324~1379)였는데, 민씨는 김방경의 증손인 김묘(金昴)의 부인으로, 피난을 마친 후 자신의 본관지인 여흥에서 어머니 김씨를 10여 년 모시고 살다가 죽었다. 그녀 무덤은 바로 어머니 김씨[민사평 처]의 무덤 옆에 위치하였다. 민씨는 어머니 민사평 처 김씨가 죽자 자신의 아들들이 개경으로 모시고 돌아가려 했는데, 어머니 김씨의 무덤을 남겨 두고 갈 수 없다고 울면서 얘기했다고 한다.[104] 민씨는 남편 김묘의 본관지 안동이나 개경이 아니라 자신의 본관지인 여흥에서 어머니를 봉양하였고, 어머니 김씨가 죽은 뒤에도 어머니의 무덤을 지키며 여생을 보내다 그곳에 묻힌 것이다.[105]

이 밖에 사돈 등 인척의 본관지에 퇴거하다 묻힌 경우도 있었다. 원래 순창군 출신으로 원나라에서 벼슬을 한 후, 사돈(또는 동서)[姻婭]을 좇아 수원부 용성현에 살다가 그곳에 묻힌 조공탁(趙公卓, 1256~1319)이 그러하다.[106]

본관지와 가깝지도 않고 다른 연고도 확인되지 않는 곳에 퇴거하기도 한다. 예컨대 우탁(禹倬, 1262~1342)은 나이가 들어 예안현으로 은퇴해

---

104) 「김묘 처 민씨 묘지명」.
105) 김묘 처 민씨가 묻힌 곳을 남편의 鄕里라고 보기도 하나(김용선, 앞의 논문, 1989, 270~271쪽), 묘지 내용상 민씨의 본관지인 여흥임이 분명하다. 남편 김묘의 장지가 어디인지는 알 수 없다.
106) 「조공탁 묘영기」, "郞中公諱公卓 高麗淳昌郡人 後從姻婭 移居水原府之龍城縣 年六十四 延祐己未 卒于家而因葬之 … 墓在縣北古城山麓." "姻婭"를 따라가 살게 된 용성현을 조공탁의 처가가 있던 곳으로 보기도 한다(김용선, 앞의 논문, 1989, 269쪽).

살다가[107] 결국 그곳에 부인과 함께 묻혔는데,[108] 예안은 그의 본관지도 처향도 아니었고, 그렇다고 어머니의 고향이거나 기타의 연고 지역이었다는 자료도 확인된 바가 없다. 강릉 출신으로 충혜왕 때 전주로 은퇴하여 만년을 보낸 왕백(王伯, 1277~1350)도 전주와의 연고 관계가 잘 드러나지 않은 경우이다.[109]

5. 맺음말

이상 본문을 통하여 고려시대 중앙과 지방의 관계와 소통의 양상을 살필 때 중요하게 고찰해야 할 고려 관인층과 지방 및 지방 사람의 관계에 대해 범주별로 살펴보았다. 이제 그 내용들을 요약하는 것으로 맺음말에 대신하고자 한다.

고려시대 관인 집단 가운데 지방과 그 사람들에 대해 가장 큰 방향에서 보편적 영향력을 지녔던 것은 지방관이었다. 이들은 특히 향리에 대한 제어를 목민 현장에서 중시하였다. 고려말의 '수령오사'나 조선시대의 '수령칠사'에 들어있지 않고, 조선시대 묘지명 등 지방관의 업적 기록에서도 강조되지 않은 향리 제어가 중요하게 추구된 것은 분립적인 호족의 시기를 정리하고 집권체제를 확립해야 했던 시대적 과제가 지방제도 확립 이후에도 유효하게 남아 있었기 때문일 것이다. 지방관들의 치적에서 수해 방지책이나 관개 수로 개설과 같은 수리 사업과 가경지의 확대 등 농업 생산기반의 개선을 위한 사업들도 특기되었다. 이런 조치들은 12세기

---

107) 『고려사』 권109, 禹倬.
108) 안동시 예안면 지삼리에 묘소가 있다. 우탁과 부인 영천 이씨가 합장된 사실은 묘소의 「高麗祭酒文僖公禹先生諱倬之墓 墓碣銘」에 명시되어 있다.
109) 『고려사』 권109, 王伯.

초 이래의 광범한 유망과 무력 저항을 낳았던 낮은 농업생산력 수준과 기존의 토지소유 및 공물 수취 구조 속에서나마, 민생과 국가적 부세 확보를 안정화하려는 노력들로 평가할 수 있다. 다만 그것들이 지방사회의 농업 생산기반의 전반적 변화에 의미 있는 영향을 미쳤다고 보기는 어렵고, 지방제도의 계서적 구조에 대한 변화를 목적으로 한 것도 아니었다. 따라서 조선시대의 이른바 제일적 군현 지배로 나아가는 기반 형성 과정에서 가지는 의미도 매우 제한적이라고 해야 할 것이다.

한편 지방관과 지방 사람들의 관계에 대해서는 목민의 총체적인 성과에 대한 주민들의 반응, 지방관과 주민과의 교분, 그리고 임지 주민에 대한 지방관의 후견 등을 중심으로 살폈다. 지방관은 재임시 선정을 폈다고 인정하는 주민들로부터 임지를 떠난 뒤에도 수십 년 동안 음식물 꾸러미를 받는다든가, 정치적 소용돌이 속에서 주민들의 비호로 목숨을 부지하는 등 크고 작은 도움을 받았다. 뿐만 아니라 주민들의 청원으로 해당 지역에 유임되기도 하고, 드문 일이지만 자신을 기리는 생사당이 세워지기도 하였다.

지방관은 임지에서의 업무를 위해 향리를 비롯한 토호들과 소통하는 과정에서 그들과 인간적 교분도 나눌 수 있었다. 예컨대 방기·술수와 같은 특이한 문화적 담론에서 능력이 확인되면, 목민관으로서의 전반적인 평가 여하와 무관하게 주민들과 긍정적 교분이 형성될 수 있었다. 지방관과 이러한 교분을 주도한 이른바 '부로'들 역시 향리 등 토호들이었을 것이다. 지방관들 중에는 임지 주민을 개경으로 데리고 가서 보살피고 관료로 성장하도록 도운 사람들도 있었다. 임지 주민에 대한 이같은 후견은 과거를 통한 지방인의 관인화가 가능해진 고려시대에 대두한 사실상 새로운 사회현상이었을 것이다.

지방관이 아닌 개인으로서의 고려 관인과 지방 사람과의 인간관계에 대해서도 살폈다. 고려의 관인들은 출신 지역 사람들을 개경으로 불러올려 보살피며 교육을 통해 사회적 진출이 이루어지도록 돕기도 하였다. 이러한 도움과 후견은 나말여초시기 이른바 자위공동체의 수장이 지녔던 보호자로서의 위상과 의식이 중앙으로 진출한 지방세력 출신 관인의 의식에 집권체제 확립 이후에까지 오래도록 남아 있었던 결과가 아닐까 한다. 재지 연고에 기반한 이같은 유대는, 고려시대 대다수 관인들이 사망 후의 장지를 개경 일원과 경기지역에 마련하고 고려 관료제의 성숙 속에 사족층과 이족층이 분화되는 속에서도 큰 변화없이 지속되었을 것이다. 고려시대 재지 연고에 바탕한 유대로는 지방 교육을 담당했던 주체와 그에게 학문과 문장을 배워 과거를 통해 관인이 된 사람 간의 사제관계도 빼놓을 수 없다. 이들의 관계는 과거를 통해 신분 상승이 가능해진 고려시대 지방사회에서 전대에 비할 바 없이 널리 형성된 인간관계로서, 관인 진출에 성공한 제자와 스승은 더욱 각별한 유대를 갖게 되었을 것이다.

고려시대 관인층과 지방 사람들의 인간관계는 지식문화의 공유를 통해서도 이루어졌다. 각 지방에서 문화의 중심 공간으로 기능하던 사원이나 승려는 이들의 교유를 가능하게 한 매개 고리였다. 당시 향리들은 향촌사회의 지도층이자 지식층으로서 각종 불사에 주관자나 시주자로 활발히 참여하고, 불교에 대한 학문적 관심도 많았다. 지식문화를 바탕으로 한 관인층과 지방사람의 교유는 상경 유학 향리 자제들과의 사이에서도 형성되었다. 주로 호장층이 중심이 된 향리 자제들은 짧게는 수년, 길게는 십 수 년에 걸친 개경 유학을 통해 문학 활동의 동료로서, 또는 같은 교육기관의 동문으로서 다수의 관인층 자제들과 소통할 수 있었을 것이고, 그 중에서 일부는 각별한 교유관계로 나아가기도 했을 것이다. 이렇게 맺어진 관인층 자제와 향리층 자제들의 교유는 과거를 통한 지방 사람들의 신분상승이 가능해짐에 따라 지방 사람의 상경 유학이 널리 행해지면서 나타난 새로운 인간관계이자 사회 현상이라 할 것이다.

관인층과 지방 사람의 인간관계에서 빼놓을 수 없는 것은 혼인이다.

고려시대 거의 전 시기를 통하여, 관인층 자제가 향리층의 딸과 혼인하거
나 향리층 자제가 관인층의 딸과 혼인하는 일이 호장층을 중심으로 지속되
었다. 관인층 자제와 호장층 딸과의 혼인 사례가 그 반대의 경우보다
일반적이지만, 호장층의 아들이 관인층 딸과 혼인한 예도 13세기 말까지
확인되고 있다. 이는 지방사회의 지도층인 호장층의 사회적 위상이 적어도
혼인과 관련하여서는 고려시대 전 시기를 통해 큰 변화가 없었음을 새삼
확인시켜 주는 것이라 해도 될 것이다.

관인층에게 지방은 다양한 효용성으로 존재하지만, 여기서는 관인의
일시 퇴거지와, 관직 은퇴 이후의 최종 퇴거지 및 장지로서의 지방에
대해 살펴보았다. 노부모 봉양을 위한 퇴거는 그 목적상 본관이나 외가
등 노부모 소재지로 갈 수밖에 없고, 특별한 종교·사상적 성향이나 연로·현
달 등 매우 개인적인 이유일 경우에도 퇴거자 본인의 선호에 따라 연고
없는 먼 곳을 선택하기도 하고, 본관 지역에 퇴거하기도 하였다. 정치
현실에 대한 회의나 정치적 위신 추락으로 인한 퇴거시에는 본관지나
외가 지역 등 가장 친밀한 연고지가 주로 선택되었고, 간혹 연고지에
가까우면서 '별업'과 같은 별도 경제 기반이 있는 지역에도 퇴거하였다.
충전과 휴식을 위해서는 역시 인적·경제적 기반이 풍부한 연고지나 그
인근 지역이 도움이 되기 때문일 것이다. 정치적 이유 중에서도 심각한
정치적 위기 모면을 위한 퇴거인 경우에는 연고지가 아닌 곳으로 퇴거하였
는데, 무엇보다 안전을 고려했기 때문으로 보인다.

고려시대 대부분의 시기를 통해 대다수 관인들은 은퇴 뒤에도 개경
일원에 살다가 개경 일원과 경기지역에 묻혔다. 그러나 12세기 초부터
은퇴 후에 자발적으로 지방에 퇴거하다가 그곳에서 죽고 묻힌 이들이
나타났다. 물론 이러한 추세는 이미 잘 밝혀져 있듯이 특히 14세기 이후에
많이 나타난다. 관인들은 이제 지방을 떠나온 터전으로만 여기는 것이
아니라 여생을 보내고 뼈를 묻을 터전으로 인식하게 된 것이다. 최종

퇴거지 및 장지로 선택된 지역으로는 관인 자신의 본관지가 가장 많았는데, 이조년 가의 경우 3대 직계 가족 내에서도 퇴거지의 선택이 엇갈리는 과도기적 모습을 보이기도 한다.

한편 개경에서 살다가 묻힌 남편들과 달리 관인의 부인은 남편의 본관지에서 살다가 묻힌 이들이 있는가 하면, 이승휴의 어머니처럼 역시 남편과 무관하게 자신의 본관지에 살다가 묻힌 관인 부인들도 13세기부터 확인된다. 정운경처럼 어릴 때 살던 곳이자 그곳에서 가까운 처가의 본관지에 퇴거하고 묻힌 경우도 있다.

이밖에 윤택 가의 경우처럼 증조대까지의 호장 집안이 그 다음 대부터 관인이 된 후 다른 곳으로 이주하여 터 잡고 살면서 새로운 선산을 형성하고 그곳을 본관으로 하는 집안과 혼인한 경우도 나타났다. 사돈 등 인척의 본관지에 퇴거하다 묻힌 경우와, 특별한 연고 관계가 잘 드러나지 않는 곳에 퇴거지와 장지를 마련한 경우들도 보인다.

고려시대 지방관의 업무 방향성이나 중요 치적이 향리 제어에 있었던 점이나, 농업 생산기반의 개선에 두어졌던 점은 모두 시대적 과제나 한계에서 비롯된 면이 크다. 또한 중앙 관인층의 다수가 호장이라는 지방 유력자 출신인 속에서, 중앙 관인층과 지방 사람의 유대나 교유, 혼인 등이 하나의 사회적 현상으로 존재하게 된 점도 고려시대에 지방이 가지는 함의를 새삼 인식하게 하였다. 다만, 본고에서 구체적인 해석을 시도하지는 못했지만, 관인들의 퇴거지와 장지로서의 지방에 대해서도 고려에서 조선으로의 정치·사상적 전환과 농업생산력, 지방품관층의 광범한 성립과 같은 제반 사회경제적 변동 등과 함께, 이미 지적되어 온 고려중기 이래의 동정직자의 팽창 등 중앙 관인층의 비대화라는 점에서도 고찰될 필요가 있을 것이다.

본문의 내용 중에는 선학들에 의해 그 대강이나 추세가 지적된 내용들도 있을 것이다. 그러나 고려 국가와 사회의 구성에 있어 지방이 지닌 의미라는 점에 유의점을 두고, 고려 관인층의 지방 및 지방 사람에 대한 관계 양상을 범주별로 추출하여 개관해 본 데에 나름의 의미를 두고 싶다. 물론 종래 대략적인 윤곽이나 경향성이 지적된 것들도 사례를 통해 보다 구체적으로 살펴보거나, 크게 주목하지 않은 부분을 거칠게나마 드러낸 것들이 있다. 이 모든 것은 앞으로 많은 질정과 교시 속에서 지속적인 보완을 통해 그 역사성을 살펴 나갈 생각이다.

제2장

나말여초 금석문에 나타난
불교사원과 승려의 교류와 소통

한 준 수

1. 머리말

고대사회에 전래된 불교는 삼국의 항쟁과 통일, 정치체제의 변화를 거치며 사회의 지배이념으로 성숙하여 갔다. 삼국통일을 거치며 불교계는 조직과 기능 면에서 확대되었고, 화엄과 법상 등 종파의 모습을 보이기도 했다. 신라하대에는 교종을 대신하여 선종이 불교 내 주류로 자리하게 되었으며 이 흐름은 고려의 건국까지 이어졌다. 경주 중심의 교학불교에서 탈피하여 실천성을 강조한 선종시대의 진입으로서,[1] 정치사회의 변동이 불교계의 동향과 밀접하게 관련되어 있음을 보여준다.

그런데 고려는 이전의 사회와 다른 모습을 보였다. 태조의 불교정책과 고승들의 행적에서 그러한 경향을 확인할 수 있다. 신라가 정치면에서 골품제라는 배타적 정치질서에 고착되어 정치적 지배력의 한계를, 사상면에서 교종의 배타성으로 인해 사상적 지배력의 한계에 직면하여 종말을 고했던 사실을 교훈 삼았기 때문이다. 그래서인지 고려초기의 정치와

---

1) 許興植, 『韓國中世佛教史研究』, 一潮閣, 1994, 18쪽.

사상은 통합이라는 패러다임에서 접근하고 있는 것이 현실이다.

물론 당시의 기록들을 토대로 할 때 타당한 설명이지만, 정치적 흐름에 경도된 부분도 없지 않다는 점은 부인하기 어렵다. 정치적 통일에 발맞춰 '사상적 통합'으로 이해하는 시각이 그것인데, 구체적 사례를 통해서 보면 동의하기 어려운 부분도 나타난다. 일반적으로 인식하는 고려사회의 개방성이나 다양성이 건국 초부터 태동되었음을 보여주기 때문이다. 금석문 등 1차 사료를 살펴보면 그러한 상황들이 드러난다. 현재까지 진행된 금석문 연구는 나말여초를 고찰한 연구에서 기본적으로 활용되고 있기에 그 성과를 일일이 나열하기는 힘들다. 다만 금석문을 직접적 대상으로 하여 진행한 연구들이 있어 참고할 수 있다.

연구를 살펴보면 고려시대 금석문은 30자 이상의 것이 700점 정도이고 단순한 것까지 합산하면 수십 만 점에 이른다.[2] 법상종의 경우 경주 중심의 태현계(太賢系)와 지방의 진표계(眞表系)가 나말여초 합쳐져 법상종 교단을 형성했다는 견해가 일반적이지만 금석문에서는 확인되지 않고 있다.[3] 고려시대 고승비 61기는 개경의 주요 사원에는 없고 고승의 과거 주석처나 문도의 활동처에 건립되었는데, 이는 문도들의 배타적·독점적 권리를 인정하는 상징물로 이해되며,[4] 태조대 고승비의 건립은 기존 재지세력·선종 간 긴밀한 구조를 해체하여 고려국가질서로 재편하려던 의도로 파악된다.[5] 이들 연구는 불교계의 동향을 보여주는 기록이 절대적으로 부족한 현재의 상황에서 진행되었기에 더욱 의미있는 접근이라 할 수 있다. 이외에 선사비문을 주제로 한 고찰도 진행되어 관련 주제의 이해를 심화시켰다.[6]

---

2) 許興植, 「고려 불교금석문의 특성과 정리방향」『대동문화연구』 55, 2006.
3) 남동신, 「고려 전기 금석문과 法相宗」『佛教研究』 30, 2009.
4) 최연식, 「高麗時代 高僧의 僧碑와 門徒」『韓國中世史硏究』 35, 2013.
5) 임지원, 「高麗 太祖代의 高僧碑 건립의 역사적 의의」『大丘史學』 119, 2015.
6) 이재범, 「나말려초 선사비문 연구현황」『역사와 현실』 56, 2005 ; 남동신, 「나말려초

본고에서는 금석문 연구성과를 토대로 나말여초의 사회변동과 불교계의 변화에 대해 살펴보려 한다. 고려사회의 특성으로서 다원성을 전제하고, 그 하위요소인 속성으로서 지방사회의 자율성과 독자성을 추출해보고자 한다. 2장에서는 신라가 고대사회의 사상적 한계에 도달하게 된 과정을, 3장에서는 태조의 불교정책이 지닌 다양성과 목적을, 4장에서는 지방사회의 수렴과 교류의 매개체로서 사원과 승려의 기능에 대하여 살펴보고자 한다. 다만 선종에 국한하여 접근함으로써 교종사원과 승려에 대해 고찰하지 못한 한계가 있음을 말씀드리며, 이에 대해서는 추후 고찰하고자 함을 밝힌다.[7]

2. 선승의 활동과 사원의 확산

신라하대에 진골귀족의 왕위다툼이 전개되면서 전반적으로 국가체제가 이완되었다. 그로 인한 혼란 가운데 정치·사회적 분열은 상징성이 컸기에 중앙정부는 국가통제력을 강화하고자 적극적인 대응을 시도하였다. 이른바 「사치금지령」으로 표현되는 흥덕왕 9년(834)의 조치[8]는 그중 하나로 당시의 사회분위기를 잘 보여주고 있다. 하지만 신분질서의 고수만을 강조한 이 조치는 시대적 흐름을 따라가지 못했다. 골품제가 정치·사회의 운영원리로서 기능하고는 있었지만, 이전과 같은 효과를 기대하기에는 이미 사회가 너무 변화했기 때문이다.

국왕과 불교의 관계」『역사와 현실』56, 2005 ; 김복순, 「9~10세기 신라 유학승들의 중국 유학과 활동 반경」『역사와 현실』56, 2005 ; 김영미, 「나말려초 선사(禪師)들의 계보 인식」『역사와 현실』56, 2005.

7) 논문의 제목과 관련하여 '선종계열' 표현의 추가를 말씀한 심사내용이 있었으나, 본고의 고찰취지가 축소되는 면이 있어 부득이 기존 제목을 유지하게 되었다.

8) 『삼국사기』 권33, 잡지 色服, "… 興德王卽位九年太和八年下敎曰 …."

가-① 청해대사 궁복은 성이 장씨(張氏)인데(궁복은 일명 보고라고도 한다),
당나라에 들어가 서주에서 군중소장(軍中小將)이 되었다가 후에 본국으
로 돌아와 왕을 찾아뵙고 군사 1만 명으로 청해를 지켰다(청해는 지금의
완도이다). 한산주 표천현의 요망한 사람이 스스로 말하기를 '빨리 부자
가 되는 술법[速富之術]'을 가지고 있다 하였으므로 많은 사람들이 그
말에 홀렸다. 왕이 이 말을 듣고 '옳지 않은 도'로 여러 사람들을 미혹케
하는 자를 벌하는 것은 선왕의 법도이다 하고는 그 사람을 먼 섬으로
쫓아 버렸다.[9]

사료 가-①은 흥덕왕 3년 장보고의 청해진 설치로서 한국고대의 해상무
역을 상징하며 당시의 상업교역이 얼마나 활발했는지 보여주고 있다.
하지만 한산주 표천현에서 '빨리 부자가 되는 술법'으로 여러 사람을
미혹케 하는 범죄가 있었다는 사실도 함께 전하고 있어 상업이나 대외교역
이 국가나 일부 지배층에 국한된 현상만은 아님을 알 수 있다.[10] 당시
당송변혁기에 위치한 중국과 밀접한 관계를 맺고 있던 신라가 그 흐름에서
벗어날 수는 없었을 것이다. 비록 사회변화의 이행과정에서 속도의 차이는
있었을지라도 그 방향이나 지향점은 크게 다르지 않았다고 하겠다.
이러한 변화가 신라의 수도는 물론 지방에서도 활발히 진행되었던 것으
로 여겨지는데, 가-①에서 보이듯 변경지방에서도 부에 대한 갈망이 강하
게 드러난 사실만으로도 짐작할 수 있다. 청해진 등의 군진(軍鎭)이 대외교
역의 요충지에 위치했고, 이 지역에서 성장한 세력들이 이후의 사회변혁을
주도해 나갔다는 점에서 가능성은 충분하다. 흥덕왕 사후 왕위다툼이

---

9) 『삼국사기』 권10, 흥덕왕 3년 4월.
10) 「興德王陵碑片」(許興植 편, 『韓國金石全文』, 아세아문화사, 1984, 169쪽)에 '… □思之下
□□□貿易之人□□規諫及乎 …'라 하여 '무역'이라는 표현이 보이고 있다. 이를 오늘
날의 무역과 동일한 의미로 쓰였는지 검토가 필요하지만, 당시의 사회경제적 변화를
반영하는 차원에서 이해하는 것은 크게 무리가 없을 것 같다.

점차 격화되면서 중앙정부의 지방통제력은 약화되었고, 지방세력은 자신들의 거점을 중심으로 두각을 나타내기 시작하였다. 이들은 송악의 작제건(作帝建), 정주의 류천궁(柳天弓), 상주의 아자개(阿慈介) 사례에서 확인되듯 해상무역에 종사하거나 농업에 종사하면서 경제적 실익을 기반으로 하여 지방사회의 실력자로 성장하고 있었다.[11]

그런데 지방세력은 군사적인 면뿐만 아니라 사상·문화적인 면에서도 성장했던 것으로 보여진다. 요오선사 순지(順之), 철감선사 도윤(道允), 징효대사 절중(折中) 등의 선대(先代)가 지방세력으로 자리잡고 있었던 사실이 추론을 뒷받침해 준다.[12]

> 가-② 화상의 이름은 순지, 속성은 박씨로 패강인이다. 할아버지와 아버지는 모두 가업이 웅호하였다. 대대로 변방 장수가 되어 충실하고 부지런하다는 칭찬이 향리에 퍼져 있었다. …[13]

> 가-③ 선사의 이름은 도윤(道允), 성은 □씨로 한주 휴암인(鵂巖人)이다. 여러 대를 호족(豪族)으로 지내온 집안으로 …[14]

> 가-④ 대사의 이름은 절중(折中), 자는 …, 속성은 □씨로 □□ 휴암인(鵂巖人)이다. 그 선조가 모성(牟城)에서 벼슬살이 한 것이 인연이 되어 군족(郡族)이 되었다. …[15]

---

11) 鄭淸柱, 『新羅末高麗初 豪族研究』, 一潮閣, 1996, 13쪽.
12) 鄭淸柱, 위의 책, 1996, 23쪽.
13) 한국역사연구회 편, 『譯註 羅末麗初金石文(上)』, 혜안, 1996, 「瑞雲寺了悟和尙眞原塔碑」, "… 和尙諱順之俗姓朴氏浿江人也祖考並家業雄豪世爲邊將忠勤之譽遺慶在鄉 …."
14) 『祖堂集』 卷17, 「雙峯和尙傳」, "… 師諱道允姓朴漢州鵂岩人也累業豪族祖考仕宦郡譜詳之 …."
15) 한국역사연구회 편, 위의 책, 1996, 「興寧寺澄曉大師寶印塔碑」, "… 大師諱折中字□□俗姓□□□□鵂嵒人也其先因牟城遂爲郡族 …."

사료 가-②~④를 보면 순지는 선대가 패강진의 군관을 역임했고, 도윤은 선대의 관직이 군보(郡譜)에 상세히 전한다고 했으며, 절중은 선대의 활약으로 군족이 되었다고 한다. 그들 가계가 가업웅호(家業雄豪), 누업호족(累業豪族), 군족(郡族)으로 표현된 사실에서 유력한 지방세력이었음을 알 수 있다. 아마도 이러한 연유로 인해 그들은 태생적으로 중앙보다는 지방에 밀착될 수밖에 없는 근본적 성향을 지녔을 것으로 여겨진다. 선종 산문들이 지방에서 개창되고 지방세력의 후원으로 성장한 사실이 우연이라고 할 수만은 없을 것 같다. 본질적으로 그들은 지방회귀 본능을 지녔으며, 신라왕실과의 결연이 절대적이지는 않았을 것이다. 호족불교적 성격을 띠며 성장했다는 견해가 제시된 요인이기도 하다.[16] 그러한 모습은 지방세력의 사원경영 사례를 통해 확인할 수 있다.

가-⑤ 건부 초에 송악군의 여단월(女檀越)인 원창왕후와 그 아들 위무대왕이 오관산 용엄사에 시주를 함에 (순지가) 여기에 거주하였다. 지금은 서운사라 고쳤다. …[17]

가-⑤는 순지가 태조의 조모인 원창왕후[龍女]와 부친인 위무대왕[龍建]이 단월이던 사원에 머물렀음을 보여주고 있다. 이 시기는 태조의 선대이므로 송악지역의 지방세력으로 존재했을 것이다. 후삼국시기 송악지역이 태조의 세력기반이었던 점을 생각한다면 오관산의 순지가 태조의 선대와 결합되었다고 보아도 좋을 듯하다.[18] 많은 사례는 아니지만 이렇듯 지방세력은 선종의 도움을 받으며 독자세력을 형성하였고, 선종을 옹호하면서

---

16) 조범환, 『羅末麗初 南宗禪 研究』, 일조각, 2013, 92쪽. 하지만 기존 연구가 각 선종 사원과 선문에 대한 구체적인 검토를 통해 얻어낸 결론이 아님도 지적하고 있다.
17) 『祖堂集』 卷20, 「順之傳」, "… 乾符初松岳郡女檀越元昌王后乃子威武大王施五冠山龍嚴寺便往居焉今改瑞雲寺也 …."
18) 김두진, 『고려전기 교종과 선종의 교섭사상사 연구』, 일조각, 2006, 58쪽.

사원을 경영하고 있었다.[19] 그만큼 지방세력은 자신들만의 독자성을 지키며 존재했던 것이다.

　가-⑥ 당 함통 6년 을유년 정월에 신라국 한주 북계 철원군 도피안사에서
　　　불상을 이룰 때에 …[20]

　가-⑦ 건부 6년 장(莊) 12구(區)와 전(田) 500결을 희사해 절에 예속시키니
　　　… 그 해 9월 남천군의 승통(僧統)인 훈필로 하여금 농장을 가리어 정양(正
　　　陽)을 구획하도록 하였다. …[21]

　가-⑥·⑦은 한주지역 지방세력의 면모를 보여준다. 가-⑥은 철원에 소재한 「도피안사 철조비로자나불」의 명문인데, '한주-철원군'이라는 표현이 눈길을 끈다. 신라는 경덕왕 16년(757)에 전국의 군현에 대해 지명을 개정하는 군현개편을 단행한 바 있다.[22] 한산주와 철원군은 한주와 철성군으로 바뀌었다. 그런데 명문에서 보이듯 주명(州名)은 한주, 군명(郡名)은 철원군이라 하여 신구 지명이 혼재한 형태로서 나타나 있다. 신라하대 지방세력의 동향이 드러난 사례라 할 수 있는데, 공식적인 지방통치체제 내에서 지방세력이 자신들의 자율성을 표출한 것으로 볼 수 있다. 아마도 궁예가 이 지역에 도읍을 정했던 것은 단순히 풍수지리적 요인에 의한 것만은 아닐 것이며, 그를 지지하던 지방세력이 활동했을 가능성도 엿보인다.
　앞에서 살핀 가-③·④ 역시 크게 다르지 않다. '한주-휴암인'이라 했는

---

19) 김두진, 『고려시대 사상사 산책』, 국민대학교 출판부, 2008, 132쪽.
20) 한국역사연구회 편, 앞의 책, 1996, 「到彼岸寺 毘盧遮那佛 造像記」, "… 唐天子咸通六年乙酉正月日新羅國漢州北界鐵員郡到彼岸寺成佛之時 …."
21) 한국역사연구회 편, 위의 책, 1996, 「鳳巖寺智證大師寂照塔碑」, "… 遂於乾符六年捨莊十二區田五百結隷寺焉…其年九月敎南川郡僧統訓弼擇別墅劃正場 …."
22) 『삼국사기』 권9, 경덕왕 16년 12월.

데, 한주에는 휴암이라는 군이나 현이 존재하지 않았다. 『삼국사기』 지리지에 한주 서암군의 고구려 시기 지명이 휴암군이었으며,[23] 신라본기 경덕왕 21년(762)에 "오곡·휴암·한성·장새·지성·덕곡의 여섯 성을 쌓고 각각 태수를 두었다"고 한 기록만 존재할 뿐이다.[24] 이들 지역은 패강유역에 분포하였는데, 어떠한 이유인지는 몰라도 휴암성은 정식 군현으로 편제되지 못했다. 그럼에도 불구하고 '한주 휴암인'이라 자칭한 것은 지방세력의 토착의식이 생각보다 강했음을 방증하는 사례가 아니었을까 한다.

가-⑦ 또한 그러하다. '남천군'이라 했지만 이 역시 신라의 군현체계 내에 존재하지 않았다. 신라 통일기의 군사조직 10정의 남천정에서 경기 이천지역임을 추측할 수 있을 뿐, 정식 군현으로는 확인되지 않는다. 남천군 역시 지방세력에 의해 자의적으로 표현되었다는 점에서 지방세력의 독자성을 보여준 사례라고 하겠다. 김범문의 난(825) 당시 여주 고달산의 도적 수신이 반란에 합류했던 사실[25]을 고려한다면 여주에 근접한 이천지역 역시 반신라적 정서가 존재했을 가능성은 충분했다고 할 수 있다.

이러한 지방사회의 변동과 지방세력의 동향은 신라왕실의 관심을 끌기에 충분했다. 중앙의 지방통제력이 약화되어 가는 현실에서 그들을 제어하고 국가체제를 안정시킬 수 있는 효율적인 매개체가 절실한 상황이었다. 선승들이 주목된 이유는 바로 여기에 있었다. 신라하대 중국으로부터 새로운 문화인 선종을 도입하고 전파한 선각자들이라는 점에서 신라왕실은 이들에게 상당한 기대를 가졌을 법하다.[26]

선종은 경전에 의하지 않고 자기 안에 존재하는 불성(佛性)을 깨우치고자 함에 따라 개인주의적 경향을 지녔는데, 이는 신라왕실의 간섭을 배제하며

---

23) 『삼국사기』 권35, 잡지 漢州, "栖嵒郡 本高句麗鵂嵒郡 景德王改名 今鳳州."
24) 『삼국사기』 권9, 경덕왕 21년 5월, "築五谷鵂嵒漢城獐塞池城德谷六城各置太守."
25) 『삼국사기』 권10, 헌덕왕 17년 정월, "憲昌子梵文與高達山賊壽神等百餘人 同謀叛 …."
26) 남동신, 앞의 논문, 2005, 97쪽.

지방에서 독자적 세력을 구축하려던 지방세력의 의식구조와 부합하였다.[27] 신라왕실의 권위가 약화되고 지방통제력이 상실되어 가는 상황에서 지방세력은 변방세력의 범주를 넘어 사회변화를 주도하는 세력으로 성장해 있었고, 선승들은 그들의 움직임을 수용하고 있었다. 신라하대 흥기한 선종 산문이 교종과 관련된 오악(五岳)과는 무관한 곳에 위치한다는 사실이 이를 뒷받침한다.[28]

결과적으로 선종과 연계하려던 신라왕실의 의도는 성공하지 못했다. 신라하대의 화엄승들은 신라중대와 달리 지방의 민중 속으로 파고들지 못하고 쇠잔해가는 권력의 심층부에 기생하며 명맥을 겨우 유지하였는데,[29] 이러한 교종에 치우쳐 사상적 편중을 보였던 신라왕실이 한계에 도달한 것은 당연한 귀결이었다. 의상의 화엄사상 같이 왕권의 지배이념으로 역할을 한 사례가 보이지 않는 점은 이를 상징한다고 할 수 있다.

신라왕실과 선승들은 외형상 상호 불가분의 관계를 유지하였지만, 양자의 필요에 의한 것이었을 뿐 본질적으로 친밀한 것은 아니었던 것 같다. 성주사·보림사·봉암사·대안사 등 선종의 주요 사찰이 왕실이나 귀족의 후원을 통해 경제적 기반을 마련하였음에도 불구하고 행보를 달리한 것이 그러하다. 신라왕실은 체제의 안정을, 선승들은 선종의 확산을 목적으로 하였기에 근본적으로 지향점이 달랐다. 선종 초기에 가지산문의 개창자 도의(道義)가 왕실로부터 외면을 받고 진전사로 들어간 것은 그러한 상황을 전해준다.[30] 민애왕이 진감국사에게 혜소(慧昭)라는 호를 내리고 왕경으로 초청하는 등 적극적 연결을 시도하였지만 그가 끝내 응하지 않았던 모습도

---

27) 김두진, 「朗慧와 그의 禪思想」『歷史學報』57, 1973, 44~46쪽 ;『신라하대 선종사상사 연구』, 일조각, 2007, 54쪽.
28) 李基白, 「新羅 五岳의 成立과 그 意義」『震檀學報』33, 1972 ;『新羅政治社會史硏究』, 一潮閣, 1974, 211~212쪽.
29) 추만호, 『나말려초 선종사상사 연구』, 이론과실천, 1992, 214쪽.
30) 김두진, 앞의 책, 2007, 147쪽.

그러하다. 진경대사 심희(審希)가 진성여왕의 초치를 길이 험하다는 이유로 表(표)를 올리고 굳이 사양했던 것[31]도 같은 맥락일 것이다. 물론 혜거(惠居, 899~974)와 같이 신라왕실과 밀착된 경우가 있으나,[32] 그의 활동시기가 신라의 국가체제 붕괴기였다는 점에서 큰 영향은 살피기 어렵다. 아마도 신라왕실과 선승들간 관계는 진성여왕대 원종·애노의 난(889)을 분기점으로 하여 변모하고, 선승들은 왕실과 거리를 두면서 지방세력과 보다 밀착되어 갔다고 할 수 있다.[33]

왕위계승전의 결과 지배력 약화가 가속화되고 왕실이나 귀족의 지방지배가 차질을 빚게 되면서, 그 공백을 서서히 대신해 나간 것이 지방세력과 선종사원이었다.[34] 당시 지방세력은 이른 시기부터 자신들의 자율성을 확보해 나갔던 것으로 여겨진다. 소성왕 원년(799) 조성된 「용봉사 마애불 조상기」를 보면 "정원십오년기묘사월인부 □불원대 백사원오법사 □향도 관인장진대사(貞元十五年己卯四月仁符 □佛願大 伯士元烏法師 □香徒官人長珍大舍)"라 하여, 마애불 조성을 주도한 인물 장진(長珍)이 12관등인 대사로서 중앙이나 지방관직은 물론 촌주조차 칭하지 못하는 상태였음에도 불구하고, 독자적으로 '관인(官人)'을 칭하며 지방사회 내에서 자신의 지위를 공식화하던 모습을 보여주기 때문이다.[35] 「창녕 인양사비」(810)에 보이는 지방사회의 모습도 크게 다르지 않다.[36] 이러한 사례들은 골품제에 근거한

---

31) 韓國古代社會研究所 편, 『譯註 韓國古代金石文』제3권, 駕洛國史籍開發研究院, 1992, 「鳳林寺眞鏡大師塔碑」, "… 眞聖大王 遽飛睿札 徵赴彤庭 大師 雖猥奉王言 而寧隳祖業 以修途多梗 附表固辭 …."

32) 한국역사연구회 편, 앞의 책, 1996, 「葛陽寺惠居國師碑」.

33) 李炳熙, 「高麗前期 禪宗寺院의 經濟와 그 運營」 『韓國禪學』4, 2002 ; 『高麗時期 寺院經濟 研究』, 景仁文化社, 1998, 51쪽.

34) 하일식, 「신라 말, 고려 초의 지방사회와 지방세력-향촌 지배세력의 연속성에 대한 시론」 『한국중세사연구』 23, 2010, 53쪽.

35) 하일식, 「고려 초기 지방사회의 주관(州官)과 관반(官班)」 『역사와 현실』 34, 1999, 79~80쪽.

36) 하일식, 「昌寧 仁陽寺 碑文의 硏究」 『韓國史硏究』 95, 1996.

정치질서가 느슨해지던 상황에서 지방세력이 자신들의 자율성을 확대해 가던 모습으로서, 그러한 현상이 신라하대 초기부터 나타났다는 점에 주목할 필요가 있다. 김헌창의 난 당시 여러 지방에서 호응하고 전란의 여파가 컸던 것도 그러한 흐름에 닿아 있다.

지방사회의 변동은 불상의 조성사례를 통해서도 느낄 수 있다. 「도피안 사 철조비로자나불」처럼 신라하대에 조성된 철불은 16기인데, 이들 모두 가 수도 경주와는 관련이 적은 지방을 중심으로 나타났다는 점이 그러하 다.[37] 고려전기에도 철불이 56기 조성되었음을 볼 때, 대체로 신라왕실은 지방사회의 자율성 수렴이 미흡했던 것 같다.[38] 철불의 조성에 관여한 장인집단을 규명한다면 그 성격을 보다 명확히 할 수 있겠으나 현재로서는 그럴만한 뚜렷한 기록이 보이지 않는다. 다만, 「보리사 대경대사 현기탑비」 의 "철장 중원부인 향연(鐵匠 仲原府人 香淵) …"이라는 명문에서 지방에 철을 다루던 장인집단의 존재와 활동을 확인할 수 있어, 지방세력에 의해 철불이 조성되었을 가능성이 엿보인다. 만일 왕실에서 파견된 장인집단에 의해 불상이 조성되었음에도 불구하고 임의적인 지명표기가 나타났다면 이는 지방사회의 자율성이 생각보다 강했음을 반증하는 사례로 해석될 수도 있다.

또한 불교계를 통제하며 관사적(官寺的) 기능을 수행했던 성전(成典) 사 원[39]이 신라하대 들어 황룡사가 추가되는 등 변화가 있었지만,[40] 선종

---

37) 崔仁善, 「韓國 鐵佛 硏究」, 한국교원대학교 박사학위논문, 1998, 14~15쪽.

38) 철불은 대체로 비로자나불이 조성되었는데, 화엄종의 주불이라는 점에서 선종과 교종이 사상 면에서 대립적인 면모를 보이면서도 유기적 관계에 있었음을 추측케 한다. 선승들이 대개 화엄승에서 전환되었다는 점을 고려할 때 양자가 모든 면에서 대립했던 것은 아니었음을 보여준다고 하겠다.

39) 이영호, 「新羅 中代 王室寺院의 官寺的 機能」 『韓國史硏究』 43, 1983 ; 『신라 중대의 정치와 권력구조』, 지식산업사, 2014, 327~344쪽 ; 蔡尙植, 「新羅統一期의 成典寺院의 구조와 기능」 『釜山史學』 8, 1984.

40) 韓國古代社會硏究所 편, 앞의 책, 1992, 「皇龍寺 九層木塔 舍利函記」, "… 成典監脩成塔事守 兵部令平章事伊干臣金魏弘 …."

사원이 전혀 반영되지 않은 것도 교종 중심의 종파적 배타성이 지속되었음을 보여준다. 즉 선승들의 지방사원 창건과 활동을 통해 통제력을 강화하려 했던 신라왕실의 의도와는 달리, 선종 산문의 역할과 기능이 확대될수록 불교계는 신라왕실로부터 멀어져 갔다. 선종의 이탈은 불교계의 이탈로 이어졌으며, 신라왕실은 사상적 지배력의 한계에 도달함으로써 종말을 고하게 되었다.

3. 태조의 승려 결연과 사원의 창건

신라말의 혼란을 수습하고 지방세력과 종교계의 변화를 수렴한 태조는 새로운 지배질서를 성립할 수 있었다. 고려를 건국하고 후삼국을 통일함으로써 중세사회를 이룩한 것인데, 그의 통일정책은 여러 방면으로 나타났으며 불교사상계 역시 예외는 아니었다. 하지만 그의 불교정책을 단순히 '통합'이라 규정하기에는 다양한 모습들이 살펴져 새롭게 접근할 필요성이 있다. 그와 교류했던 승려들에게서 그러한 모습들이 확인된다. 후삼국 쟁패과정에서 견훤이나 궁예보다 출발이 늦었던 그가 최후의 승자가 될 수 있었던 것은 이와 관련이 있을 것이다.

태조의 선대는 송악지역의 유력한 지방세력으로서 서운사를 후원하던 단월이었다. 요오선사 순지가 그곳에 주석했는데 그는 행적과 사상이 다소 독특했다. 신라 하대에 선종으로 전향한 승려들은 대부분 화엄종에 속했으나,[41] 그는 법상종 소속으로서 선종 승려가 되었기 때문이다.[42] 이러한 때문인지 그의 '삼편성불론'에는 화엄사상과 법화사상이 포함되어

---

41) 崔炳憲, 「신라하대 禪宗九山派의 성립」『韓國史研究』7, 1972, 85~87쪽 ; 許興植, 앞의 책, 1986, 184쪽 ; 金相鉉, 『新羅華嚴思想研究』, 民族社, 1991, 233~235쪽.
42) 남동신, 앞의 논문, 2009, 156쪽.

있는데,43) 선종 승려 가운데 화엄을 논하거나 융합한 사례가 없다는 점에서 남다를 수밖에 없을 것 같다.

아마도 이러한 특성은 태조가 불교계와 교류함에 있어 어느 정도 영향을 미쳤을 것으로 추측되는데, 사상이라는 것이 내면화되어 면면히 흐른다는 점에서 가능성은 충분해 보인다. 교선(敎禪) 가운데 어느 한쪽에 치우치지 않도록 하는데 영향을 미치지는 않았을까? 나말여초에 4무외(無畏)로 추앙받던 경유, 형미, 여엄, 이엄이 있었는데, 이들에게서 의미있는 공통점이 찾아진다.44)

나-① … 문득 운거 도응화상이 도(道)는 선종[楞伽]에서 으뜸이고 공은 선서(善逝)만큼 높으며 보수(寶樹)의 왕자요, 선주(禪株)의 주인이라는 말을 들었다. …45)

나-② … 대순 2년(891) 봄이 시작될 때에 이르러 문득 입조사 행렬을 만나 의탁하여 서쪽으로 가서 저쪽 언덕에 도달하였는데, … (운거) 대사가 말하기를 "그대가 돌아왔구나, (나는) 일찍이 네가 올 것을 알았다. 만일 당(堂)에 오르고자 한다면 보배로운 가르침을 지적해 보아라. …"46)

나-③ … 이때 강표(江表)에 잠시 머물다가 홍부(洪府)에 이르렀으며, 서쪽으로 가서 운거 도응대사를 예로서 뵈었다. 대사가 말하기를 "아! 헤어진 지 얼마 되지 않았는데 여기서 만나는구나, 수도하는 때에 오히려 그대

---

43) 김두진, 앞의 책, 2006, 97쪽.
44) 한국역사연구회 편, 앞의 책, 1996, 「五龍寺法鏡大師普照慧光塔碑」, "… 慶猷迥微麗嚴利嚴共海東謂之四無畏大士也 …."
45) 한국역사연구회 편, 앞의 책, 1996, 「五龍寺法鏡大師普照慧光塔碑」, "… 仄企聞雲居道膺和尚道冠楞伽功高善逝爲寶樹之王者作禪株之主人 …."
46) 한국역사연구회 편, 앞의 책, 1996, 「無爲寺先覺大師遍光塔碑」, "… 泊于大順二年春首忽遇入朝使車託足而西達于彼岸…大師謂曰吾子歸矣早知汝來如欲昇堂指其寶藏 …."

가 옴이 기쁘다."고 하였다.[47]

　　나-④ … 이때 운거 도응대사가 선문의 법을 이은 분이라는 소식을 듣고 천리가 멀다 마다하지 않고 찾아가 뵈었다. "일찍이 헤어진 지 얼마 되지 않았는데 이렇게 빨리 만나게 될 줄이야" 하니, 대사가 말하기를 "일찍이 친히 모신 적이 없는데 어찌 다시 왔다고 하십니까?" 대사가 말없이 (제자를) 허락하니 은밀히 현계(玄契)에 들어맞았다.[48]

　　나-①은 법경대사 경유, 나-②는 선각대사 형미, 나-③은 대경대사 여엄, 나-④는 진철대사 이엄이 각기 운거대사 도응(道膺)을 만나 제자가 되는 모습을 전하고 있다. 우연일 수도 있겠지만 4무외 대사가 모두 도응을 스승으로 하고 있다는 점은 단순히 선종(남종선)을 계승한다는 의미를 넘어선다. 당시 유학승은 선종을 배워 왔지만 그 법맥은 다양했다. 여기에서 4무외로 호칭되는 인물들이 도응을 스승으로 했던 점을 분명히 할 필요가 있다. 중국에서 달마를 초조(初祖)로 하여 시작된 선종은 6대에 이르러 분파되었다. 신수(神秀)를 따르는 북종선과 혜능(惠能)을 따르는 남종선으로 이후 남종선이 주류를 이루게 되었지만 이 또한 분파되면서 차별성을 보였다.

　　다음 <표 1> 선승 법맥도에서 보이듯 4무외의 선풍은 선종의 7산문과 계통을 달리함을 볼 수 있다. 7산문이 「회양(懷讓)－도일(道一)」의 선풍을 계승하고 있으나, 4무외는 「행사(行思)－희천(希遷)」의 법맥을 잇고 있다. 이는 나말여초 선종사를 규명함에 있어 중요하게 취급해야 할 문제인데,[49]

---

　47) 한국역사연구회 편, 앞의 책, 1996,「普提寺大鏡大師玄機塔碑」, "… 此時江表假次於洪府 行行西上禮見雲居大師謂曰戲別匪遙相逢於此運斤之際猶喜子來 …."
　48) 한국역사연구회 편, 앞의 책, 1996,「廣照寺眞澈大師寶月乘空塔碑」, "… 于時企聞雲居道 膺大師禪門之法胤也不遠千里直詣玄關大師謂曰曾別匪遙再逢何早師對云未曾親侍寧喜復 來大師默而許之潛愜玄契 …."

〈표 1〉 나말여초 선승 법맥도

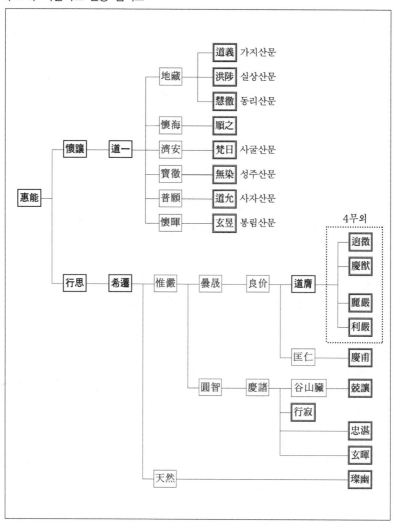

이 무렵의 사상적 지형이 영향을 주었기 때문으로 여겨진다.50)

---

49) 김두진, 앞의 책, 2008, 141쪽.
50) 선종이 수용되기 이전 교종에서는 경전을 중요시하였을 뿐 승려들의 계보는 중요하
지 않았는데, 신라하대 선사의 비문에서 계보가 강조되면서 교종에도 영향을 주었다.
특히 중국 선종계보의 부침은 신라 유학승에게도 영향을 미쳤는데, 870년을 전후로

<표 1>에서 확인되듯이 선종 7산문을 개창한 선승들과 4무외의 활동 시기에는 대략 한 세대 정도의 시간적 간극이 존재하는데 이에 대한 관심도 필요할 듯하다. 선종 내에서 7산문의 영향력이 비대해져 갔으므로, 이를 균형 잡으려던 의도에 영향을 미치지는 않았을까? 4무외 대사가 도응을 스승으로 한 것은 자신들의 선택이었지만, 4무외로 추앙받게 될 만큼 사상적으로 위치하게 된 것은 태조의 정치적 의도가 내재된 불교정책의 결과였을 가능성이 커 보이기 때문이다.

태조가 그들을 우대한 것은 사상 측면 이외에 다른 의도가 있었던 것으로 생각된다. 일단 '선종 내 교단 간의 세력균형'을 목표로 했던 것은 아닌지 추정해 볼 수 있다. 태조의 집안과 관련되었던 순지가 「회양-도일」의 법맥을 계승한 것과 달리, 4무외와 더불어 경보, 긍양, 찬유, 행적 등 태조와 연계되는 승려들이 모두 「행사-도응」 계열이라는 점에서 정치적 의도가 강하게 느껴지기 때문이다. 태조와 밀접했던 승려들을 통해 그러한 모습을 다시 한 번 확인할 수 있다.

〈표 2〉 태조 결연 「청원 행사(行思)」 계열 유학승[51]

승려명	귀국 시기	후원세력 및 단월	비고
행적(行寂)		소율희, 태조	
형미(逈微)	효공09 (905)	태조	4무외
경유(慶猷)	효공12 (908)	태조	
여엄(麗嚴)	효공13 (909)	강공훤, 태조	
이엄(利嚴)	효공15 (911)	소율희, 태조	
충담(忠湛)	효공09 (905)	소율희, 태조	
경보(慶甫)	태조03 (920)	견훤, 태조	
찬유(璨幽)	태조04 (921)	태조	
긍양(兢讓)	태조07 (924)	경애왕, 태조	
현휘(玄暉)	태조07 (924)	태조	

「마조도일」 계열에서 「석두희천」 계열로 바뀌던 현상은 이를 보여준다(김영미, 앞의 논문, 2005, 52~53쪽).

51) 韓基汶, 『高麗寺院의 構造와 機能』, 민족사, 1998, 24쪽 <표 1-1> ; 김두진, 앞의 책, 2006, 113쪽 <표 2>.

    <표 2>의 인물들은 <표 1>을 통해 행사의 문하생임을 확인할 수 있다. 4무외가 직접적으로 도웅을 스승으로 하였던 것에 비하여, 행적, 충담, 경보, 긍양, 찬유,52) 현휘53) 등은 도웅을 스승으로 하지는 않았다. 하지만 이들이 모두 「행사−희천」 계열의 문하승이라는 점에서 공통되고 있어, 4무외의 선풍과는 크게 다르지 않았음을 예상할 수 있는데, 특히 그들의 선풍에 북종선이나 유가적 성향이 흡수되어 있는 듯한 느낌을 주고 있어54) 상대적으로 개방적 인식을 드러냈다고 할 수 있다. 4무외를 포함한 10명의 승려는 태조와 결연하는 과정에서 정치적 배려가 작용된 것이 아닌가 한다. 특정 종파나 사상에 편중되었을 때 나타나는 문제점을 신라말의 혼란상이 극명하게 보여주었기에 이에 대한 학습효과는 분명했을 것이다. 태조는 즉위 후 사상적 균형을 위한 조치들을 이어 나갔다. 민심의 안정과 수렴이라는 측면에서도 사원과 승려에 대한 관심은 지극히 당연한 귀결이었다. 개경과 지방에 사원 창건이 이어졌다.

    나⑤ 법왕·왕륜 등 10개 사원을 도내에 창건하고 양경(兩京)의 탑묘 가운데
        없어지거나 부서진 것은 모두 수리하도록 하였다.55)

---

52) 찬유(869~958)는 봉림산문을 개창한 호鈒(788~869)을 계승한 인물이므로 <표 1>에서와 같이 단절적으로 이해하기에 힘든 면이 있다. 다만 현욱이 景文王의 예우를 받으며 28년간 高達寺에 주석했던 것과 달리 신라말의 정치적 상황 급변으로 인해 찬유가 독자적 행보를 하게 되었을 가능성을 생각해 볼 수 있다. 찬유의 生年이 현욱의 沒年이었던 만큼 시간적 차이도 제한적이나마 영향을 주었을 것이다.
53) 현휘(879~941) 역시 찬유와 비슷하게 사상적으로 단선화하여 파악하기 힘든 면도 존재한다. 그가 성주산문을 개창한 무염을 이은 深光의 제자이기 때문이다. 현휘가 자신의 독자적 행보를 하게 된 배경에는 나말여초 전란기에 심광이 죽었거나 주석하던 영각선사를 떠났기에 자신의 나아갈 방향을 찾았던 것이 아닌가 한다(曹凡煥, 『新羅禪宗硏究』, 一潮閣, 2001, 172쪽).
54) 김두진, 앞의 책, 2009, 144쪽.
55) 『고려사』 권1, 태조 2년 3월, "創法王王輪等十寺于都內兩京塔廟肖像之廢缺者幷令修葺."

나-⑥ 기묘년에 송악군으로 도읍을 옮겼으며, 이 해에 법왕·자운·왕륜·내제석·사나사 등을 세웠고, 또 천선원(보제사)·신흥·문수·원통·지장사 등을 세웠다. 이들 10대 사원은 모두 이 해에 창건되었다.[56]

나-⑤·⑥은 사원창건을 보여주는데, '도내(都內)'라 하여 왕도(王都)에 위치하고 있음을 알려준다. 이 가운데 법왕사는 백좌도량, 왕륜사는 연등행사, 내제석원은 제석신앙, 보제사는 호국기원, 신흥사는 삼한공신의 원당 등의 기능을 수행했던 것으로 보이며, 나머지 사원 역시 국왕의 덕화(德化)를 상징하는 기능을 했던 것으로 여겨진다.[57] 태조는 후삼국 통일시까지 사원창건을 이어갔으며 지방에도 16개소를 열었는데, 이는 경주를 회전축으로 하던 고대적 불교를 탈피하여 새롭게 개경을 중심으로 중세적 불교를 정립하려던 정치적 의도에 다름 아니었다.[58] 여기에서 사원을 지속적으로 창건한 근본적 요인이 무엇인지 되짚어 볼 필요가 있다. 외형상 민심안정과 불교계의 후원을 의도한 것이겠지만 궁극적 목적이 있었을 것이기 때문이다.

<표 3>을 보면 사원창건이 일정한 목적 하에 진행되었음을 엿볼 수 있다. 기본적으로 선종이 8곳으로 많은 듯하지만, 나머지 사원 중 교종으로 분류할 수 있는 곳이 9곳이어서 외형상 큰 차이를 보이지 않는다. 이들 종파의 사원을 개경에 창건한 것은 종파불교의 제도적 기반을 열었다는 점에서 의미가 있지만,[59] 근본적으로 불교정책 차원에서 진행된 조치라는 점을 절대 간과해서는 안 될 것이다.

또한 태조가 선종은 물론 화엄종·법상종·신인종 등과도 긴밀한 관계를

---

56) 『삼국유사』권1, 왕력1 태조, "己卯移都內松岳郡是年創法王慈雲王輪內帝釋舍那又創天禪院卽普濟新興文殊圓通地藏前十大寺皆是年所創."

57) 韓基汶, 앞의 책, 1998, 37~38쪽.

58) 韓基汶, 「高麗太祖의 佛敎政策」『大丘史學』22, 1983, 2쪽 ; 위의 책, 1998, 22쪽.

59) 韓基汶, 위의 책, 1998, 47쪽.

유지하며 이들을 후원하고 있었다는 점도 주목할 필요가 있는데,[60] 내원승 (內院僧) 허월(許越), 법화의 능긍(能兢), 신인의 대연(大緣)·광학(光學) 등은 그 사례가 될 것이다. 특히 허월이 명주의 지방세력인 김순식[왕순식]의 아버지라는 점에서 지방세력과 불교에 대한 태조의 정책방향을 가늠할 수 있다.

〈표 3〉 태조대 창건 사원[61]

10찰[62]			기타		
사원	창건	종파	사원	창건	종파
法王寺	태조2(919)	화엄종	大興寺	태조4(921)	
王輪寺	〃	해동종	廣明寺	태조5(922)	선종
內帝釋院	〃	선종	日月寺	〃	선종
普濟寺	〃	선종	外帝釋院	태조7(924)	선종
地藏寺	〃		九曜堂	〃	
文殊寺	〃		神衆院	〃	
新興寺	〃		興國寺	〃	화엄종
舍那寺	〃	선종	妙智寺	태조10(927)	
慈雲寺	〃	유가종	龜山寺	태조12(929)	선종
圓通寺	〃	화엄종	安和寺	태조13(930)	선종
			開國寺	태조18(935)	율종
			廣興寺	태조19(936)	
			內天王寺	〃	
			現聖寺	〃	신인종
			彌勒寺	〃	유가종
			開泰寺	〃	화엄종

그러한 점에서 10대 사원이 태조 2년(919) 일시에 창건된 사실은 정치적 의도와 분리하기는 어렵다. 사원은 정치적·종교적 의도를 가지고 건립되 었으며, 고려초의 사원창건은 국가의 주도하에 일정한 목적을 가지고

---

60) 최성은, 『고려시대 불교조각 연구』, 일조각, 2014, 27쪽.
61) 許興植, 앞의 책, 1986, 307쪽 <표 3> ; 韓基汶, 앞의 책, 1998, 47쪽 <표 1-2>.
62) 신안식, 「고려시기 개경 都城의 범위와 이용」『한국중세사연구』29, 2010, 260쪽.
    <표 1>에 따르면 도내 10찰 중 법왕사, 왕륜사, 내제석원, 사나사, 자운사 등 5곳의 사원이 왕도 5부 가운데 북부에 위치하여 상대적으로 북부가 큰 비중을 보인다.

이루어졌다.63) 곧 종파나 교단의 균형을 추구했던 다원적 종교정책의 산물이라 해도 무리는 아닐 것이다. 이를 뒷받침하는 모습을 살펴본다.

> 나-⑦ 첫째, 우리나라의 대업은 반드시 모든 부처가 보호하고 지켜주는 힘에 의지하고 있으므로, 선종과 교종의 사원을 창건하고 주지를 파견하여 분향하고 수도하게 하여 각각 자신의 직책을 다하도록 하는 것이다. 후세에 간신이 정권을 잡고 승려의 청탁을 받아 각자의 사사(寺社)를 경영하면서 서로 싸우며 바꾸고 빼앗는 일을 마땅히 금하도록 하라.64)

나-⑦은 훈요십조 가운데 첫 항목으로 종파의 사원을 함부로 바꾸지 못하게 하는 내용을 담고 있다. 바로 이것이 태조의 사원창건 의도가 무엇이었는지를 명확히 보여준 것이 아닌가 생각된다. 「개태사 화엄법회소(開泰寺華嚴法會疏)」를 직접 찬술함으로써 당시 영향력이 쇠퇴했던 화엄종에 대해 관심을 나타내었던 것과 동일한 맥락에서 이해해야 할 듯하다.65) 「삼화사(三和寺) 철불」의 명문에서도 살펴지듯 선종 일변도의 시대적 분위기 속에서 선종세력을 견제하려던 의도가 내재되었던 것이라 하겠다.66) 즉 여러 불교세력을 사원에 안착시키고 그 세력의 독자성을 인정하며,67) 그 위에서 상호 경쟁하도록 하는 다원화된 승정(僧政)을 시행하려던 의도였다.68) 태조의 승려결연과 사원창건은 종파나 교단 간 공존을 유도하여

---

63) 許興植, 앞의 책, 1986 ; 최인표, 『나말려초 선종정책 연구』, 한국학술정보, 2007, 234쪽.
64) 『고려사』 권2, 태조 26년 4월, "… 其一曰我國家大業必資諸佛護衛之力故創禪敎寺院差遣 住持焚修使各治其業後世姦臣執政徇僧請謁各業寺社爭相換奪切宜禁之 …."
65) 「개태사 화엄법회소」를 태조가 직접 찬술한 것은 화엄사상이 신라 이래 전통적으로 중앙왕실에 의해 수용되고, 지방세력을 포함한 모든 사회체제를 중앙정부 속으로 통합하는데 유리한 사상체계임을 인식하고 있었기에 가능했다(김두진, 앞의 논문, 1982, 151~152쪽 ; 앞의 책, 2008, 154쪽).
66) 韓基汶, 「東海市 三和寺 鐵佛 銘文의 재검토」, 『강좌미술사』 12, 1999, 192쪽.
67) 許興植, 앞의 책, 1986, 122쪽 및 309쪽 ; 韓基汶, 앞의 책, 1998, 33쪽.

사상적 균형을 달성함으로써 체제를 안정시키려던 목적이 바탕에 위치하고 있었다.

4. 고승의 주석과 지방사회의 수렴

태조는 자신과 교유한 승려들을 주요 사원에 머무르게 하며 지방사회의 안정에 주력하였는데, 그와 결연한 선승들은 주석처에서 절대적인 교화력을 미치고 있었다.[69] 신라가 교종 중심의 배타적 승정(僧政)을 전개함으로써 선종으로부터 외면받고 결국 사상적 지배력을 상실했던 과정을 잘 알고 있었기에 건국 초부터 세밀하게 대응한 조치였다. 선승들을 지방사원에 배치한 것은 지방세력의 정신적 구심점 역할을 수행하던 사원을 효과적으로 장악하고, 이를 근거지로 하여 지방통치의 효율성을 높이려는 의도도 있었다.[70] 건국 초기 지방통치체제가 완전히 정비되지 못한 시점이었으므로 제한된 여건상 효율적인 지배방식일 수 있었다.

> 다-① 선정의 산에서 아름다움을 쌓아 … 보좌하는 풍모를 도왔으며, 지혜의 물에서 자비로움 … 하여 임금의 교화를 도왔으며 … 하여 임금의 마음을 받들어 공손히 인재를 등용하려는 계획을 받들었고, (불법을) 유전(流傳)시키려는 뜻을 올바로 받았다고 이를 만하다. …[71]

---

68) 許興植, 앞의 책, 1986, 125쪽.
69) 韓基汶, 앞의 책, 1998, 28쪽.
70) 최인표, 앞의 책, 2007, 232쪽.
71) 한국역사연구회 편, 앞의 책, 1996,「五龍寺法鏡大師普照慧光塔碑」, "… 可謂禪山蘊美□資□輔之風慧水□慈□助□王之化□□□□□□□□□□□□□奉聖心恭承汲引之正受流傳之旨 …."

다-①은 법경대사 경유의 행적을 보여주는데, "임금의 교화를 돕고, … 임금의 마음을 받들어 공손히 받들고 인재를 등용하려는 계획을 받들었고"라 하여 그의 행보를 짐작케 한다. 비문의 찬술과정을 감안할 때 성격상 왕실의 입장이 어느 정도 반영되어 있겠으나, 본질적인 면에서 본다면 태조의 정책에 적극적으로 호응했음을 확인할 수 있다. 임금의 교화를 도왔다는 것은 관념적 지지를 넘어 구체적인 실행에 관여했음을 암시한다. 인재의 등용은 새로운 국가체제의 원동력으로서 지방세력을 수렴하는 과정이므로, 이에 협력했다는 것은 고려의 국가체제 안정에 중요한 역할을 했다는 증거일 것이다.

> 다-② 비록 자연에 의지하였지만 차츰 전란이 가까이 다가왔으므로 길을 내령(풍기)으로 나와서 좋은 경치에 이르러 … 소백산에 의탁하여 노을 속에 자리 잡았다. 이에 지기주제군사(知基州諸軍事) 상국(上國) 강공훤(康公萱)은 … 예를 갖추어 공경히 맞이하였으며 … (강공훤이) 삼가 갖추어 (여엄을) 임금에게 아뢰었다. … 때문에 선(善)을 따르는 무리들이 부르지 않았는데도 모여드니, 가르침에 게으르지 않았고 잘 이끎에 열심이었다. …72)

다-②의 대경대사 여엄 또한 법경대사 경유와 비슷한 모습을 보여준다. 보리사가 위치한 경기 양평지역은 유력한 지방세력이 특정되지 않은 곳이지만, 남한강 수운이 통과하는 곳이어서 원주나 충주지역 등과 교류하기에 적합한 지역이었다. '선을 따르는 무리들이 부르지 않은데도 모여드니'라는 표현에서 그의 교화가 매우 뛰어났음을 느끼게 한다. 아마도 태조가

---

72) 한국역사연구회 편, 앞의 책, 1996, 「菩提寺大境大師玄機塔碑」, "… 雖攀依水石而漸近煙塵路出奈靈 … 投小伯以栖霞爰有知基州諸軍事上國 康公萱 … 因傾盖以祗迎 … 謹具聞天 … 所以從善之徒不呼而集誨人不善誘孜孜 …."

그의 이러한 민심위무 능력을 인지하였기에 그곳에 주석토록 했을 것이다. 풍기지역의 지방세력인 강공훤이 여엄을 공경히 맞이하고 그를 태조에게 천거했을 때부터 이미 예견된 일이 아니었을까 추측된다.

여기에서 더욱 주목되는 것은 강공훤이라는 지방세력이 여엄을 태조에게 추천하는 과정이다. 이는 태조의 개방적 인식을 보여준 사례로 이해할 수 있기 때문이다. 지방세력이 적극성을 보이며 자발적으로 인물을 추천한다는 것은 상호 신뢰가 전제되지 않고는 불가능하다는 점에서, 태조가 평소 지방세력에 대해 유연하게 대처했음을 떠올릴 수 있다. 이미 신라하대부터 자율성을 신장시켜 온 지방세력의 실체를 인정하고 존중한 결과라 하겠다.

> 다-③ 임금은 부처를 섬기듯이 정성스러웠고, 깊이 친근한 곳을 구하기에 이에 중주(충주)의 정토사를 들어 머물도록 청했다. … 이에 곧 산에 갈 행장을 꾸려서 한주와 광주를 넘고 유유히 고개를 넘어 가서 머무니, 경치는 두루 아름답고 산천 또한 매우 아름다웠다. 당주(충주)에서 풍문을 듣고 기뻐하여 이르는 자가 많았다. …73)

다-③에서 확인되듯 법경대사 현휘 역시 여엄과 같이 지방사회의 정서를 수렴하는데 있어 일정한 역할을 하고 있다. 정토사는 직접적으로 충주 유씨에 의해 경영되던 곳인데, 여기에도 고승을 보냈다는 점에서 태조가 기층의 민심을 얻는데 결코 소홀히 하지 않았음을 알 수 있다. 그가 주석한 20년 동안 조정 인사의 방문 건수가 수천에 달할 만큼 그에 대한 태조의 관심은 예사롭지 않았다.74) 현휘는 법왕의 교화를 말하였고, 어진 인사의

---

73) 한국역사연구회 편, 앞의 책, 1996, 「淨土寺法境大師慈燈塔碑」, "… 上事佛精勤深求親近 仍擧中州淨土蘭若請以住持 … 於是便挈山裝尋凌漢廣悠悠騫嶺往以居之境地偏佳山泉甚美 當州聞風而悅詣者百千 …."

등용 등 구체적인 정책을 건의하기도 하였다.[75] 이를 볼 때 사원과 승려가 지방사회의 안정과 인재의 등용이라는 과정을 통해 사회변동의 핵심으로 떠오른 지방세력을 새로운 국가질서로 수렴하는 창구로서 기능했음을 알 수 있다.

> 다-④ 대왕은 대사가 현도(玄道)를 원만히 행하고 법신을 충분히 갖추었다
> 고 하여 광주 천왕사에 머물기를 청했다. 그곳에 있더라도 세상을 교화
> 시킬 수 있었지만 혜목산은 노을 진 뫼가 강연하는데 너무도 적절하고
> 구름 낀 계곡이 선승의 거처로는 매우 흡족했기 때문에 그곳으로 옮겨
> 머물렀다. 그러자 사방에서 나루[津]를 묻는 자들이 천리 길을 반걸음으
> 로 보았으며, 구름처럼 몰려오는 자들을 바다처럼 받아들이니 선(善)의
> 길로 그리워하며 몰려들고 그윽한 문으로 왕성히 출입하지 않음이 없었
> 다. …[76]

다-④는 원종대사 찬유의 행적으로 그 역시 여엄처럼, 자신이 주석했던 사원 주변은 물론 먼 곳에서도 그의 강연을 듣기 위해 찾을 정도로 출중한 교화능력을 보여주고 있다.[77] '나루를 묻는 자들이'라는 표현에서 남한강 수운이 중요한 교통로로 활용되었음을 알 수 있는데, 이를 원(院)의 시원적 형태와 관련하여 이해할 수도 있을 것 같다. 사원이 요충지에 위치하며 교통로 정비, 숙박 등 편의제공, 교역활동 등을 수행하였고,[78] 고려시대

---

74) 李仁在, 「충주 정토사 玄暉와 영월 홍녕사 折中」 『韓國古代史硏究』 49, 2008, 298~299쪽.
75) 김두진, 앞의 책, 2009, 152~153쪽.
76) 한국역사연구회 편, 앞의 책, 1996, 「高達院元宗大師慧眞塔碑」, "… 大王以大師玄道周行 法身圓對乃請住廣州天王寺遂從之住焉居則化矣而以慧目山乃霞嶠偏宜於宴坐雲溪甚愜於 禪居移而住焉於是四達問津者視千里猶跬步如雲來者似海納之莫不犇馳善道以憧憧出入玄 門而濟濟 …."
77) 李炳熙, 「高麗時期 住持制 運營과 寺院經濟」 『史學硏究』 90, 2008 ; 앞의 책, 2009, 279쪽.
78) 한정훈, 『고려시대 교통운수사 연구』, 혜안, 2013, 22쪽.

원이 불교계와 깊이 연결되어 그러한 역할을 전개함에 따라 인적·물적 이동과 교류를 파악할 수 있기 때문이다.[79] 실제로 고달원·흥법선원·흥녕 선원 등은 사원의 본원적 기능 이외에 역(驛)·원 등 사회적 기능을 수행한 바 있다.[80] 이렇듯 사원을 중심으로 다양한 교류가 이루어졌던 것인데, 사원 간 교류도 그러한 틀 속에서 전개되었을 것이므로 그 연장선상에서 파악이 가능할 듯하다.

다-⑤ 옛날 신라가 도읍이었을 때 세달사(지금의 흥교사)의 장원(莊園)이 명주 날리군(捺李郡)에 있었는데, 본사에서 중 조신(調信)을 보내어 장원 을 맡아 관리하게 하였다. …[81]

다-⑥ 법사의 행장은 고전에 실려 있지 않고 다만 민간에서 이렇게 말한다. "석굴사(石崛師)는 비어(備虛)[혹은 비허(毗虛)]사(師)와 형제가 된다. 봉성 ·석굴·운문의 세 절이 봉우리를 맞대고 서 있었기 때문에 서로 왕래하였 다. …"[82]

다-⑦ 철장 중원부(仲原府)인 향연(香淵) …[83]

다-⑤는 신라하대의 모습으로 개경(또는 영월)에 위치한 세달사의 장원

79) 李炳熙, 「高麗時期 院의 造成과 機能」『靑藍史學』2, 1998 ; 앞의 책, 2009, 456쪽.
80) 고달원, 흥법선원, 흥녕선원 등은 교통의 요충지에서 기존의 원으로서의 임무를 하고 있었으며, 상업적 이득이 집중화 된 인구 밀집지에 위치했다(김혜완, 「나말려초 남한강 주변의 선종사원과 선사들의 활동」『한국고대사연구』49, 2008, 264~265쪽).
81) 『삼국유사』 권3, 탑상3 洛山二大聖觀音正趣調信, "… 昔新羅爲京師時有世達寺(今與敎寺 也)之莊舍在溟州捺李郡 … 本寺遣僧調信爲知莊 …."
82) 『삼국유사』 권5, 의해5 寶壤梨木, "… 師之行狀古傳不載諺云與石崛備虛師(一作毗虛)爲昆 弟奉聖石崛雲門三寺連峰櫛比交相往還爾 …."
83) 한국역사연구회 편, 앞의 책, 1996, 「普提寺大鏡大師玄機塔碑」, "… 鐵匠仲源府人香淵 …."

이 명주지역에 있었음을 보여준다. 시간상 차이는 있지만 고려초의 모습과 큰 격차는 없을 것으로 생각된다. 날리군이 경북 영주로 추정되므로[84] 두 절은 지리적으로 떨어져 있었다. 장원이라는 표현을 통해 기본적으로 사원경제와 관련되고 있음을 알 수 있는데,[85] 중앙과 지방, 지방과 지방 간 사원과 승려의 교류 측면에서도 주목을 끈다. 본사라 했으므로 말사(末寺) 내지 지사(支寺)의 존재가 상정되고 이를 바탕으로 양자 간에 밀접한 관계가 전개되었을 것이기 때문이다.

다-⑥은 태조와 결연했던 보양(寶壤)이 봉성사의 주지로서 관여했던 절에 대한 내용을 담고 있다. 사료에 따르면 봉성사·석굴사·운문사는 각기 보양과 형제인 석굴·비허가 경영한 사원으로서 서로 활발히 왕래했다고 한다. 지리적으로 인접하였기에 그러했다고 볼 수 있지만, 다-⑤ 조신의 사례에서도 보이듯 원격지 간에도 교류는 진행되었다. 다-⑦에서는 보제사의 불사(佛事)에 중원부 장인(匠人)이 참여하고 있음이 확인된다. 이는 충주지역의 장인이 다른 지역까지 가서 활동했음을 보여주는 사례로서,[86] 사원 간 교류의 한 단면이라 할 수 있다.

또한 비문에 등장하는 지방세력은[87] 사원을 매개로 하여 지역 간 교류가 활발했음을 느끼게 하고,[88] 비문의 음기에 등장하는 관반은 지방사회의 자율성을 한층 부각시켜 준다. '보주관반'·'□□관반' 등은 구체적 사례로서,[89] 나말여초 변혁기에 성장한 지방세력이 재래의 틀에서 벗어나고자 했던 움직임의 결과라 하겠다.[90]

---

84) 『삼국사기』 권5, 소지왕 22년 9월.
85) 李炳熙, 앞의 논문, 2002 ; 앞의 책, 2009, 68쪽.
86) 최성은, 앞의 책, 2014, 42쪽.
87) 한국역사연구회 편, 앞의 책, 1996, 「淨土寺法境大師慈燈塔碑」, "… 諡德山人 靑州 釋希侍郎 元州 仁員外 當城 幸磷卿 目竹縣 聰乂 村主."
88) 蔡尙植, 「淨土寺址 法境大師碑 陰記의 分析-高麗前期 地方社會와 禪門의 構造와 관련하여」 『韓國史研究』 36, 1982, 41~48쪽 ; 최성은, 앞의 책, 2014, 43쪽.
89) 한국역사연구회 편, 앞의 책, 1996, 「境淸禪院慈寂禪師凌雲塔碑」.

즉 사원과 승려는 지리적 한계를 뛰어넘어 지방사회의 정서를 수렴하고 있었으며, 비록 경제적 이해관계가 작용하는 경우가 있더라도 소통창구로서의 기능을 수행하고 있었다. 고승이 주석한 사원은 사상에서 경제, 문화에 이르기까지 여러 분야에서 다양한 형태로 지방사회를 수렴하는 창구로서 중요한 역할을 했으며, 지방사회의 자율성을 상징하고 있었다.

5. 맺음말

고대사회에 전래된 불교는 삼국통일을 거치며 불교계는 조직과 기능 면에서 확대되었고, 화엄과 법상 등 종파의 모습을 보이기도 했다. 신라하대에는 교종을 대신하여 선종이 불교 내 주류로 자리하게 되었고 이 흐름은 고려의 건국까지 이어졌는데, 고려는 이전의 사회와 다른 경향을 보였다. 태조의 불교정책과 고승들의 활동에서 그러한 모습이 확인된다. 신라가 정치면에서 골품제라는 배타적 정치질서에 고착되어 정치적 지배력의 한계를, 사상면에서 교종의 배타성으로 인해 사상적 지배력의 한계에 직면하여 결국 종말을 고했던 사실을 교훈 삼았기 때문이다.

신라하대 왕위다툼이 격화되고 중앙정부의 지방통제력이 약화되면서, 지방세력은 자신들의 거점을 중심으로 두각을 나타내기 시작하였는데, 이들은 군사적인 면뿐만 아니라 사상·문화적인 면에서도 성장하고 있었다. 요오선사 순지, 철감선사 도윤, 징효대사 절중 등의 선대가 지방세력으로 자리하던 사실이 이를 뒷받침해 준다. 이러한 연유로 인해 선승들은 태생적으로 중앙보다는 지방에 밀착될 수밖에 없는 근본적 성향을 지녔다. 선종 산문들이 지방에서 개창되고 지방세력의 후원으로 성장한 사실은

---

90) 金光洙,「羅末麗初의 豪族과 官班」『韓國史研究』23, 1979, 23쪽.

우연이 아니었다. 본질적으로 그들은 지방회귀 본능을 지녔기에, 신라왕실과의 결연이 절대적이지 않았다. 「도피안사 철조비로자나불」, 「쌍봉화상전」, 「징효대사비」에 기록된 지명에서 지방사회의 변동과 지방세력의 독자성이 강하게 드러난다. 신라왕실은 이를 활용하여 지배력을 강화하고자 했으나 교종에 치우쳐 사상적 편중을 보임으로써 결과적으로 실패하게 되었다.

신라말의 혼란을 수습하고 지방세력과 종교계의 변화를 수렴한 태조는 새로운 지배질서를 성립시켜 나아갔다. 그의 통일정책은 여러 방면으로 나타났는데, 불교사상계 역시 예외는 아니었다. 하지만 그의 불교정책은 단순한 '통합'의 성격을 넘어선다. 나말여초 선종 승려로서 4무외로 추앙받던 경유, 형미, 여엄, 이엄의 행적에서 그러한 모습이 드러난다. 그들은 유학승으로서 운거대사 도응을 스승으로 하여 선종의 7산문과 계통을 달리하였다. 7산문이 「회양-도일」의 선풍을 계승하였으나, 4무외는 「행사-희천」의 법맥을 이었다. 4무외 대사가 도응을 스승으로 한 것은 자신들의 선택이었지만, 4무외로 추앙받게 될 만큼 사상적으로 위치하게 된 것은 태조의 정치적 의도가 내재된 불교정책의 결과였다. 이외에 경보, 긍양, 찬유, 행적 등 태조와 연계되는 승려들도 모두 행사 계열이라는 점에서 정치적 의도가 강하게 느껴진다. 태조는 종교·사상적 균형을 위한 조치들을 이어 나갔는데, 개경과 지방의 사원 창건으로 나타났다. 창건된 26개 사원을 살펴보면 교종과 선종의 비율이 비슷하게 나타나 종파·교단의 공존과 균형을 추구했던 다원적 종교정책의 성격이 엿보인다. 태조의 승려결연과 사원창건은 종파나 교단 간 공존을 유도하여 사상적 균형을 이루려던 목적을 담고 있었던 것이다. 획일적 통합 보다는 균형적 공존이었다.

태조는 자신과 교유한 승려들을 주요 사원에 머무르게 하며 지방사회의 안정에 주력하였으며, 그와 결연한 선승들은 주석처에서 절대적인 교화력을 발휘하였다. 선승들을 지방사원에 배치한 것은 지방세력의 정신적 구심점 역할을 수행하던 사원을 효과적으로 장악하고, 이를 근거지로 하여 지방통치의 효율성을 높이려는 의도였다. 4무외 대사 등은 지방사회를 안정시키고 지방세력을 수렴하는 데 중요한 역할을 하였다. 그들이 주석한 곳은 지리적으로 교통이 뛰어나 역원의 시원적 모습을 보여주기도 했다. 사원과 승려는 지리적 한계를 뛰어넘어 사상에서 경제, 문화에 이르기까지 여러 분야에서 다양한 형태로 지방사회를 수렴하는 창구로서 중요한 역할을 했으며, 지방사회의 자율성을 상징하고 있었다.

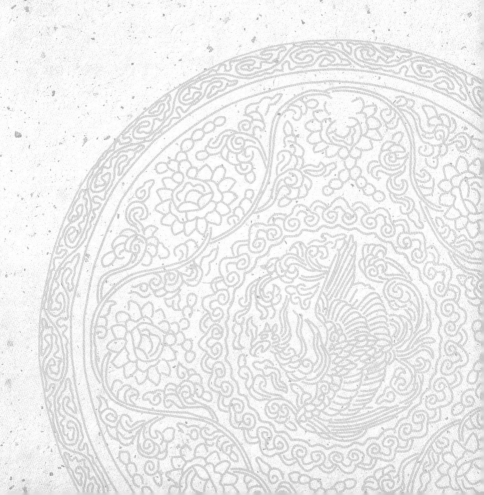

제3부

유통과 확산

제1장

고려전기 분묘 출토
자기해무리굽완의 확산과 소비양태

한 혜 선

1. 머리말

한반도의 초기청자[1] 요지에서 집중적으로 출토되고 있는 자기해무리굽완은 굽접지면의 폭이 넓은 형태가 마치 해 주위의 띠처럼 보인다고 하여 붙여진 이름이다.[2] 이 완은 고려전기 자기를 대표하는 표지유물로, 그릇의 측면이 사선으로 뻗어나간 형태여서 마치 삿갓을 엎어놓은 것처럼 보인다. 요지는 물론 소비유적에서 이 굽을 가진 자기완이 출토되면 유구나 유적의 시기를 고려전기로 결정하는 자료로 사용되고 있다.[3] 이처럼 해무리굽완은 우리나라의 자기 출현 시기와 직접 연관되어 있는 기종인 만큼 중요하게 다루어져 왔으며, 이것의 출현 시기에 대해서는 연구자들마다 견해를 달리하고 있다.[4]

---

1) 초기청자는 '해무리굽완의 출현으로부터 소멸기에 이르기까지 동반한 여러 유형의 청자류'로 정의된 바 있다. 李鍾玟,「韓國의 初期靑磁 硏究」, 홍익대학교 미술사학과 박사학위논문, 2002, 2쪽.
2) 여기에서 자기해무리굽완은 청자와 백자로 된 것을 모두 포함한다.
3) 이종민,「한국해무리굽 청자의 발생과 확산-진안 도통리 요지에 대한 이해를 위해」『진안 도통리 청자』, 국립전주박물관, 2014, 58쪽.
4) 초기청자 연구에서 해무리굽완이 차지하는 위치와 그와 관련된 여러 논점들, 그리고

해무리굽완의 출현시기에 대한 기존의 여러 견해 가운데 가장 널리 받아들여지고 있는 것은 늦어도 10세기 중반부터 한반도에서 자기가 제작되었다고 하는 주장이다.[5] 이 견해는 중국 월주요 출토품과 비교하고 해무리굽완과 공반되는 유물의 세부적인 특징들을 적극적으로 검토한 결과로, 고려초 자기의 개시가 중국 월주요의 직접적인 기술 이전에 따라 한반도 중서부지역에서 시작되었다고 보는 것이다. 또한 가장 이른 시기의 자기는 내저면에 원각이 없고 굽접지면의 폭이 좁은 이른바 '선(先)해무리굽완[玉環底]'이었음을 밝히고 있다. 선해무리굽완 다음 단계에는 내저면에 원각은 없지만 굽접지면의 폭이 넓은 '중간단계 해무리굽완[중국식]'이 제작되었고, 10세기 후반 이후가 되면 중서부지방의 전축요가 남부지역으로 이동하는 한편 내저원각이 있고 굽접지면 폭이 넓은 '내저원각 해무리굽완[한국식]' 제작으로 이어졌던 것으로 알려져 있다.[6] 이때 한국식 해무리굽완보다는 접지면의 너비가 약간 줄어든 형태의 퇴화해무리굽완도 동반 제작되었으나, 11세기에는 주로 내저원각이 있으면서 굽접지면의 폭이 넓은 형태의 한국식 해무리굽완이 더 높은 비중으로 제작되었던 것으로 보고 있다.[7] 이러한 해무리굽완의 시기별 변천과정은 시흥 방산동 청자요지와 용인 서리 백자요지의 층위발굴을 통해서 확보된 결과이다.[8]

그에 따른 연구자들의 다양한 시각에 대해서는 다음의 논문을 참고하기 바란다. 이희관, 「韓國 初期靑瓷 硏究의 現況과 問題點」 『지방사와 지방문화』 14-2, 2011, 7~43쪽.

5) 李鍾玟, 앞의 논문, 2002, 125~135쪽 ; 李喜寬, 「韓國初期靑磁에 있어서 해무리굽碗의 再檢討－韓國 靑磁 製作의 開始時期 問題의 解決을 위하여」 『美術史學硏究』 237, 2003, 43쪽.

6) 내저원각은 중국에서는 보고된 예가 없는 특징으로, 한반도에서도 중서부지역의 요지보다는 남서부지역의 요지에서 더욱 현저하게 확인되고 있다. 李喜寬, 위의 논문, 2003, 14쪽.

7) 이종민, 앞의 논문, 2014, 65쪽.

8) 海剛陶磁美術館, 『芳山大窯』, 2001 ; 三星美術文化財團·湖巖美術館, 『龍仁西里 高麗白磁窯 發掘調査報告書Ⅰ』, 1987 ; 湖巖美術館, 『龍仁西里高麗白磁窯 Ⅱ』, 2003.

이처럼 해무리굽완은 굽접지면의 너비와 내저원각의 유무가 층위에 따라 달리 나타나기 때문에 시기적인 변화양상을 파악할 수 있으며, 세부적인 차이에 의해 선후관계를 알 수 있다.

해무리굽완에 대한 기존 연구는 주로 초기청자의 출현시기를 추정하는 것에만 집중되어 그 이외의 문제들은 간과되어 왔다. 선행 연구에서도 지적되었듯이 해무리굽완을 중심으로 한 초기청자의 양상과 전개과정에 대해서는 거의 다루어진 바가 없는 것이다.9) 즉, 초기청자의 출현시기와 생산문제에서 벗어나 해무리굽완을 위시한 초기청자가 어떤 과정을 거쳐 유통·소비되었는지에 대해서 크게 관심을 두지 않았었다. 단순히 대형 사찰유적이나 고려전기에 해당하는 분묘에서 드물게 출토된다는 사실 정도만 알려져 있을 뿐이다. 그러나 도자기는 근본적으로 사용하기 위해 제작하는 것이므로 한 시대에 유행한 도자의 온전한 양상을 파악하기 위해서는 반드시 유통과 소비문제도 염두에 두어야 한다. 이러한 의미에서 소비유적에서 출토된 해무리굽완의 소비양태를 살펴보는 것은 고려전기 도자사의 전체적인 윤곽을 확인하기 위해서 반드시 필요한 작업이다.

필자는 해무리굽완이 적은 수량이긴 하지만 전국적으로 사지나 분묘에서 출토되는 것은 당시의 시대적 상황과도 관련이 있을 것으로 본다.10) 무엇보다도 해무리굽완이 분묘에 부장되는 현상이 전국적으로 확산되는 것에는 사회경제적 배경이 작용했을 가능성이 높다. 특히 고려전기 중앙에서 지방지배를 효율적으로 확립하기 위해 추진했던 여러 정책들은 당시 상류층 문화였던 해무리굽완 확산의 전제조건 내지 배경이 되었다고 생각

---

9) 이희관, 앞의 논문, 2011, 42쪽.

10) 필자가 해무리굽완을 중심으로 고려전기 분묘의 모습을 살펴보는 이유는 이것이 가장 대표적인 부장품이기 때문이다. 고려전기 분묘의 부장품 수량은 이후 시기에 비해 전반적으로 적은 편으로, 대체로 자기해무리굽완 1점, 도기병 1점으로 구성된다. 물론 일부 고려전기 분묘에서 다양한 종류의 자기와 도기가 확인되기는 하지만 그리 흔한 일은 아니다. 따라서 고려전기의 분묘라는 점을 가장 직접적으로 보여주는 것으로 해무리굽완을 꼽을 수 있다.

한다. 따라서 해무리굽완의 분묘 부장은 단순히 청자의 양적 확산이라는 의미뿐만 아니라 그것을 향유하고 소유할 수 있는 지방지배층의 존재와 성격, 또는 해무리굽완의 부장 의미와 관련이 있을 것으로 추정된다. 이를 파악하기 위해서는 해무리굽완의 소비양태를 보다 면밀하게 검토할 필요가 있다. 따라서 1차적으로 해무리굽완이 출토되는 분묘 현황을 정리하여 분포양상을 분석할 것이다. 이것을 토대로 해무리굽완이 전국적으로 확산되었음을 확인하고 이러한 현상이 발생한 원인을 당시의 시대적 배경에서 찾아보려고 한다. 이러한 시도는 단순히 해무리굽완의 출현과 생산에 관련된 문제에서 벗어나 소비 문제에도 접근하는 하나의 방법이 될 것이라고 생각한다.

2. 해무리굽완 출토 분묘의 현황과 양상

해무리굽완의 시기구분에서 가장 우선시되는 것은 굽접지면의 너비와 내저원각의 유무이다.[11] 이를 기존의 발굴결과와 연구성과를 종합하여 각 유형별 특징과 유행시기를 정리하면 다음의 <표 1>과 같다.[12] 뒤의 <표 2>에서는 <표 1>에서 제시한 해무리굽완의 유형별 특징을 염두에 두고 분묘 출토 해무리굽완을 분류할 것이다.

필자가 확인한 바에 의하면 북한지역을 제외하고 지금까지 전국에서 고려시대 분묘를 포함하고 있는 유적은 183개소 이상이며, 개별 분묘수는 890기 이상이다.[13] 이중에서 고려전기 자기해무리굽완을 포함하고 있는

---

11) 내저곡면 해무리굽완은 통상적으로 '중국식 해무리굽완'으로, 내저원각 해무리굽완은 '한국식 해무리굽완'으로 부르고 있으나 여기에서는 보다 분명하게 기형의 차이를 드러내기 위해 '내저곡면'과 '내저원각'으로 부르도록 하겠다.
12) 이종민, 앞의 논문, 2002, 116쪽 <표 7>과 163쪽 <도면 19>를 참고하여 작성하였다.
13) 이 수치는 2013년 말까지 발간된 보고서 중 분묘유적을 선별한 후, 각 유적에서

〈표 1〉 자기해무리굽완의 유형과 유행시기

유형	선해무리굽완	내저곡면(=중국식)	내저원각(=한국식)
도면 및 사진			
특징	-굽접지면폭 0.5~0.8㎝ -내저원각 없음	-굽접지면폭 1.1㎝ 내외 -내저원각 없음	-굽접지면폭 1.2㎝ 내외 -내저원각 있음
유행시기	10세기 전중반	10세기 중반~후반	10세기 후반~11세기

분묘를 정리하면 다음 <표 2>와 같이 50기 이상이다.[14) 여기에서 해무리

도기를 포함하고 있는 개별 분묘의 수를 집계한 것이다. 따라서 도기를 포함하지 않고 청자 또는 銅器만이 출토된 분묘는 집계에서 빠져 있으므로, 이러한 상황을 감안하면 전체 발굴유적에서 고려분묘가 포함된 유적의 수와 개별 분묘수는 여기에서 제시한 것보다 훨씬 많을 것이다. 韓惠先, 「高麗時代 陶器 研究」, 이화여자대학교 미술사학과 박사학위논문, 2014, 95~131쪽 참조.

14) 이 표는 필자가 박사논문 작성시 조사한 고려분묘 중 도기와 자기해무리굽완을 포함하고 있는 유적을 중심으로 하고 최근의 발굴성과를 더해서 정리한 것이다. 워낙 보고서가 많이 출간되기 때문에 누락이 있을 수 있으나 해무리굽완의 전국적인 분포양상을 보여주는 데는 크게 무리가 없을 것으로 생각되며, 추후 유적 사례는 계속 보강하도록 하겠다. 출토현황에 활용된 발굴보고서는 다음과 같다. 기호문화재연구원, 『光敎 新都市 文化遺蹟(12·13·14지점)』, 2011 ; 明知大學校博物館, 『용인 마성리 마가실유적 시굴조사 보고서』, 2008 ; 畿甸文化財研究院, 『龍仁 寶亭里 소실遺蹟』, 2005 ; 中央文化財研究院, 『坡州 雲井遺蹟Ⅰ-3·4·5·6地點』, 2011 ; 韓國文化財保護財團, 『平澤 龍耳洞 遺蹟』, 2011 ; 기호문화재연구원, 『華城 桐化里遺蹟』, 2007 ; 韓國文化財保護財團, 『慶山 林堂遺蹟(Ⅰ)-A~B地區 古墳群』, 1998 ; 韓國文化財保護財團, 『慶山 林堂遺蹟(Ⅲ)-D-Ⅰ·Ⅲ·Ⅳ地區 古墳群』, 1998 ; 韓國文化財保護財團, 『慶山 栢泉洞 166番地 一圓 共同住宅 建立敷地內 遺蹟』, 2010 ; 嶺南文化財研究院, 『高靈 池山洞古墳群 Ⅵ-高麗·朝鮮 墳墓』, 2006 ; 慶尙北道文化財研究院, 『尙州 屛城洞 古墳群』, 2001 ; 韓國文化財保護財團, 『尙州 靑里遺蹟(Ⅸ)』, 1999 ; 韓國文化財保護財團, 『尙州 佳庄里 古墳郡』, 2002 ; 慶北科學大學博物館, 玄風−金泉間 高速國道(第45號線) 建設敷地內 文化遺蹟發掘調查報告書−星州 차동골 遺蹟』, 2007 ; 圓光大學校 馬韓百濟文化研究所, 『鎭安 龍潭댐 水沒地區內 文化遺蹟 發掘調查 報告書 Ⅴ−壽川里高麗古墳群 外』, 2001 ; 백제문화재연

〈표 2〉 분묘 출토 해무리굽완 현황 (a : 선해무리, b : 내저곡면, c : 내저원각)

번호	지역	유적명	유구명	성격	자기	도기	청동기
1	경기	광교신도시	13지점 1호	석곽묘	백자완(c)	편구병	동곳, 숟가락
2	경기	용인 마성리 마가실	고려	석곽묘	청자완(a)	4면편병	
3	경기	용인 보정리 소실	23호	석곽묘	백자완(c), 백자잔3, 백자잔탁, 백자접시2	2면편병, 발	숟가락
4	경기	파주 운정 I	5지점 4호	토광묘	백자완(c)		
5	경기	파주 운정 I	5지점 22호	토광묘	청자완(c)	소병	동곳
6	경기	평택 용이동	III지구 2호	석곽묘	청자완(c)	2면편병	
7	경기	화성 동화리	C지역 1호	석곽묘	백자완(c)	반구병 구연	
8	경북	경산 임당(I)	A-6호	토광묘	청자완(c)	반구병 (참외형)	동곳
9	경북	경산 임당(III)	D-IV-12호	토광묘	청자완(c), 청자발	반구병	동곳
10	경북	경산 임당(III)	D-III-12호	석곽묘	청자완(c)2	반구병, 병, 완	
11	경북	경산 백천동		석곽묘	청자완(c)2, 청자소병	1면편병	
12	경북	고령 지산동(VI)	I-34호	토광묘	청자완(c)	반구병	
13	경북	고령 지산동(VI)	I-44호	토광묘	청자완(c)	반구병	
14	경북	상주 병성동	K-1호	석곽묘	백자완(b)	1면편병	
15	경북	상주 병성동	K-2호	석곽묘	백자완(b)	1면편병	
16	경북	상주 청리(IX)	H-가구역 6호	석곽묘	청자완(b)	2면편병	
17	경북	상주 가장리	2호	석곽묘	청자완(c)	발	
18	경북	성주 차동골B	66호	목관묘	청자완(b)	2면편병	
19	경북	성주 차동골B	29호	목관묘	청자완(c)	장경병	
20	전북	진안 수천리	5호	석곽묘	청자완(c), 청자향완, 녹갈유2면편병	발	발2, 접시, 완, 숟가락
21	전북	진안 수천리	7호	석곽묘	청자완(c), 청자반구장경병	발	
22	전북	진안 수천리	28호	석곽묘	청자완(c), 청자음각연판문반구장경병		
23	전북	진안 수천리	35호	석곽묘	청자완(c)	반구병, 발, 소병	접시, 발3
24	전북	진안 수천리	42호	석곽묘	청자완(c), 청자음각연판문반구장경병	대부발, 접시	발, 접시, 숟가락
25	충남	대전 미호동	I지역 1호	석곽묘	청자완(c)	발, 2면편병	
26	충남	대전 미호동	I지역 4호	석곽묘	청자완(c)	1면편병, 2면편병, 완	

27	충남	대전 미호동	Ⅰ지역 8호	석곽묘	청자완(c), 청자잔	2면편병, 접시	접시
28	충남	대전 미호동	Ⅰ지역 10호	석곽묘	청자완(c), 청자철화 초문발		
29	충남	대전 용계동	1호	석곽묘	청자완(a), 청자접시	1면편병, 등잔	
30	충남	대전 용계동	16호	석곽묘	청자완(c), 청자병	소병	
31	충남	대전 노은동	A-1지구5호	석곽묘	청자완(b)	1면편병, 접시	대각편, 숟가락
32	충남	대전 노은동	A-1지구7호	석곽묘	청자완(b)	장경병, 등잔	
33	충남	부여 가중리 산직리	3호	석곽묘	청자완(c), 청자잔2	2면편병	
34	충남	연기 갈운리 Ⅱ	1지구 3호	석곽묘	청자완(b)	1면편병	
35	충남	연기 갈운리 Ⅱ	2지구 11호	석곽묘	청자완(b), 청자접시	반구병	
36	충남	연기 송담리 송원리	KM-001	석곽묘	청자완(c)	장경병	
37	충남	천안 불당동	5호	석실분	청자완(b)	1면편병	
38	충남	논산 원남리 정지리	Ⅱ-3지역 B· C지점 91호	토광묘	청자완(c)	4면편병	
39	충남	공주 신관동	2호	석곽묘	청자완(c)	2면편병	청동합, 동곳
40	충남	서천 추동리	G-11호	석곽묘	청자완(c), 청자잔, 청자1면편병		
41	충북	단양 하방리	6호	석곽묘	청자완(c), 청자편구병	2면편병	
42	충북	단양 현곡리	5호	석곽묘	청자완(b), 청자잔탁, 청자유병		
43	충북	보은 부수리	5호	석곽묘	청자완(b)	1면편병	
44	충북	보은 부수리	6호	석곽묘	청자완(b), 청자잔	1면편병, 2면편병	
45	충북	보은 부수리	21호	석곽묘	백자완(c)		
46	충북	보은 부수리	24호	석곽묘	청자완(b)		
47	충북	오창 학소리	8호	석곽묘	청자완(a)	4면편병	
48	충북	청원 만수리	2호	석곽묘	청자완(b), 청자음각 연판문반구장경병, 청자완	4면편병	
49	충북	충주 영평리 Ⅱ	7호	석곽묘	청자완(c), 청자발, 청자접시, 청자반구병		
50	충북	충주 영평리 Ⅱ	22호	석곽묘	청자완(c), 청자병		
51	충북	충주 영평리 Ⅱ	23호	석곽묘	청자완(c)	반구병	
52	충북	충주 영평리 Ⅱ	9호	토광묘	청자완(c)		

구원, 『大田 渼湖洞 文化遺蹟 1·2次 發掘調査 報告書』, 2009 ; 中央文化財硏究院, 『大田

굽의 유형 구분은 보고서의 기술내용을 참조하고 직접 필자가 도면과 사진을 보고 판단하였다.

<표 2>에서 보듯이 지금까지 확인된 자기해무리굽완을 포함하고 있는 고려시대 분묘는 전국에 걸쳐 분포하고 있다. 현재의 행정구역을 중심으로 살펴보면 경기도 7기, 경상도 12기, 충청도 28기, 전라도 5기가 분포한다. 이것을 다시 고려시대 행정구역으로 정리하면 현재의 경기도와 충청도 지역인 양광도와 경상도 지역에 집중되는 양상을 살필 수 있다. 현재의 경기도 일대 분묘들은 고려시대에도 경기에 속하였으며, 지금의 대전·연기·논산 지역은 양광도 청주목 영역이었다.[15]

한편 충북 보은 부수리의 경우 현재는 충청북도에 해당하지만 고려시대에는 경상도 상주목 소속이었다.[16] 고려시기 상주목 영역은 현재 경상북도의 북쪽과 서남쪽 지역이 중심이고 충남과 충북의 동남쪽 지역이 일부 포함된 영역으로, 신라 후기 9주 중의 하나인 상주와 대체로 일치한다.[17] 대부분의 분묘가 상주목·충주목·공주목과 같이, 고려전기에 그 지역에서 중심지 역할을 하던 대읍에 주로 집중되어 있다.

지금까지의 연구에 따르면 고려시대 분묘는 구조에 따라 석실분(石室墳),

龍溪洞遺蹟』, 2011；忠淸文化財硏究院,『扶餘 佳中里 가좌·산직리 및 恩山里 상월리 유적』, 2006；中央文化財硏究院,『燕岐 葛雲里遺蹟 Ⅱ』, 2011；韓國考古環境硏究所,『燕岐 松潭里·松院里 遺蹟－본문(1), 본문(2)』, 2010；忠淸南道歷史文化院,『天安 佛堂洞 遺蹟』, 2004；忠淸南道歷史文化院,『論山 院南里·定止里遺蹟』, 2012；한남대학교중앙박물관,『대전 노은동 유적』, 2003；忠淸文化財硏究院,『公州 新官洞 遺蹟』, 2006；忠淸文化財硏究院,『舒川 楸洞里 遺蹟－Ⅰ地域』, 2006；서울시립대학교박물관,『丹陽 玄谷里 高麗古墳群』, 2008；충주박물관,『丹陽 下坊里古墳群 發掘調査 報告書』, 1997；中央文化財硏究院,『報恩 富壽里古墳群』, 2004；中原文化財硏究院,『梧倉 鶴巢里·場垈里 遺蹟』, 2008；中央文化財硏究院,『淸原 萬水里 墳墓遺蹟』, 2007；中央文化財硏究院,『忠州 本里·永平里·完五里遺蹟』, 2009.
15) 박종진,「고려시기 주현 속현 단위 설정 배경에 대한 시론－'청주목 지역'의 지리적 특징의 분석」『한국중세사연구』 25, 2008, 379쪽.
16) 朴宗基,「『高麗史』 地理志 譯註(7)－尙州 編」『한국학논총』 29, 2007, 317쪽.
17) 박종진,「고려시기 상주목지역의 구조와 지리적 특징」『한국중세사연구』 29, 2010, 305쪽.

석관묘(石棺墓), 석곽묘(石槨墓),[18] 토광묘(土壙墓), 화장묘(火葬墓) 등으로 구분되는 것으로 밝혀졌다.[19] 크게 왕실의 무덤이었던 석실분을 정점으로 고위귀족의 무덤인 판석조 석곽묘, 그 이하 계층은 석곽묘와 토광묘를 사용한 것으로 추정된다. 이중에서 석곽묘와 토광묘가 가장 많은 비율을 차지하는데, 고려전기에는 석곽묘가 좀 더 비중이 높고 중기 이후에는 토광묘의 개체수가 많아지는 것으로 알려져 있다. 앞의 <표 2>를 보면 해무리굽완이 출토된 분묘의 구조는 석실분 1기, 석곽묘 41기, 토광묘 10기로 나타나 석곽묘가 약 80%를 차지한다. 여기에서 해무리굽완을 포함하고 있는 분묘는 상당수가 석곽묘라는 점이 주목되는데, 석곽묘는 토광묘

와 달리 땅을 파고 구획을 한 후 돌을 쌓아서 만들기 때문에 토광묘에 비해 시간과 노동력이 더 투여되어야 한다.[20](<사진 1>) 즉, 구조상 제작과정에서 높은 비용이 들어가는 것이 필연적이며, 심지어 당시 귀한 물건으로 취급되었던 청자까지 부장하였다는 것은 묻힌 사람 혹은 무덤 조성자가 일정정도 부와 세력을 가졌던 부류임을 말해준다. 이 부분에 대해서는 4장에서 자세히 살펴보도록 하겠다.

〈사진 1〉 대전 노은동유적 석곽묘 전경, 한남대학교 중앙박물관 발굴

해무리굽완은 청자 또는 백자가 부장되었는데, 백자보다는 청자가 압도적으로 많다. 해무리굽완의 시기를 구분하는 데 있어 중요한 단서가 되는

18) 석곽묘는 석재의 상태에 따라 판석조와 할석조로 구분하기도 한다.
19) 이희인, 「中部地方 高麗古墳의 類型과 階層」『韓國上古史學報』 45, 2004, 110쪽.
20) 국사편찬위원회 편, 『상장례, 삶과 죽음의 방정식』, 두산동아, 2005, 218쪽.

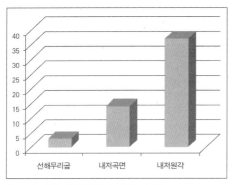

〈표 3〉 해무리굽완의 유형별 수량

내저원각의 유무로 보면, 내저곡면이 14점인 것에 비해 내저원각 해무리굽완은 37점으로 상당량 증가한 것으로 나타난다.(〈표 3〉) 이것은 내저원각 해무리완이 본격적으로 제작되기 시작하는 10세기 후반 이후에 분묘의 조영이 이전보다 활발해졌음을 시사하는 것이다.

또한 10세기 후반 이후부터 내저원각의 소위 '한국식 해무리굽완'이 전국적으로 확산되는 한편, 공반되는 청자와 도기의 종류와 수량도 이전 시기에 비해서 증가하는 현상을 보인다. 앞의 〈표 2〉에서 확인되듯이 10세기대에 제작된 것으로 알려진 선해무리굽완과 내저곡면 해무리굽완은 도기편병 정도와 공반된 채 소량만 확인된다. 반면에 내저원각 해무리굽완이 부장되는 10세기 후반 이후가 되면 청자접시, 청자잔, 청자반구장경병, 도기편병, 도기소병, 도기반구병 등으로 종류가 다양해지고 한 분묘당 출토유물의 수량이 늘어난다. 이것은 곧 청자의 종류와 생산량이 이전보다 증대되었음을 보여주며, 이와 동시에 도기도 종류가 한층 풍부해진 것을 확인할 수 있다.

지금까지 살펴본 바와 같이 고려전기 해무리굽완이 부장된 분묘는 비교적 전국적으로 분포하고 있으며, 손쉽게 조성할 수 있는 토광묘보다는 구조가 복잡하고 제작과정에 많은 노동력과 비용이 들어가는 석곽묘가 다수를 차지하고 있었다는 사실을 알 수 있다. 또한 본격적으로 내저원각 해무리굽완이 부장되는 10세기 후반 이후의 분묘에서는 공반되는 청자와 도기의 숫자가 증가하면서 기종도 다양해지는 면모를 보인다. 이러한 양상은 11세기대 청자의 생산량이 증가하는 한편 소비의 영역도 확대되었음을 말해주는 것이다. 이렇게 해무리굽완의 소비가 전국적으로 확산되는 것에는 당시 그것을 적극적으로 견인했던 여러 배경들이 작용했기 때문으로, 다음에서는 그 확산 과정과 경로에 대해 살펴보도록 하겠다.

3. 해무리굽완 확산 과정과 경로

1) 자기요지의 분포 확대와 생산량 증가

앞장에서 살펴본 바와 같이 10세기 후반 이후에 주로 제작되었던 내저원각 해무리굽완의 소비가 그 이전 시기의 해무리굽완보다 수적으로 월등히 증가하였다. 이것은 생산량 증가가 담보되어야 가능한 일로, 이 시기 자기요지에 어떤 변화가 있었는지 살펴보기로 하자.

10세기 전·중반 자기생산 초기에는 주로 중서부지역에 가마가 위치했다. 이때 설치된 가마는 황해도 배천 원산리와 봉암리[21]를 비롯하여 경기도 시흥 방산동, 경기도 용인 서리, 경기도 여주 중암리[22] 등이다. 이들 가마에서는 해무리굽완을 위시한 차도구가 다수 출토되었는데, 시흥 방산동의 경우 전체 생산량의 50% 이상을 차도구로 사용된 완이 차지하고 있다. 이외에도 지표조사를 통해 양주 부곡리와 고양 원흥동에서도 해무리굽완이 제작되었던 사실이 알려져 있다. 이렇게 중서부지역에서 활발히 활동하던 자기요지의 상당수가 폐요(廢窯)되고 자기 생산의 중심지가 서남해안으로 이동한 것은 10세기 후반부터 이어진 거란의 침입이 1차적인

---

21) 조선유적유물도감편찬위원회, 「봉암리자기가마터」『조선유적유물도감』 12, 1992 ;「봉천군 원산리 자기가마터」『조선유적유물도감』 12, 1992.

22) 경기도박물관, 『驪州 中岩里 高麗白磁窯址』, 2004.

원인이었다. 수차례에 걸쳐 이어진 거란과의 전쟁으로 개경을 중심으로
한 중부지방이 막대한 피해를 입게 되었고, 전쟁에 대비하기 위한 대규모
의 성곽 축성으로 인해 전축요 운영은 차질이 불가피할 수밖에 없었다.[23]

이렇게 10세기 후반 이후 중서부지역에 위치한 초기 전축요들이 대부분
소멸하고 새롭게 남서부지역에서 청자요업이 활발하게 전개되면서 이와
더불어 청자를 중심으로 한 자기 생산이 확대되기 시작하였다.[24] 한편
청자생산지의 이동과 더불어 가마구조가 변화하며, 규모가 큰 전축요에서
길이가 줄어든 한반도 전통방식의 토축요로 간편화되었다.[25]

청자 생산지가 남부로 이동하면서 전반적으로는 생산지 자체가 수적으
로 증가하였는데, 결국 전체적으로 보면 청자 생산이 증가하였다. 이러한
청자 자체의 생산 증가와 함께 국가가 중앙에서 지방을 통제하고 관리할
수 있는 조운제와 같은 제반 시스템이 확립되면서 고려전기 자기요지들이
서남해안과 같이 개경과 멀리 떨어진 곳으로 이동하게 되었던 것으로
추정된다.[26] 즉 개경과 지방이 이전보다 상호간에 긴밀하게 연결될 수
있는 기반이 확보되었기 때문에 자기요지의 이동이 가능하였던 것이다.

이때 활동한 대표적인 요지 중 발굴조사가 이루어진 곳으로는 전남
강진 용운리, 강진 삼흥리, 고창 용계리, 진안 도통리 등을 들 수 있다.[27]
이중에서 강진 용운리 63호, 9호, 10-I층의 발굴조사에서 10세기 후반
이후에 해당하는 내저원각 해무리굽완이 다수 출토되었다. 고창 용계리와

---

23) 이종민, 「고려초 청자생산 중심지의 이동과정 연구」, 『역사와 담론』 58, 2011, 291쪽.
24) 이종민, 위의 논문, 2011, 279쪽.
25) 이종민, 「韓國 初期靑磁 生産窯址의 分布와 性格」, 『역사와 담론』 63, 2012, 158쪽.
26) 이종민, 위의 논문, 2012, 177쪽.
27) 國立中央博物館, 『康津龍雲里靑磁窯址 發掘調査報告書-本文編』, 1997 ; 民族文化遺産研
   究院, 『康津 龍雲里 63號 高麗靑瓷窯址 發掘調査 報告書』, 2015 ; 湖南文化財研究院, 『康津
   三興里窯址 I』, 2004 ; 圓光大學校 馬韓百濟文化研究所, 『高敞牙山댐 水沒地区發掘調査
   報告書』, 1985 ; 대한문화재연구원, 『高敞 龍溪里 靑磁窯址』, 2015 ; 군산대학교박물관
   ·국립전주박물관, 『진안 도통리 초기청자 요지 I』, 2016.

진안 도통리 청자요지는 중서부지방에서 서남해안으로 청자 생산지가 이동하는 루트 상에 위치하고 있다. 최근 발굴조사가 이루어진 고창 용계리 청자요지에서는 가마와 함께 11세기대에 해당하는 청자가 다수 출토되었고, 진안 도통리도 최근 발굴조사를 통해 전기에 활발히 활동했던 가마로 알려졌다.

10세기 전·중반 중서부지역을 중심으로 활동하던 자기요지는 10세기 후반 거란침입 이후 많이 줄어들긴 하지만 여전히 경기도 용인 서리, 여주 중암리와 같은 곳은 요업을 지속하고 있었다. 또한 남서부로 이동하는 중간지역인 충남 서산 오사리, 전북 고창 용계리, 진안 도통리요지에서 해무리굽완의 생산이 확인되고 있고 전남의 강진 용운리, 삼흥리를 비롯하여 해남 신덕리, 고흥 운대리, 장흥 풍길리 등의 요지가 활동했다. 이외에도 경상도의 대구 진인동, 칠곡 창평리에서도 해무리굽완을 생산했던 요지가 알려져 11세기 청자요지가 수적으로 증가한 현상은 사실로 확인된다. 11세기 한반도의 자기요업은 자기생산 초반에 비하면 수적으로나 양적으로 모두 확대되었다고 볼 수 있다.

이렇게 10세기에 비해 생산량이 증가한 해무리굽완은 소비지에서도 이전시기에 비해 더 많이 확인된다. 특히 11세기대를 중심으로 하는 내저원각 해무리굽완은 분묘뿐만 아니라 사찰유적에서도 많이 출토되었다. 이 내저원각 해무리굽완은 지금까지 발굴조사가 이루어진 고려시대 중요 사찰 유적 대부분에서 많은 수량은 아니지만 빠짐없이 출토되고 있다.[28] 이것은 11세기 청자의 소비 확대가 분묘뿐만 아니라 사찰에서도 이루어졌음을 보여준다. 청자요지의 수적 증가와 소비지에서의 출토 빈도와 수량이 많아진 것은 11세기 이후 청자의 사용량과 분포범위가 이전 시기에 비해 넓어졌다는 사실을 보여준다.

---

28) 李鍾玫, 「高麗時代 寺址 出土 磁器의 器種과 性格－생산과 소비의 관점에서」, 『흙으로 빚은 우리 역사』, 용인대학교 박물관, 2004, 110쪽.

2) 해무리굽완의 전국적인 확산경로

앞에서 살펴본 바와 같이 내저원각 해무리굽완은 11세기 자기요지의 확대와 더불어 생산량이 증가하였다. 이렇게 제작된 해무리굽완은 여러 루트를 통해 소비지로 확산되었는데, 이러한 확산의 구체적인 모습은 당시 국가의 지방지배체제 정비, 유통망, 상업체계와 연동하여 여러 가지 방법으로 이루어졌을 것으로 생각된다. 구체적으로 현재까지 어떤 루트를 통해 소비지로 유통되었는지 입증할 수 있는 문헌이나 실물자료가 존재하는 것은 아니지만 당시의 상황을 통해 몇 가지 가능성을 상정해 볼 수 있을 것이다.

먼저 조운제와 연관하여 강진·해남·고흥·고창 등 해안지역에서 생산된 청자가 전국 각지로 유통되었던 루트를 생각해 볼 수 있으며, 두 번째로 특정 지방의 생산지에서 소비지로 바로 연결되는 지방장시를 통한 확산, 세 번째 당시 지역거점으로 활동했던 원과 사찰을 통한 유통 등이 있겠다. 여기에서는 위의 여러 가능성을 염두에 두면서 해무리굽완이 생산지에서 분묘와 같은 소비지로 어떤 방식으로 유통이 이루어졌을 것인가에 대해 추정해보도록 하겠다.

물자가 활발하게 이동하는 상업활동은 기본적으로 교통로 정비가 선행되지 않으면 불가능하다. 이런 점에서 10세기 후반~11세기 초반에 이루어진 조운로와 역제(驛制)의 정비는 중요한 의미를 지닌다. 고려국가는 한반도의 환경을 적극 활용하여 바다와 강을 통한 조운로와 육로를 활용한 역제를 적절히 결합함으로써 조세의 안정적 확보뿐만 아니라 중앙집권화의 기틀을 마련하였다. 이것이 이루어진 시기가 바로 성종~현종대이다.

고려의 조운제는 세금인 세곡을 지방에서 수도로 운송하기 위해 몇몇 요충지에 인근 지역의 세곡을 수합하여 선박으로 한꺼번에 수도로 운송하는 제도이다.[29] 이것은 성종대 국가재정원인 세곡을 원활하게 운송하기 위해 전국에 분포하는 포구 중 60개의 주요 포구를 선정하여 각 포구의 운송여건에 따라 운송비용인 수경가(輸京價)를 책정하는 60포제(浦制)를 거쳐 성립된 것이다.[30] 조창은 수운이 가능한 하천 또는 바다를 끼고 있는 남방 각도의 고을에 12개의 창고가 설치되었고[31] 이것은 현종 말엽에 성립되었다.[32] 문종대에 안란창이 추가되면서 13개의 조창이 완성되었으며 고려후기까지 지속되었다.[33] 바다를 중심으로 운영된 조운로는 고려에서 많은 양의 물자를 한꺼번에 수송하기에 가장 적당한 루트였고 자기는 다른 품목에 비해 중량이 무겁고 깨지기 쉬운 특성을 가지고 있으므로 대부분이 해상의 조운로를 따라 운송되었을 것으로 추정된다.[34] 이에 대해 이종민은 11세기경 전남 서남부 해안가에서 생산된 도자기들은 당시 완성된 조운체계를 통해 개경으로 유통되었다고 보고 있다.[35]

여기에 육상교통을 중심으로 한 역제의 정비도 이 시기에 이루어졌다. 성종대에 역 운영에 필요한 물적 기반인 공해전을 지급하는 규정을 제정하는 등 역제에 대한 본격적인 정비를 시작하였다.[36] 또한 대외 정세와 지방제도 개편에 발맞추어 북방변경에 대한 방어태세를 구축하기 위해 마련된 교통운영체제인 6과체제도 시행되었다.[37] 성종~현종대 고려의

---

29) 김덕진, 「고려시대 조운제도와 조창」 『고려 뱃길로 세금을 걷다』, 국립해양문화재연구소, 2009, 136쪽.

30) 한정훈, 『고려시대 교통운수사 연구』, 혜안, 2013, 82쪽.

31) 『고려사』 권72, 식화2 漕運, "國初 南道水郡 置十二倉 忠州曰德興 原州曰興元 牙州曰河陽 富城曰永豐 保安曰安興 臨陂曰鎭城 羅州曰海陵 靈光曰芙蓉 靈巖曰長興 昇州曰海龍 泗州曰通陽 合浦曰石頭 又於西海道 長淵縣 置安瀾倉 倉置判官."

32) 한정훈, 앞의 책, 2013, 289쪽.

33) 李準光, 「海底引揚 靑磁와 高麗時代 海上流通 類型」 『미술사연구』 28, 2014, 216쪽.

34) 張南原, 「漕運과 도자생산, 그리고 유통－海底引揚 고려도자를 중심으로」 『미술사연구』 22, 2008, 179쪽.

35) 이종민, 앞의 논문, 2011, 303쪽.

36) 한정훈, 앞의 책, 2013, 62~64쪽.

37) 鄭枏根, 「高麗·朝鮮初의 驛路網과 驛制 硏究」, 서울대학교 국사학과 박사학위논문, 2008, 47쪽.

역로망은 각 지방으로 더욱 확장되어 중소 군현으로 연결되는 소로들까지 거의 포괄할 정도로 짜임새를 갖추게 되었다.[38] 현종대 전국단위의 단일한 역로망인 22역도체계가 성립되는데, 이것은 역도를 대중소로 구분하여 운영하는 것으로 후에 한국의 전형적인 교통로 관리방식이 되었다.[39] 무엇보다도 역으로 구성된 22역도망은 물화와 정보의 장소 이동로였다.[40] 바다를 중심으로 한 조운제와 육로를 중심으로 한 22역도체계가 지방지배 체제의 정비와 함께 성종~현종대에 이루어짐으로써 고려국가는 지방지 배를 보다 원활하게 할 수 있는 기틀을 마련하였다.

이렇게 조운제를 중심으로 한 조세운송체제와 22역도를 중심으로 한 교통로의 정비는 결론적으로 이전 시기보다 자기생산과 소비의 증가를 견인하였고, 이를 바탕으로 해무리굽완과 같은 물질문화가 확산되었을 가능성이 높다. 특히 조운제는 강진이나 해남을 비롯한 해안에 위치한 자기 생산지에서 생산한 청자를 중앙으로 안정적으로 이동하는데 결정적 역할을 하였고, 이 중 강진의 고급청자가 개경을 통해 전국각지로 퍼져나 가는 계기가 되었다고 생각된다.

또한 교통로의 정비와 관련해서 흥미로운 사실이 확인된다. 경상도지역 의 역은 상주, 경산부, 안동부와 같이 개경 방면으로 향하는 교통요지에 밀집 분포하는데[41] 이들 지역에 주로 고려전기 석곽묘가 위치하고 있다. 여기에는 해무리굽완과 같은 청자가 부장되었다. 이들 지역은 중앙과의 소통이 용이한 곳으로, 이러한 루트를 통해 중앙으로 운송되었던 청자의 일부가 각 지역으로 전해졌을 가능성이 있다.

해무리굽완의 확산경로 중 두 번째로 생각해 볼 수 있는 것이 특정지역

---

38) 鄭枖根, 앞의 논문, 2008, 32쪽.
39) 한정훈, 앞의 책, 2013, 101쪽.
40) 한정훈, 위의 책, 2013, 31쪽.
41) 한정훈, 위의 책, 2013, 111쪽.

생산품이 특정지역에서 소비되는 방식이다. 지금까지 연구된 바에 따르면, 고려시대 상업은 수도의 시전과 지방의 군현시를 중심으로 하여 이루어졌으며, 개경의 시전에서는 도시의 생활에 필요한 물품들을 판매한 것으로 알려져 있다. 이중 지방의 상업은 장시를 중심으로 이루어졌는데, 당시 장시는 행정도시에서 비상설적으로 열렸다. 한낮에 장시가 열리면 여러 계층의 사람들이 소유한 물품을 가지고 와서 직접 교역하는 형태였다.[42] 따라서 장시를 이용하는 사람들은 장이 서는 근처에서 왕복으로 하루거리 내에서 거주하였다.[43] 이렇게 지방장시를 통한 해무리굽완의 유통은 몇 곳의 사례를 통해서 추정해 볼 수 있다. 대표적인 예로 11세기대 경기도일

대에서 백자를 생산했던 용인 서리 백자요지 인근에 위치한 용인 보정리 소실유적에서 백자 해무리굽완이 출토된 것을 들 수 있다. 또한 여러 점의 청자해무리굽완이 출토된 전북 진안 수천리의 경우, 최근 조사된 진안 도통리요지에서 출토된 청자와 유사성이 있다.(<사진 2, 3>)

〈사진 2〉 진안 수천리 7호 석곽묘 출토 청자해무리굽완. 원광대학교 마한백제문화연구소 발굴

한편 분묘의 근거리에 청자요지가 존재하지 않지만 해무리굽완이 부장되는 경우는 원거리 유통의 결과라고 할 수 있을 것이다. 원거리 지역 간에 이루어지는 유통경제는 다량의 상품이나 포, 쌀과 같은 지불수단을 원활하게 운송할 수 있는 조건을 갖추어야 활성화될 수 있다. 이때 중요시설로 활용된 것이 원(院)이다.[44] 고려시기의 원은 불교계와 깊이 연결되어

---

42) 『고려도경』 권3, 城邑 貿易, “蓋其俗無居肆 惟以日中爲虛 男女老幼官吏工 各以其所有 用以交易 無泉貨之法 惟紵布銀鉼 以准其直 至日用微物 不及疋兩者 則以米計錙銖而償之 然民久安其俗, 自以爲便也.”

43) 李景植, 「16世紀 場市의 成立과 그 基盤」『韓國史研究』 57, 1987, 76쪽.

44) 원은 통일신라시대부터 있었으며 고려시대에 다수 조성되었다. 이것이 언제부터

〈사진 3〉 진안 도통리 청자요지 출토 청자해무리굽완, 군산대학교 박물관 발굴

운영되었는데, 교통로상에 위치하고 있으면서 행려(行旅)들에게 숙식을
제공하고 우마에게는 꼴을 공급하였다. 따라서 원은 일반 사찰과 달리
주로 교통로이면서 지형이 험하고 짐승과 도적의 피해가 속출하는 곳이나
하천연안에 위치하여 행려가 도적들에게 습격을 받는 것을 방지하였다.[45)
원거리 장시사이에는 상려(商旅)라 불리는 행상들이 활동하였는데, 그들은
멀리 떨어진 지방 사이의 상품 유통을 담당하였다.[46) 그들은 강상(江商),
해고(海賈), 부상(負商) 등의 형태로 장시를 돌아다니며 상업에 종사했다.
원이 늘어나면 행상들이 활동하기가 편해져서 지역간에 물자 유통을 촉진
시키는 효과가 있었다.[47) 이것은 원을 통해서 인적·물적 이동과 교류가
가능했기 때문이며,[48) 원이 물화 유통에서 중요한 역할을 담당했음을
보여준다. 이러한 바탕 위에서 해무리굽완이 전국 각지로 확산되었을
것으로 생각한다.

상업활동과 관련하여 활발히 활동하였는지는 지금까지의 자료를 통해서는 자세히
알 수 없다. 다만 원이 위치한 곳이 대부분 중요 교통로상에 위치하고 있다는
점을 고려한다면 고려전기에도 물자의 유통과정에 일정정도의 역할을 담당했을
가능성은 충분하다고 본다. 李炳熙, 「高麗時期 院의 造成과 機能」『靑藍史學』 2, 1998,
33~34쪽 참고.

45) 李炳熙, 『高麗時期 寺院經濟 硏究』, 景仁文化社, 2009, 480쪽.
46) 蔡雄錫, 「高麗前期 貨幣流通의 기반」『韓國文化』 9, 1988, 106쪽.
47) 채웅석, 「남경의 상업과 수공업」『서울 2천년사 9-고려시대 사회 경제와 남경』,
서울특별시 시사편찬위원회, 2014, 255쪽.
48) 李炳熙, 앞의 책, 2009, 456쪽.

이와 더불어 각 지역거점 사찰은 교역장의 역할도 담당하였다. 고려의 사찰은 개경은 물론 지방 행정단위마다 중심 사원이 분포되어 있었고 교통요지에도 다수 위치하였다. 또한 사원에서는 대규모의 정기 의례가 행해지면서 많은 양의 물자가 유통되었다.[49] 사찰에는 통일신라시대에 중국으로부터 들어온 차문화가 널리 보급되어 있었는데, 이미 9세기부터 중국 다완을 수입하여 사용했다.[50] 고려전기 차도구로 사용된 해무리굽완도 전국 대부분의 사찰유적에서 다수 출토되었다.[51] 당시 사찰은 지역문화의 거점지이면서 중앙에서 유행하는 고급문화가 가장 직접적으로 반영되는 공간으로, 차문화와 차도구가 그 지역 지배층에게 전달되는 창구역할을 담당했을 것이다.

이처럼 10세기 후반이후 전국적으로 확인되는 분묘 부장용 해무리굽완은 여러 루트를 통해 생산지에서 소비지로 유통되었던 것으로 보인다. 서남해안의 해안가에 위치한 가마에서 생산한 청자는 조운로를 통해 개경을 비롯해 전국각지로 유통되는 한편, 특정 지역의 가마에서 생산한 해무리굽완은 장시 등을 통해 인근 지역에서 소비되는 방식이 선택되기도 했을 것이다. 또한 10세기 후반부터 조운로와 역제를 기반으로 한 교통로가 정비되면서 원거리 상인들의 활동에도 영향을 주었고, 주변에 청자 생산지가 존재하지 않더라도 소비자는 원이나 지역거점 사찰을 통해 해무리굽완을 확보할 수 있는 길이 열려 있었다.

---

49) 한기문, 「고려시대 寺院의 정기 行事와 交易場」『大邱史學』100, 2010, 159~160쪽.
50) 대표적인 사찰로 보령 성주사지, 익산 미륵사지, 원주 법천사지, 서산 보원사지 등을 들 수 있다. 국립대구박물관, 『우리 문화 속의 中國 陶磁器』, 2004 참고.
51) 이종민, 앞의 논문, 2004, 110쪽.

4. 부장용 해무리굽완의 소비양태

1) 해무리굽완 부장계층의 성격

앞장에서 11세기에 청자 생산지가 확대되고 교통로가 정비되면서 해무리굽완의 소비가 전국적으로 확산되었던 상황을 살펴보았다. 그렇다면 고려전기 지방에서 분묘를 조성하고 거기에 자기를 부장한 계층은 누구이며, 그것이 의미하는 바는 무엇인지에 대해 살펴볼 필요가 있다. 왜냐하면 고려전기까지 청자는 일부 계층만이 소유할 수 있는 한정된 소비품목이었기 때문이다.

기존의 고려분묘에 관한 연구를 통해 해무리굽완을 부장한 계층이 지방에서 향리층 이상의 지방지배층이었을 것이라는 주장이 제시되어 있다.[52] 이러한 견해에 필자 역시 동의한다. 향리층은 고려전기 향촌사회 지배층의 중심을 이룬 계층으로, 향촌지배체제의 운영에서 국가 역인으로서 실무 기능을 담당하였고 국가의 향촌지배기구로 운영된 읍사에 참여함으로써 향촌지배층으로서의 신분을 보장받았다. 향리층은 지역공동체 운영의 중심적인 위치에서 정치, 경제 등 모든 분야에서 안녕을 책임진다는 의식을 가지고 있었다.[53] 그리고 그들이 향촌지배층의 지위를 누린 것은 토지 소유를 기반으로 한 우세한 경제력 때문이었다.[54]

성종대 이전 시기의 향촌지배층은 향촌사회를 지배하기 위한 독자적 권력기구로서 당대등 체제를 구축하였다.[55] 고려초까지 지방사회는 재지

---

52) 이희인, 앞의 논문, 2004 ; 이종민, 「高麗 墳墓 出土 陶磁 硏究」『湖西史學』46, 2007 ; 고금남·장지현, 「호남지역 고려 분묘의 변천양상과 그 의미」『湖南考古學報』43, 2013 ; 주영민, 『고려시대 지방 분묘의 특징과 변화』, 혜안, 2013.

53) 蔡雄錫, 『高麗時代의 國家와 地方社會-'本貫制'의 施行과 地方支配秩序』, 서울대학교출판부, 2000, 100쪽.

54) 具山祐, 『高麗前期 鄕村支配體制 硏究』, 혜안, 2003, 308~312쪽.

55) 具山祐, 위의 책, 2003, 450쪽.

관반으로 통칭되는 지방세력들에 의해 자율적으로 운영되고 있었고[56] 국가는 필요에 따라 사(使)를 파견하여 지방을 파악하려 하였다.[57] 이것은 성종 2년(983)에 국가의 향촌지배층에 대한 통제 조치의 일환인 향리직제로 개편되었다.[58] 향리제 개편은 지역에 따라 다양한 형태로 운용되었던 읍사 기구와 직제의 명칭을 국가의 주도하에 일원적인 형태로 전면 개혁하는 것이었다.[59] 이는 현종대에 이르러 중앙에서 지방으로 파견하는 외관이 증치되고 수령권이 강화되는 현상으로 나타났고, 이러한 현상은 국가의 향촌지배력이 커져서 나타난 결과였다.[60] 현종 9년(1018) 향리층을 관료제의 일원으로 편입하려는 일련의 정책 중 하나로 시행된 공복제와 향리의 정원규정은 제도적 정비를 의미하며, 이때 외관제와 향리제의 기본 체계를 확립하였다.[61] 고려전기 실질적인 지방지배는 향리들의 손에 맡기고 지방관은 그들에 대한 지휘 감독에 치중하였는데, 이때 향리들은 국가의 직역 담당자로 지역사회의 지배권을 인정받는 대신 국가에 대한 의무가 존재하였다.[62] 향리층은 지방사회에서 조세수취, 사법행정, 각종 제사, 불사 등 여러 가지 일을 담당하였으며 지방에서의 자신들의 위상과 기능을 국가로부터 인정받아 지방사회에서 국가의 대행자로서의 역할을 수행하였다.[63]

고려전기 지방의 지배층이었던 향리층은 그 이후 시기보다 향촌에서의 권한과 입김이 상당정도 인정되었다. 따라서 그들만의 경제력과 권위를

---

56) 윤경진, 「高麗初期 在地官班의 정치적 위상과 지방사회 운영」, 『韓國史研究』 116, 2002, 95쪽.
57) 이명선, 「고려전기 향리의 위상과 기능」, 『한국어와 문화』 6, 2009, 167쪽.
58) 『고려사』 권75, 선거3 銓注 鄕職 성종 2년, "成宗二年 改州府郡縣吏職 以兵部爲司兵 倉部爲司倉 堂大等爲戶長 大等爲副戶長 郎中爲戶正 員外郎爲副戶正 執事爲史 兵部卿爲兵正 筵上爲副兵正 維乃爲兵史 倉部卿爲倉正."
59) 具山祐, 앞의 책, 2003, 451쪽.
60) 具山祐, 위의 책, 2003, 479쪽.
61) 이명선, 앞의 논문, 2009, 173쪽.
62) 蔡雄錫, 앞의 책, 2000, 166쪽.
63) 이명선, 앞의 논문, 2009, 203쪽.

표출할 수 있는 어떤 것이 필요했다. 이때 가장 잘 드러나는 것 중 하나가 분묘 조성과 부장품의 선택이었을 것이다. 즉, 분묘라는 공간은 죽은 자보다는 살아있는 자들의 논리에 의해서 고안됨으로써 이들의 현세적인 욕망이 투영된다고 볼 수 있다.[64] 특히 분묘의 경우 고려전기 경제력과 노동력이 많이 투여되어야 조성할 수 있는 석곽묘가 많다는 사실은 시사하는 바가 크다. 이것은 당시 지방사회의 지배층이 아니면 분묘를 조성하기가 쉽지 않았음을 말해주는 것이다. 또한 석곽묘에 부장되는 품목에 당시 상류층의 음다(飮茶)문화와 관련된 차도구인 해무리굽완이 포함되어 있다는 사실에서도 분묘 조성층의 위치가 낮지 않았다는 점을 반증한다. 당시 문무양반의 묘지 크기를 품에 따라 제한하는 법령이 존재하는 것은 이러한 사정을 말해준다고 할 수 있다.[65] 조영부터가 쉽지 않은 석곽묘가 고려전기 지방에 다수 남아 있는 것은 그것을 조성한 집단이 일정 수준 이상의 사회경제적인 지위를 갖고 있었던 사실을 반증한다.[66]

일찍이 현종 6년(1015) 송에 사신으로 갔던 곽원(郭元)의 진술 중에 "고려인의 민가에서는 동기를 쓴다"[67]고 하여 고려에서는 동기와 도기, 목기 등 다양한 재질의 그릇이 사용되었다고 밝히고 있다. 하지만 자기는 생산지의 분포수, 소비지에서의 출토량 등을 통해 볼 때 고려전기까지는 아직 완전히 저변화된 물품은 아니었던 것으로 생각된다. 10세기와 11세기대에 형성된 분묘들은 일부 사례를 제외하고는 대부분 초기청자 요지와 거리상 상당히 떨어져 있어 거리가 먼 생산지로부터 도자를 가져다 부장한 예가 많았을 것으로 추정된다. 이것은 10~11세기의 분묘출토 도자기는 그것을

---

64) 池培暎, 「10~14세기 동북아 벽화고분 예술의 전개와 고려 벽화고분의 의의」 『미술사연구』 25, 2011, 69쪽.
65) 『고려사』 권85, 형법2 禁令, "景宗元年二月 定文武兩班墓地 一品 方九十步 二品 八十步 墳高 並一丈六尺 三品 七十步 高一丈 四品 六十步 五品 五十步 六品以下 並三十步 高不過八尺."
66) 이희인, 앞의 논문, 2004, 120쪽.
67) 『宋史』 열전 권246, 외국 3, 고려 大中祥符 八年, "… 土民家器皿悉銅爲之 …."

사용하는 피장자가 한정적이었다는 점을 말해준다.[68]

또한 해무리굽완은 차도구로 일정 신분 이상의 차문화 향유와 연관되어 있으며 아무나 가질 수 있는 것은 아니었다는 점에서 소유와 사용에 제한이 있었을 것이다. 즉, 12세기 고려중기 이후 다양한 형태와 질을 가진 청자가 확산되기 전까지는 자기의 소비가 저변화 내지 보편화되었다고 보기는 어려우며, 누구나 가질 수 있는 물품은 아니었던 것으로 추정된다. 이러한 관점에서 보면 해무리굽완은 지배층 또는 상류층의 신분적 위상을 대변하는 물질문화로 사용되었을 가능성을 암시한다.

2) 지방지배층의 차문화 향유와 해무리굽완 부장의 의미

고려전기 분묘에 부장된 해무리굽완은 차도구의 하나이다. 이것이 왜 부장용으로 지방지배층의 분묘에 선택되었는지 그리고 이것의 부장이 어떤 의미를 지니고 있는지 살펴보도록 하겠다.

삼국시대에 중국에서 한반도로 차가 전래된 후 통일신라시대에는 불교 공양과 왕실의 의례 등에 일부 사용되었다.[69] 중국에서는 10세기 북송대 이후 차 소비가 급증하면서 생활 필수품화 되었고[70] 이에 따라 고려에서도 왕실의 하사품, 연회와 의례 등에 차를 사용하였다. 또한 문인과 승려들도 차를 음용하는 문화가 있었다.[71] 그러나 고려에서 민간인에 의한 다점(茶店) 운영이 거의 보이지 않고 있고, 차의 생산량이 절대 부족하여 차의 소비층이 지배층으로 제한되어 있었던 것으로 보인다.[72] 이러한 견해는 기후상 차의 생산지가 한반도 남부지방으로 한정되었고, 이 지역을 다소(茶

---

68) 李鍾玟, 앞의 논문, 2007, 20쪽.
69) 장남원, 「고려시대 茶文化와 靑瓷」『美術史論壇』24, 2007, 130~131쪽.
70) 徐銀美, 『北宋 茶 專賣 研究』, 國學資料院, 1999, 32쪽.
71) 장남원, 앞의 논문, 2007, 137~143쪽.
72) 정용범, 「고려시대 酒店과 茶店의 운영」『역사와 경계』92, 2014, 19쪽.

所)로 지정하여 차생산량을 국가차원에서 관리하고 있었다는 점에서 설득력을 갖는다.[73] 더욱이 12세기 초까지도 중국인 서긍은 고려산 차는 품질이 떨어져 고려인들이 중국산 차를 선호한다고 지적하고 있어[74] 차문화가 확산된 것은 중기 이후의 일이었을 가능성이 높으며, 후기에는 다상(茶商)을 통해 차가 유통되기도 할 만큼 양적으로 증가하였다.[75] 즉, 중국으로부터 들어온 차문화가 고려이후에 확산되기는 하지만 어디까지나 한정된 계층을 중심으로 한 '부분적인' 확산이었던 것이다. 고려전기까지는 차문화가 완전히 대중화되었다고 보기는 어렵다고 생각된다. 더불어 차도구의 소유 및 사용도 당시 자기생산 양상과 연관해 보았을 때 저변화되었다고 보기에는 무리가 따른다. 이러한 점을 종합하면 고려전기 차문화는 중앙문화 내지는 상류문화라고 볼 수 있을 것이다.

고려시대 국가권력과 지방지배층은 각각 중앙과 지방사회에서 지배질서의 향유자라는 점에서 동일한 이해기반을 공유하였다. 이때 지방세력은 왕조정부의 정책에 대해 비판자인 동시에 협력자로서 지방사회의 여론을 전달하고 국가권력과 민을 연결하는 매개자 역할을 하였다. 고려전기 지방지배층은 여러 제도를 통해 중앙의 통제를 받는 한편, 그들 또한 중앙에 진출하기 위해 많은 노력을 기울였다. 중앙과 지방의 매개자 역할을 했던 사심관의 경우, 중앙에서 문벌화한 계층이지만 여전히 사심관제도를 통하여 본관사회와 관계를 갖고 있었다.[76] 기본적으로 사심관의 지역지배는 그 지역 지배층과의 타협 속에서 이루어지며,[77] 그들은 국가에서 공인한 지방에서 지배층으로서의 역할과 권한을 가지고 있었고 항상 중앙

---

73) 정용범, 앞의 논문, 2014, 31쪽.
74)『고려도경』권32, 器皿3 茶俎, "土産茶味苦澁 不可入口 惟貴中國臘茶 幷龍鳳賜團 自錫賚之 外 商賈亦通販 故邇來 頗喜飮茶 益治茶具."
75)『동국이상국집』권13, <孫玉堂得之 李史館允甫 王史館崇 金內翰轍 吳史館柱卿見和 復次韻答之>, "… 近遭販鬻多眩眞 競落點商謀計裏 …."
76) 蔡雄錫, 앞의 책, 2000, 96쪽.
77) 蔡雄錫, 위의 책, 2000, 158쪽.

과 연결되어 있었다. 이 과정에서 당연히 상호간에 교류가 있었을 것이고, 이것은 곧 중앙문화가 지방사회로 파급될 수 있는 교두보가 되었을 것이라고 본다.

11세기 이후 지방지배층의 중앙 진출이 활발해지면서 중앙과 지방의 인적 교류뿐만 아니라 문화적인 교류도 이루어졌을 것이다. 이때 지방지배층은 중앙의 문화를 따라하고 향유하고자 하는 중앙지향성을 띠게 되는데, 고려전기 지방에서 무덤을 만들 수 있는 신분적 경제적 기반을 갖춘 세력은 기본적으로 중앙권력을 지향하는 속성을 가지게 된다. 이러한 점은 고려전기 중앙지배층이 비록 출신은 지방일지라도 개경일대와 경기에 무덤을 조성할 정도로 중앙지향성이 두드러졌다는 사실에서도 추정이 가능하다.[78] 당시 지방지배층은 중앙의 관리들과 사회적, 문화적으로 공유하는 면이 상당히 많았다. 이러한 상황에서 지방의 11세기대 무덤이 토광묘보다 조영과정이 까다롭고 비용이 많이 들어가는 석곽묘인 것은 무덤의 조영세력이 그 지역에서는 일정정도 위계상 상위에 속하는 것을 반증하는 것이다. 왜냐하면 석곽묘는 재료의 채취, 운반, 조성에 많은 노동력과 경제력을 투여해야 하기 때문이다.

이렇게 조영 자체가 쉽지 않은 석곽묘에 중앙문화 내지 상류문화인 차문화를 직접적으로 상징하는 해무리굽완이 부장된 것은 당시 생산과 소비양상을 살펴보았을 때 특별한 의미를 지닌다. 즉, 해무리굽완을 위시한 차도구의 부장은 지방지배층, 좁게는 고려전기 지방사회의 지배층이었던 향리층이 중앙문화 내지 상류층문화의 상징이었던 것을 '위세품' 또는 '사치재'로 인식하고 있었음을 보여준다. 이렇게 추정할 수 있는 근거로 중국의 사례가 참고된다. 중국 중세의 고분이 단지 망자의 사후를 위해 존재하는 공간적인 의미가 아닌, 생산·소비·순환으로 설명되는 물질문화

---

78) 김용선, 「고려시대 중앙문화와 지방문화의 차별성−묘지명을 중심으로」『고려 금석문 연구−돌에 새겨진 사회사』, 일조각, 2004, 205~206쪽.

의 대변자로서의 의미가 고려되어야 한다고 보는 견해가 있다.[79] 이러한 주장은 고려시대 분묘 부장품의 성격을 파악하는데 시사점을 주어 경청할 만한데, 고려전기 해무리굽완이 석곽묘에 부장되었다는 것은 자손이나 집안, 피장자의 권력과시용으로 선호되었던 것으로 생각된다.

또한 여기에 장례절차 자체에 차도구가 사용되는 '다례(茶禮)'가 존재하고 있었을 가능성도 고려할 필요가 있다. 차는 앞에서도 살펴보았듯이 왕실에 다방(茶房)이라는 기구를 두었을 정도로[80] 다례가 빈번히 이루어졌고 불교의 여러 의례에 다양하게 사용되었는데, 특히 장례와 연관하여 사용된 정황이 확인되어 주목된다. 『고려사』 기록을 보면 왕이 중요 대신이 사망하였을 때 장례시 사용하라는 목적으로 상당량의 차를 하사하는 내용이 다수 확인된다.[81] 현재로서는 차가 장례절차에서 어떤 방식으로 사용되었는지 구체적으로는 알 수 없으나 중요한 역할을 했던 것만은 분명한 것 같다. 중앙의 이러한 장례문화가 그대로 혹은 축소·변형되어 지방사회에서도 나타날 수 있는데 이것이 차도구의 분묘 부장으로 발현되었다고 생각된다. 이와 관련하여 장남원은 고려시대 분묘의 매납품 구성이 다례가 치러지지 않더라도 다례의 형식을 함축하여 실질적 의례를 대신했다고 밝히고 있는데[82] 상당히 설득력이 있다고 본다.

고려전기 지방지배층의 분묘에 차도구의 일종인 해무리굽완이 부장되었다는 것은 앞에서 살펴본 것처럼 다중적인 의미를 내포하고 있다. 당시

---

79) 지민경, 「北宋·金代 裝飾古墳의 소개와 기초 분석」 『美術史論壇』 33, 2011, 213쪽.
80) 김성환, 「고려시대 차茶 정책의 운용과 문화」 『茶, 즐거움을 마시다』, 경기도박물관, 2014, 240쪽.
81) 『고려사』 권92, 崔知夢, "卒年八十一 訃聞震悼 贈布千匹 米三百碩 麥二百碩 茶二百角 香二十斤,官庀葬事."; 같은 책 권93, 崔承老, "八年卒 諡文貞 年六十三 王慟悼 下敎褒其勳 德 贈太師 贈布一千匹 麵三百碩 粳米五百碩 乳香一百兩 腦原茶二百角 大茶一十斤."; 같은 책 권93, 崔亮, "十四年卒 王痛悼 贈太子太師 贈米三百石 麥二百石 腦原茶一千角 以禮葬之."
82) 장남원, 「소비유적 출토 도자(陶瓷)로 본 고려시대 청자의 수용과 다례(茶禮)의 관계」 『역사와 담론』 59, 2011, 408쪽.

중앙의 상류층 문화였던 차문화가 지방사회로 확대되었던 사실을 보여줌과 동시에, 장례절차에서 차가 중요한 의미를 갖고 있다는 사실도 알려준다. 이것은 어떤 방식으로든 차문화가 지방에서도 향유되고 있었음을 말해준다. 또한 11세기 내저원각 해무리굽완의 부장이 그 이전보다 증가했다는 점은 10세기 후반 이후 사기 생산이 전국적으로 확산되었고 그것을 부장할 수 있는 경제력과 권위를 가진 계층이 지방사회에서 자리잡고 있었음을 반증한다. 이처럼 해무리굽완이 각 지역의 분묘에 부장되었던 양상은 당시 중앙과 지방의 관계, 나아가 당시 지배층들이 보편적으로 인식했던 문화현상의 일면을 보여주는 중요한 사례라고 할 수 있다.

5. 맺음말

지금까지 고려전기 분묘에 부장된 해무리굽완의 현황 분석을 통해 이것의 확산 과정과 경로를 파악하고, 이를 바탕으로 해무리굽완 부장계층의 성격과 부장품으로 사용된 의미를 파악해보았다. 비록 직접적인 기록을 포함하고 있진 않지만 해무리굽완이라는 물질문화가 남긴 궤적을 통해 그것이 가진 함의를 다각도에서 분석하고자 했다.

고려전기를 대표하는 해무리굽완은 10세기 후반 이후 소위 한국식이라 칭하는 '내저원각 해무리굽' 위주로 생산되는데, 이때 이전 시기보다 생산지가 확대되는 동시에 전국 각지의 지방지배층의 분묘에 주요 부장품으로 사용되었다. 특히 내저원각 해무리굽완은 조영과정에서 비교적 높은 비용과 많은 인력이 투여되어야 하는 석곽묘에서 주로 출토되고 있어 분묘 조성계층의 사회적 위치와 성격을 파악할 수 있었다. 또한 해무리굽완은 기능상 차도구의 일종으로 고려전기까지 중앙문화 내지는 상류층문화를 대표하던 차문화와 관련되어 있어 당시 중앙문화가 지방으로 파급되었던 일면을 보여주었다. 이러한 해무리굽완의 전국적인 확산에는 조운제와 역제로 대표되는 교통로와 운송시스템의 정비가 이루어져 물자가 이동할 수 있는 루트가 다방면으로 형성되었던 것이 중요 배경이 되었고, 이를 바탕으로 지방까지 유통될 수 있었다.

해무리굽완은 고려전기 중앙과 지방을 막론하고 차문화를 향유하는데 있어 중요한 도구였을 뿐만 아니라 지방지배층 사이에서는 사치재 혹은 위세품으로 기능했던 것으로 파악하였다. 그 근거로는 해무리굽완이 부장되는 분묘가 일정정도 경제력을 담보해야 하는 석곽묘라는 점, 고려전기까지만 하더라도 차문화가 일반인들까지 즐기는 보편적인 문화가 아니라 일부 소수계층의 한정적인 문화였다는 점을 들었다. 한편 장례 절차상 차가 중요한 역할을 했기 때문에 분묘 부장용으로 선택되었을 가능성도 있는데, 이 또한 고려전기 사회에서 차문화와 차도구가 갖고 있는 문화적 위상이 비교적 높았다는 것을 말해준다고 생각된다.

이렇게 고려전기 분묘에 부장된 자기해무리굽완을 통해 당시의 도자유통 루트의 여러 가지 가능성을 파악해보고 더불어 중앙문화의 일종인 차문화가 지방으로 파급되는 현상과 그것이 가지는 의미를 생각해 보았다. 이러한 시도가 도자의 유통과 소비문제를 보다 다층적으로 해석하는 하나의 방법이 되기를 기대한다.

제2장

태안 침몰선 고려 목간의 문서양식과 운송체계

김 재 홍

1. 머리말

고려시대사 연구는 주로『고려사』,『고려사절요』등의 사서를 중심으로
이루어지고 금석문 자료를 보완하는 방식으로 이루어져 왔다. 그러나
최근에 충청남도 태안 앞바다에서 고려시대 목간과 죽간이 다량 발견되면
서 새로운 국면을 맞이하고 있다. 2007년 태안 대섬 앞바다에서 건져
올린 '태안선'에서 목간이 발견된 것을 시작으로 꾸준히 조사가 진행되어
2011년까지 '마도 1·2·3호선'에서도 목간과 죽간이[1] 다량 출수되었다.[2]
4척의 고려 화물선에서는 목간과 이에 기재된 물품의 실물이 확인되어

---

1) 출수된 나무 자료는 나무와 대나무로 만들어진 것이며, 보고서에서는 나무로 만든
  것을 '목간(木簡)', 대나무로 만든 것을 '죽찰(竹札)'로 하였다. 그러나 중국 한대에
  한 줄로 쓰는 간은 '찰(札)', 두 줄로 쓰는 것은 '양행(兩行)'이라 하였으므로(도미야
  이타루 지음·임병덕 옮김,『목간과 죽간으로 본 중국 고대 문화사』, 사계절, 2005,
  97쪽) 혼돈을 피하기 위해 죽찰 대신 죽간(竹簡)을 사용하려고 한다. 또한 목간과
  죽간을 합쳐 부를 경우엔 목간(木簡)으로 하고자 한다.
2) 국립해양문화재연구소,『高麗靑磁寶物船』, 2009 ;『태안 마도 1호선 수중발굴조사보
  고서』, 2010 ;『태안 마도 2호선 수중발굴조사보고서』, 2011 ;『태안 마도 3호선
  수중발굴조사보고서』, 2012.

화물과 목간을 함께 연구할 수 있는 좋은 자료로 평가된다.

출수(出水) 목간을 대상으로 한 연구는 국립해양문화재연구소의 임경희에[3] 의해 논문과 보고서에서 분석이 이루어져 고려 목간 연구의 기본서로서 구실을 하고 있다. 이 연구를 기초로 목간을 재분석하여 목간의 형식분류,[4] 조운,[5] 곡물,[6] 식생활[7] 등의 연구가 이어졌고, 적재 화물에 대한 논의도 이루어지고 있다.

이 글은 위의 연구성과를 바탕으로 다른 방향에서 논지를 전개하려고한다. 지금까지는 출수 목간의 용도에 대해 꼬리표 목간이라고 정의하여화물 운송표에 주목하였다. 그러나 목간은 종이 문서가 사용된 이후에도행정문서로서의 기능을 가지고 있었고, 문서양식을 잘 반영하고 있다.이에 주목하여 목간을 통해 고려시대 문서양식을 추출하고자 하며, 이를기초로 고려 중앙과 지방간 물류 교류를 살펴보려고 한다.

이 글에서 대상으로 하는 자료는 충청남도 태안의 해저 침몰선에서

---

3) 임경희, 「태안 대섬 고려 목간의 분류와 내용」『高麗靑磁寶物船』, 국립해양문화재연구소, 2009 ; 「마도 1호선 목간의 분류와 주요 내용」『태안 마도 1호선 수중발굴조사보고서』, 국립해양문화재연구소, 2010 ; 「마도 2호선 목간의 판독과 분류」『木簡과文字』6, 2010 ; 「마도 2호선 목간의 분류와 내용 고찰」『태안 마도 2호선 수중발굴조사보고서』, 국립해양문화재연구소, 2011 ; 「마도 3호선 목간의 현황과 판독」『木簡과文字』8, 2011 ; 「태안 목간의 새로운 판독」『해양문화재』4, 국립해양문화재연구소, 2011 ; 임경희·최연식, 「태안 청자운반선 출토 고려 목간의 현황과 내용」『木簡과文字』1, 2008 ; 「태안 마도 1호선 발굴 목간의 현황과 내용」『木簡과 文字』5, 2009.
4) 임경희, 앞의 논문, 2009 ; 한정훈, 「동아시아 중세 목간의 연구현황과 형태 비교」『사학연구』119, 2015 ; 「고대 목간의 형태 재분류와 고려 목간과의 비교」『木簡과文字』16, 2016.
5) 문경호, 「泰安馬島1號船을 통해 본 高麗의 漕運船」『한국중세사연구』31, 2011 ; 한정훈, 「12·13세기 전라도 지역 私船의 해운활동 – 수중 발굴성과를 중심으로」『한국중세사연구』31, 2011.
6) 신은제, 「마도1·2호선 出水 목간·죽찰에 기재된 곡물의 성격과 지대수취」『역사와경계』84, 2012.
7) 김정옥, 「마도 1호선 발굴 유물관 고려시대의 식생활」『태안 마도 1호선 수중발굴조사보고서』, 국립해양문화재연구소, 2010 ; 고경희, 「태안 마도3호선 해양유물 중심으로 본 고려시대 음식문화」『한국식생활문화학회지』30-2, 2015.

출토된 고려 목간이며, 함께 출수된 물품 등의 자료도 이용하려고 한다. 고려 목간은 태안선에서 20점(1131년), 마도 1호선에서 73점(1208년), 2호선에서 47점(1197~1213년), 3호선에서 30점(1265~1268년) 등이 출수되었다. 이를 표로 정리한 것이 <표 1>이다.[8]

〈표 1〉 목간의 출토 현황과 특성

구분	태안선	마도1호선	마도2호선	마도3호선
수량	20점	73점	47점	30점
발송지	탐진현 (耽津縣, 강진)	회진현(會津縣, 나주) 죽산현(竹山縣, 해남) 수녕현(遂寧縣, 장흥) 안로현(安老縣, 영암)	장사현(長沙縣, 고창) 무송현(茂松縣, 고창) 고창현(高敞縣, 고창) 고부군(古阜郡, 정읍)	여수현 (呂水縣, 여수)
발송인		향리(鄕吏), 개인	사자(使者)	사자(使者), 개인
목적지	개경	개경	개경	강도(江都)
난파년	1131년(인종9)	1208년(희종4)	1197년(신종1)~ 1213년(강종2)	1265년(원종6)~ 1268년(원종9)
수취인	개경의 고위관리, 하급무관	개경의 관리	개경의 관리	강도(江都)의 무인세력, 관청
화물	도자기	곡물, 발효식품	곡물, 발효식품	어류, 곡물, 베(布)
선적인	차지[次知(향리)]	차지[次知(향리)]	차지[次知(개인)]	차지[次知(향직)]

2. 고려 목간의 구성 요소

1) 목간의 형식 분류

출수 목간의 최초 보고자인 임경희는 태안선 목간을 대상으로 상단부 양쪽에 홈이 있는 목간은 도자기 꾸러미에 묶는 ㉠ 꼬리표형, 한쪽만

---

8) <표 1>은 林敬熙, 「高麗沈沒船貨物標木簡」 『古代日本と古代朝鮮の文字文化交流』, 國立歷史民俗博物館 平川南 編, 大修館書店, 2014, 111쪽의 <표 1>을 참고로 이 글에 맞게 수정 보완한 것이다.

홈이 있는 목간은 도자기에 끼워 넣고 함께 포장하는 ㉡ 부착형, 그리고 홈이 없는 편평한 모양의 목간은 꾸러미 사이에 꽂거나 놓아두는 ㉢ 갈피형 목간 등 3가지로 형식을 분류하였다.[9] 목간의 용도에 주목하여 형식을 분류하였다는 점이 특징이다. 한정훈은 홈을 기준으로 ① 홈형, ② 장방형, ③ 기타(구멍형과 첨형)로 나누었는데,[10] 하단부의 뾰족한 형태가 기능적인 측면을 거의 상실한 것으로 판단하여 형태 분류의 기준으로 삼지 않고 기타에 포함시켰다. 실제로 고려 목간에서 홈형이 80%를 차지할 정도로 다수임을 알 수 있다.

고려 목간에는 홈형이 중요하므로 홈의 유무를 기준으로 분류하여 홈이 있는 것은 Ⅰ형, 홈이 없이 전체가 장방형의 것은 Ⅱ형, 홈이 없이 하단부가 뾰족한 것은 Ⅲ형으로 분류하고자 한다. Ⅰ형은 다시 홈이 상하단에 있는 a형, 상단부에 있는 b형, 중간부분에 있는 c형, 하단부에 있는 d형으로 분류한다. Ⅱ형은 단순 장방형으로 되어 있는 것을 a형, 장방형에다가 상단에 구멍이 있는 것은 b형으로 세분하고자 한다. Ⅲ형은 상하단부가 뾰족한 형태의 a형, 상단부가 사선인 b형으로 나누고자 한다. 그런데 고대 목간 중에서 상단부에 홈이 있고 하단부가 뾰족한 형식이 많은 수량을 차지하지만, 고려 목간에서는 한 점도 확인되지 않아 당시에는 기능을 상실한 목간임을 알 수 있다.

고대 한국과 일본에서 사용된 꼬리표 목간에는 대략 5가지의 유형이 존재하였다(그림 1).[11] 꼬리표 목간은 기본적으로 상하단의 양측에 있는 홈의 유무와 상하단의 끝부분이 형태가 뾰족한 것과 밋밋한 것으로 차이를 보인다. 목간에 있는 홈과 뾰족한 형태는 화물에 쉽게 부착할 수 있었다.

---

9) 임경희, 앞의 책, 2009, 458~459쪽.
10) 한정훈, 앞의 논문, 2015, 264쪽 ; 한정훈, 앞의 논문, 2016, 181쪽.
11) <그림 1>은 今泉隆雄, 「貢進物付札의 諸問題」 『硏究論集Ⅳ』, 國立奈良文化財硏究所, 1978, 21쪽의 그림을 기초로 일부 수정한 것이다.

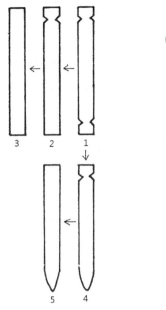

〈그림 1〉 꼬리표 목간의 분류   〈그림 2〉 Ⅰa형 목간

실제로 고려 목간의 상단과 하단에 있는 홈에 끈이 달려 화물과 결합한 목간이 발견되기도 하였다(그림 2).

고대 꼬리표 목간 중에서 기본형은 상단과 하단에 각각 홈이 있는 것이었다. 상단과 하단의 홈에 끈을 묶어 화물에 고정하였던 것이다(그림 1-1). 이것이 점차 간략화의 과정을 거치면서 단순화 하게 된다. 방향은 2가지로 진행되는데, 하나는 홈이 줄어들거나(그림 1-2) 없어지는 것(그림 1-3)이고 다른 하나는 하단을 뾰족하게 가공하고(그림 1-4) 홈을 없애는(그림 1-5) 것이다. 고대에는 홈이 상·하단에 있는 기본형이 다른 유형과 함께 발견되는데,[12] 이는 한국이나 일본에서 목간이 사용되는 시기에 종이문서가 사용되는 지목병행기(紙木竝行期)였기 때문이다. 중국에서 사용되는 목간

---

12) 飛鳥資料館, 『木簡黎明』, 飛鳥資料館開館35年, 2010, 36~38쪽.

의 다양한 형태가 동시에 도입되어 사용되었던 것이다.

고려 목간은 홈이 간략화하는 방향을 택하고 있으며, 상단에만 홈이 있는 목간이 대부분이다. 신안선 목간이 하단을 뾰족하게 가공하는 방향으로 나아가는 것과는 다른 방향성을 가지는 것이다. 고대 목간의 형태를 기준으로 고려 목간 125점을 분류할 수 있다. 먼저 상하단에 홈이 있는 Ⅰa형은 1점, 상중하단에 홈이 있는 Ⅰb·c·d형은 104점, 장방형인 Ⅱ형은 14점, 상단은 평편하고 하단이 뾰족한 Ⅲ형은 6점이다. 고려 목간에는 고대 목간에 보이는 꼬리표 목간의 형식이 모두 존재하지만 기본형은 거의 없어지고 간략화된 형태가 주류를 이루게 된 것이다.

2) 내용상의 구성 요소

기존 연구에서는 고려 목간의 내용 중에서 ① 수취인 ② 발송지(발송인) ③ 물품 종류 ④ 수량에 주목하여 분석이 이루어져 왔다. 이 4가지 요소는 많은 목간에서 확인되는 내용이지만 다른 요소에 대한 분석을 시도하지 않는 측면을 지니게 된다. 전체 내용을 놓고 분석할 필요성이 제기되는 것이다. 고려 출수 목간에 기재된 내용을 분류하면, '연대, 발송지(+발송인), 수취인, 물품(+수량), 인(印)=봉(封), 선적인, 화압' 등을 추출할 수 있다. 이 점에 주목하여 출수 목간의 내용을 분류하고 예를 들면 다음과 같다.

  Ⅰ형식 : 수취인

    崔大卿 宅上(태안선 14번 목간)

  Ⅱ형식 : 수취인+물품(+인+화압)

    崔郎中宅上/古道醯壹缸(마도1호선 9번 목간)

  Ⅲ형식 : 수취인+물품+발송지(+인+화압)

校尉□□□宅上/長沙縣/田出太壹石各入拾伍斗(마도2호선 1번 목간)

Ⅳ형식 : 수취인+물품+발송지(+인+화압)+선적인

耽津縣/在京隊正仁守戶付/砂器壹裏/次知載舡 長 화압(태안선 1번 목간)

Ⅴ형식 : 수취인+물품+발송지(+인+화압)+선적인+연대

丁卯十二月二十八日/竹山縣/在京檢校大將軍尹起華宅上/田出粟參石各入貳拾斗/□□ □□ 화압(마도1호선 12번 목간)

고려의 출수 목간은 기본적인 형태와 양식이 그대로 지켜지지 않고 있으나 내용을 기준으로 구성하면 위와 같이 된다. 이 중에서 '수취인'만 기록된 것을 Ⅰ형식으로 설정한 것은 형태가 완전한 목간에는 수취인이 거의 기록되어 있기 때문이다. 그리고 '수취인+물품(+인+화압)'을 Ⅱ형식으로 설정한 것은 그 다음으로 많이 기록된 내용이기 때문이다. 다음으로 '수취인+물품+발송지(+인+화압)'를 Ⅲ형식으로 분류한 것은 발송지와 화압, 인 등이 많이 기입되기 때문이다. 이와 같이 출수 목간에는 수취인, 물품(+수량), 발송지(자)가 가장 중요한 요소라는 사실을 알 수 있다. 이어 선적인을 포함하여 '수취인+물품+발송지(+인+화압)+선적인'을 Ⅳ형식으로, 연대를 포함하여 '수취인+물품+발송지(+인+화압)+선적인+연대'를 Ⅴ형식으로 분류하고자 한다.

고려 출수 목간의 내용은 여러 요소가 합쳐서 조합을 이루면서 구성되었다. 목간의 외형도 다양한 형태로 이루어져 있으며, 길이도 규격이 없이 필요에 따라 사용한 듯한 인상을 주고 있다. 그러나 목간이 최종적으로 지향하였던 것은 Ⅴ형식인 '연대+발송지(인)+수취인(소)+물품(+수량)+인(봉)+선적인+화압'의 양식이다. 이것이 고려 목간이 담고자 하는 모든 내용을 보여주고 있다. 고려 출수 목간은 여러 요소가 다양한 형식으로 결합하여 작성되었으므로 형식분류와 더불어 내용의 구성 요소를 찾는 것이 중요하다.

연대는 간지로 기록되어 있는데, 태안선에는 '신해(辛亥)', 마도 1호선에는 '정묘(丁卯)'·'무진(戊辰)'이 기록된 목간이 출수되었다. 마도 2·3호선의 목간에서는 간지명이 나오지 않았다. 출수된 청자의 연대나 목간에 등장하는 인명으로 보아 신해년은 인종 9년(1131), 정묘년은 희종 3년(1207), 무진년은 희종 4년(1208)으로 추정할 수 있다. 태안선 목간에서는 '신해'라는 간지만 기입되어 있으며, 개경에 있는 안영 앞으로 보내고 있다. 마도 2호선 목간에는 '丁卯十月日', '丁卯十二月日', '丁卯十二月', '丁卯十二月二十八日'이 나온다. '정묘십월일'은 개경의 전구동정 송(宋) 앞으로, '정묘십이월일'은 개경의 교위 윤(尹) 앞으로, '정묘십이월'은 낭중동정 김낙중 앞으로, '정묘십이월이십팔일'은 개경의 검교대장군 윤기화 앞으로 각각 보내고 있다. 수신처는 개인이지만 발송지는 죽산현이거나 죽산현일 것으로 추정되어 동일한 군현을 지칭한다. 물품마다 날짜가 다른 이유는 거두어들인 일시가 다르거나 운송한 일자가 다른 경우이다. 해당 월이 10, 12월인 것으로 보아 물품(곡물 등)의 수확일이기보다는 생산지에서 창고나 포구로 운송한 날짜일 가능성이 높은 것으로 보인다.

이 점은 무진년명 목간을 보면 더욱 분명해진다. '戊辰正月二十八日', '戊辰□月日', '戊辰二月日', '戊辰二月十九日'은 수신처가 불명이거나 명확하지 않으나 개경의 관인에게 보낸 것이며, 발송지는 죽산현이거나 그곳으로 추정된다. 이 중에서 마도 1호선 10번 목간은 '무진이월십구일'에 개경의 최광□(崔光□) 앞으로, 죽산현의 □ㅣ장 윤(□ㅣ長 尹)이 보낸 것으로, 2월 19일이라는 날짜가 나온다. 고려 당시에 물품을 선적하기 시작한 달이 2월부터이므로 선적일 전에 맞추어 보낸 것으로 볼 수 있으므로 목간의 일자는 물품을 산지에서 송부한 날로 추정할 수 있다.

발송지와 발송인은 함께 기입된 경우도 있으나 각각 하나씩만 기입되기도 하였다. 발송지로는 태안선에 탐진현(강진), 마도 1호선에 회진현(나주)·죽산현(해남)·수녕현(장흥)·안로현(영암), 마도 2호선에 장사현(고창)·무송현

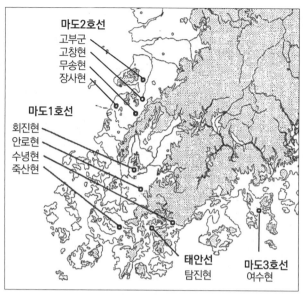

〈그림 3〉 고려 출수 목간에 나오는 지명

(고창)·고창현(고창)·고부군(정읍), 마도 3호선에 여수현(여수)이 기입되어
있다. 여기의 지명을 지도에 표시한 것이 <그림 3>이다.[13] 이들 지명은
전라도 해안에 있는 곳으로 서로 인접하여 있다. 탐진은 남해안의 강진이고
회진·죽산·수녕·안로현은 영산강유역에 분포하며 장사·무송현·고부군은
전북 서해안에 있는 고을이다. 이들 지명은 물품을 거두어들인 생산지이자
물품을 송부한 발송처이다. 모두 군현 단위의 지역으로 구성되어 있는데,
물품의 수취가 군현 단위로 이루어져 조창으로 운송되었기 때문이다.

발송인과 관련된 용어로는 차지(次知), 차지재강(次知載舡), 사자(使者),
호장(戶長) 등이 나오며, 인명만 나오는 경우도 있다. 이들을 모두 발송인으
로 일괄 처리하거나 '차지재강'만 선적인으로 보기도 한다. 그러나 이들의
용례를 통해 구분하여 이해할 필요가 있다.

---

13) 橋本繁, 「沈沒船木簡からみる高麗の社會と文化」 『古代東アジアと文字文化』, 國立歷史民俗
   博物館 小倉慈司 編, 同成社, 2015, 158쪽.

마도 1호선에서는 '□ㅣ長 尹', '長 宋椿', '□長 宋' 등과 같이 관직을 뜻하는 '○장'이 나오거나 '孝格', '宋持', '大三' 등과 같이 인명이 나오는 예가 있다. 마도 2호선에서도 '使者 金順', '使者 閑三'이 나오고, 마도 3호선에서는 '使者 善才', '男 景池', '玄礼'가 나온다. 이들을 크게 세분하면, 관직을 뜻하는 '○장', 맡은 바 역임을 의미하는 사자, 단순한 인명 등의 예가 있다. ○장은 지방에서 행정을 담당하던 향리 중에서 호장(戶長)일 가능성이 있다. 또한, 사자는 고구려나 신라에서 복속된 지역의 특정인을 사자로 인명하여 조세를 수취하게 하였다는 지방민과 연결하여[14] 이해할 수 있다. 향리와 사자는 지방민 중에서 조세 수취와 관련하여 임무를 수행한 자를 이르는 것이다.

그런데 출수 목간에서 발송인의 변화를 엿볼 수 있는데, 태안선과 마도 1호선의 목간에서는 향리만이, 마도 2호선에서는 사자가, 마도 3호선에서는 사자와 단순 인명이 나온다는 사실이다. 발송인이 향리→ 사자→ 특수 인명 등으로 변화하고 있다.

목간의 '次知'는 태안선에서 '次知載船 長', 마도 1호선에서 '次知載舡戶長 宋'·'次知載舡□□□', 마도 2호선에서 '次知 果祚', 마도 3호선에서 '次知載船 丞同正 吳'·'次知丞同正 吳'·'次知 吳' 등이 나온다. 차지는 주관자, 담당자라는 의미를 가지고 있으며,[15] 내원사대안칠년명 반자(內院寺大安七年銘 飯子, 의종 8년, 1091), 굴석사명 금고(屈石寺銘 金鼓, 명종 13년, 1183) 등에도 나온다.[16] 고려 목간에서 차지는 '재선'과 함께 나오는 것으로 보아 선적하는 일과 관련을 가진 것으로 보인다. 이들의 관직은 '장', '호장', '승동정' 등으로 나오고 있다. 고려시대에 조창에는 판관이라는 최고 감독관리가 주재하였고, 그 아래에 색전(色典)이라고 불리는 향리가 존재하였다. 색전

---

14) 김재홍, 「신라 중고기 道使의 운영과 성격 변화」『한국학논총』44, 2015, 3~4쪽.
15) 李丞宰, 『高麗時代의 吏讀』, 태학사, 1992, 93~94쪽.
16) 국립중앙박물관, 『발원, 간절한 바람을 담다』, 2015, 134쪽.

은 판관의 지휘 아래에 세곡을 조창에 수납하고, 이어서 조선에 승선하여 경창에 납입시키는 임무를 수행하였다.[17] 이 과정에서 각 군현에서 도착한 물품을 선적할 경우에 확인하는 업무도 수행하였을 것이며, 이것이 출수 목간에 표현되었던 것이다.

이 경우 문제가 되는 것이 마도 2호선 목간에 보이는 '차지 과조'라는 인물이다. 그는 차지라는 임무를 띠고 있으나 '재강'이나 (호)장 등의 직무가 기록되어 있지 않으며, 다른 예가 성 만을 기입하고 화압을 한 것이 비해 이름만 적고 있어 차이를 보이고 있다. 다른 예가 없어 확정하기는 곤란하지만 차지를 띠고 있는 것으로 보아 '재강'의 임무를 수행하였을 가능성이 있으며, 선적 업무가 향리에서 특정인으로 옮아가는 과정이라는 추론도 가능하다. 이와 같이 발송인과 선적인을 구분하여 군현에서 운송되는 과정과 이를 다시 포구에서 싣는 과정을 나눌 필요가 있다.

수취인은 개경이나 강도에 거주하는 관리였으며, 무인정권 시절에는 관청으로 물품을 보내기도 하였다. 수취인은 신분에 따라 발송인보다 상위의 관리에게는 택상(宅上)을 사용하고 동등하거나 하위의 관리에게는 호부(戶附)를 붙이고 있다.[18]

내용물에 해당하는 물품이 태안선에서는 주요 물품이 청자 등의 도자기류이고 마도선에서는 곡물류가 중심을 이루고 있다. 곡물류로는 콩[太, 豆, 末醬], 벼와 쌀[米, 白米, 中米, 正租, 租], 보리와 메밀[麥, 皮麥, 木麥], 조[粟] 등이 보이고 있다. 발효식품으로는 젓갈[醢]이 대표적인데, 일반 물고기[魚醢], 알[卵醢], 고등어[古道醢], 게[蟹醢], 생전복[生鮑醢], 홍합[蛟醢] 등 다양한 젓갈이 보이고 있다. 해산물로는 상어[沙魚],[19] 말린 홍합[乾蛟],

---

17) 김덕진, 「고려시대 조운제도와 조창」『고려 뱃길로 세금을 걷다』, 특별전, 2009, 145쪽 ; 한정훈, 『고려시대 교통운수사 연구』, 혜안, 2013, 145~148쪽.
18) 임경희의 주3) 논문 참조.
19) 김재홍, 「고대 상어의 고고 환경과 문화권」『한국학논총』 46, 2016, 33~35쪽.

생전복[生鮑] 등이 있으며 물고기를 이용하여 만든 기름인 어유(魚油)도 나타난다. 특이한 예로는 견포(犭脯)가 나오는데, 사전적인 의미로는 개고기포이지만 신라시대의 기록[20] 등을 참고하면 멧돼지고기포로 볼 가능성도 있다. 그 외 가공식품으로는 꿀[精蜜], 참기름[眞], 누룩[麴] 등이 있다.

물품을 포장한 단위는 도량형이 적용되었는데, 곡물류와 액체류로 구분할 수 있다. 곡물류는 'O石入O斗'로 수량화되었으며, 용기의 종류는 다양하였다. 액체류인 젓갈은 'O缸入O斗'와 같이 항아리에 담겨 운송되었으며, 항아리의 크기에 따라 들어가는 용량에 차이가 있었다. 다양한 종류의 물품이 운송되고 있었으므로 이에 맞는 용기도 목간에 기록되어 있다. 상어와 멧돼지고기포는 상자에, 젓갈 등은 항아리인 항(缸)=고내기(古乃只)에,[21] 꿀과 참기름은 준(樽)이라는 도자기에 담아 운송하였다.

가장 주목되는 것이지만 기존 연구에서 다루지 않은 것이 인(印)=봉(封)과 화압이다. 인(봉)과 화압은 내용을 이해하는 데는 별다른 이상이 없으므로 해석하지 않아도 문맥상 상관이 없으나 문서 양식상으로는 가장 중요한 것이므로 다음 장에서 다루도록 하겠다.

일반적으로 고려 출수 목간을 화물에 붙이는 꼬리표 목간으로 정의하고 있으나 이는 정확한 표현이 아니다. 꼬리표 목간에는 물품의 내용물이 중요하므로 '발송인＋물품명＋수량'만 표시되면 된다. 경우에 따라서는 발송 일자가 추가되기도 한다. 이에 비해 고려 출수 목간에는 수취인과 인, 화압 등 다양한 요소가 첨가되어 있다. 이는 고려 목간이 단순히 화물표의 기능을 가진 꼬리표 목간만이 아니라 문서 목간 등의 기능도 있었다는 것을 보여주고 있다.

---

20) 견(犭)은 '犭尾者上仕而汚去如'(正倉院所藏佐波理加盤附屬文書), '甲辰三月三日治犭五藏'(경주 월지 194호 목간) 등과 같이 꼬리와 내장을 음식으로 사용하는 동물일 가능성이 높아 개보다는 멧돼지와 같은 동물을 가리킨다고 추정된다.
21) 고내기는 자배기보다 운두가 높고 아가리가 넓은 오지 그릇을 이르는 우리말이다.

3. 고려 목간의 문서 양식

1) 화압과 종이문서 양식

고려 출수 목간에서 문서 양식상 가장 중요한 요소이나 거의 주목하지 않은 것이 수결(手決)인 화압(花押)이다. 목간에서 화압이 나오는 사례 중에서 대표적인 것이 다음의 예이다.

가-① 앞면 耽津縣在京隊正仁守戸付砂器壹裏

　　　 뒷면 次知載舡 長 화압(태안선 1번 목간)

가-② 앞면 丁卯十月日田出正租貳拾肆石各入貳拾斗印

　　　 뒷면 竹山縣在京典廐同正 宋 화압(마도1호선 19번 목간)

가-③ 앞면 別將權克平宅上末醬入

　　　 뒷면 貳拾斗 長 宋椿(마도1호선 16번 목간)

가-④ 앞면 大卿庚宅上古阜郡田出大壹石入拾伍斗

　　　 뒷면 次知 果祚(마도2호선 31번 목간)

먼저 지적할 수 있는 것이 화압은 직임의 뒤에 인명(성명)이 기입될 자리에 위치한다는 점이다. 가-①과 가-④에서는 '차지재강 장 화압', '차지과조'와 같이 선적인, 가-②에서는 '재경전구동정 송 화압'과 같이 수취인, 가-③에서는 '장 송춘'과 같이 발송인 등에서 화압이 이루어지고 있다. 화압은 발송인, 수취인, 선적인 등의 인명에서 행해지고 있다.

또 하나 지적할 수 있는 것은 화압의 형태가 다르다는 점이다. 가-①에서는 인명 전체가 화압이고, 가-②에서는 성을 정서하고 이름만 화압으로 하고 있다. 또한 가-③에서는 성명을 모두 정서하고, 가-④에서는 성을 쓰지 않고 이름만 정서하고 있다. 화압에는 다양한 종류가 있었다는 것을 보여주고 있다.

화압이라는 용어와 개념은 송나라에서 처음 사용하였으며, 당나라에서는 이름을 그대로 적는 결재 방법을 서명(署名)이라고 하였다.[22] 그러나 화압은 목간에 문서를 쓰던 시기를 지나 종이 문서가 보편화되는 시기에 본격적으로 사용되기 시작하였다. 물론 초기적인 형태의 화압은 중국 한대 목간에도 보이고 있으나 본격적인 화압의 사용은 종이문서와 관련을 가지고 있다.[23] 중국에서 종이 문서가 사용되기 시작하면서 목간인 검(檢)은 사용하기 불편하였으므로 나무로 된 검보다는 종이를 접어 봉투를 만들어 종이 문서를 넣게 되었다. 따라서 검에 사용하던 봉니와 음각 도장은 더 이상 쓸모가 없게 되면서 인주를 묻혀 찍는 양각 도장인 주인(朱印)이 사용되었다.[24] 또한 모방을 방지하기 위하여 서명도 자기만의 독특한 형태로 변형되기 시작하였다. 종이 문서의 등장으로 문서 자체에 인장을 찍고 서명을 하는 방식으로 변하기 시작하였던 것이다. 이러한 과정을 거치면서 수결인 화압이 만들어져 갔던 것이다.

화압에는 2가지 종류가 있다. 하나는 이름을 그대로 적거나 조금 흘리는 착명(着名)이고 다른 하나는 성명을 초서로 변형하여 적는 착압(着押)이다. 고려 출수 목간의 보고서에는 착압만을 화압이나 수결이라고 하였으나 이는 정확한 표현이 아니다. 그러면 성명을 적은 착명을 설명할 수 없게 된다. 이 점에 유의하여 출수 목간에 보이는 화압을 찾아 고려 문서 양식에 보이는 서명을 해명하고자 한다.

목간에 보이는 화압을 문서 양식의 측면에서 검토하기 위해 고려사에 보이는 화압에 대한 규정을 참고할 필요가 있다. 『고려사』「공첩상통식」 경관직 및 외관직조에는 다양한 화압에 대한 규정이 존재하고 있다. 여기

---

22) 박준호, 「唐과 일본 율령제 公文書의 署名方式 연구」『고문서연구』43, 2013, 4~10쪽.
23) 박준호, 「중국 고대 목간의 署名 방식 연구」『고문서연구』41, 2012, 17~19쪽.
24) 도미야 이타루 지음·임병덕 옮김, 앞의 책, 2005, 114쪽.

에는 불성초압(不姓草押), 착성초압(着姓草押), 착성명(着姓名), 구위성명(具位姓名), 구함성명(具銜姓名), 착초압(着草押) 등 각기 다른 6가지 서명의 용례가 보인다.[25] 초압은 조선시대의 착압에 해당하는 것으로, 초서의 난필로 착압을 만들었기 때문에 초압이라고 하였다.

불성초압은 성을 쓰지 않고 초압만 한다(가-①)는 의미이며, 착성초압은 성을 쓰고 초압을 한다(가-②)는 의미이다. 착성명은 성명을 기입하는 것으로 성은 정서로 정확하게 쓰되, 명은 조금 날려 쓰는 것(가-③)이다. 고려사의 규정에는 없으나 이름자를 쓸 경우에는 '착(着)'자가 생략되고 성명만 기재된다(가-④). 구위성명, 구함성명, 착초압에 대해서는 자세히 알기 어렵다고 한다. 문서 행정에서 상급 관청에서 하급 관청으로 문서를 하달할 때는 주로 초압을 하였으며, 반대로 하급 관청에서 상급 관청으로 문서를 상달할 때에는 주로 성명만을 기입하였던 것이다.[26] 이중에서 착압에 해당하는 것은 불성초압, 착성초압이고 착명에 해당하는 것은 착성명, 성명이다.

이 기준에 따라 고려 출수 목간을 분류할 수 있다. 태안선 1·2번 목간에는 선적인으로 '次知載船 長 화압'이(가-①, 그림 4) 기입되어 있는데, 맡은 임무와 직책만 있고 성명을 적지 않고 있다. 이는 고려사에 보이는 불성초압에 해당한다. 다음으로 착성초압도 확인된다. 마도 1호선 10번 목간의 '竹山縣□ㅣ長 尹 화압'은 맡은 직책과 더불어 성이 정확하게 쓰여져 있으나 이름은 화압으로 처리하고 있다. 이는 고려사에 보이는 착성초압으로 보인다. 다른 예로는 마도 1호선 19(가-②)·20·27·8번, 마도 3호선 7·23·29번 목간이

〈그림 4〉
불성초압

---

25) 『고려사』 권84, 지38, 형법1, 公式 公牒相通式 京官·外官.
26) 박준호, 『예(禮)의 패턴 – 조선시대 문서 행정의 역사』, 소와당, 2009, 39~53쪽.

〈그림 5〉
착성초압

〈그림 6〉
착성명

있다. 이중에서 마도 1호선 8번 목간의 '次知載舡戶長 宋 화압', 마도 3호선 7·23·29번 목간의 '次知載船丞同正 吳 화압'의(그림 5) 예는 모두 선적인의 화압이라는 점에서 공통점이 있다. 나머지 마도 1호선 19·20·27번 목간은 발송인의 화압일 가능성이 높다. 이와 같이 착성초압이 쓰여진 목간의 당사자는 선적인이거나 발송인임을 알 수 있으며, 그 내용으로 보아 호장이나 '장' 등 지방 사회의 유력자임을 알 수 있다. 특히 불성초압과 착성초압을 쓴 대상자는 화물을 배에 선적하는 호장일 가능성이 높아 선적을 담당한 호장의 사회적 지위가 높다는 사실을 알 수 있다. 또한 마도 2호선에는 불성초압이나 착성초압을 사용한 당사자가 없다는 점에서 발송인이나 선적인이 상대적으로 신분이 낮았음을 알 수 있다.

다음으로 착성명을 살펴보고자 하는데, 보고서나 기존 연구에서는 화압으로 보지 않은 것이다. 착성명은 마도 1호선 16번 목간의 '長 宋椿'(가-③), 마도 1호선 56번 목간의 '宋持'의 예가 보인다. 마도 2호선에서는 29번 목간의 '使者 金順'이 쓰여져 있고 마도 3호선에서는 8·26번 목간의 '南景池'가(그림 6) 있다. 특히 남경지는 '남'을 크고 정확하게 쓰고 '경지'를 아래로 내려 작은 글씨로 조금 날려 적고 있다. 이는 착성명의 원리를 정확하게 이해하고 적은 사례라 할 수 있다. 착성명은 마도 1호선에서는 '장' 등의 향리층에서 사용하고 있으나 뒷 시기에 해당하는 마도 2호선이나 3호선에서는 '사자'나 직책이 없는 사람도 사용하고 있다.

화압의 일종인 성명에 대한 내용도 존재한다. 마도 1호
선 34번 목간의 '孝格', 22·38·71번 목간의 '大三'이 있으며,
마도 2호선 18·31·32·42번 목간의 '次知 果祚'(가-④), 8·26
·28번 목간의 '使者 閑三'이 쓰여져 있다. 또한 마도 3호선
3·5·6번 목간의 '使者 善才'(그림 7), 25·27·32번 목간의
'玄祇' 등이 사용되고 있다. 화압 중에서 성명을 사용하는
경우에는 심부름을 하는 사자라는 직임을 가진 담당자와
직임이 없는 사람으로 구성되어 있어 신분이 상대적으로
낮은 계층에서 사용하였다는 것을 알 수 있다. 착성명이나
성명이라는 화압을 사용한 경우에 수취인도 발송인보다
높은 지위의 사람에게 사용하는 '택상(宅上)'을 주로 사용
하고 있다는 점에서도 알 수 있다.

〈그림 7〉
성명

　　이와 같이 고려 출수 목간에는 불성초압, 착성초압,
착성명, 성명 등의 화압을 사용하고 있으며, 사용자의
신분에 맞는 화압을 고르고 있다. 불성초압과 착성초압은 주로 상급자의
화압으로, 착성명과 성명은 보다 하위의 사람들이 사용하고 있었다. 이는
고려사에 보이는 바와 같이 상위자가 하위자에게 보낼 때에는 착압을
사용하고 하위자가 상위자에게 보낼 시에는 착명을 사용한다는 원칙을
대체적으로 준수하고 있는 것이다. 이것은 고려 출수 목간이 단순히 지방
사회에서 제작하여 편의에 따라 사용한 꼬리표가 아니라 고려 문서 행정의
편린을 보여주고 있다는 점에서 의의가 있다. 또한 고려의 물류 시스템이
중앙과 지방을 연결하는 과정에서 문서 행정이 제기능을 담당하고 있었음
을 알려주고 있다.

2) 인·봉과 문서 양식

고려 출수 목간에는 고대 목간에 보이지 않는 글자인 '인(印)'이 기록되어 있다. '인'은 태안선에서 2점(2·17번 목간), 마도 1호선에서 8점(10·19·20·21·26·46·48·56번 목간), 마도 2호선에서 4점(8·19·20·24번 목간), 마도 3호선에서 2점(6·18번 목간)이 확인되었다. 인이 나오는 사례 중에서 대표적인 것이 다음의 예이다.

나-① × 柳將命宅上砂器印 ×(태안선 17번 목간)

나-② 丁卯十月日田出正租貳拾肆石各入貳拾斗印

　　　竹山縣在京典廐同正 宋 화압(마도1호선 19번 목간)

나-③ 高敞縣事審□宅麴一裏入六十員印(마도2호선 20번 목간)

나-④ 앞면 × 石入拾伍斗印 ×

　　　뒷면 × □(마도3호선 18번 목간)

나-①에서는 '柳將命宅上(수신인)+砂器(물품)+印'으로 구성되어 도자기를 수신인에게 보낸 내용의 끝에 인이 붙어있다. ②에서는 '丁卯十月日(연대)+田出正租貳拾肆石各入貳拾斗(곡물, 수량)+印'과 같이 곡물을 보낸 내용의 뒤에 인을 적고 있다. ③에서는 '高敞縣(발송지)+事審□宅(수신인)+麴一裏入六十員(물품, 수량)+인(印)'과 같이 고창현에서 개경의 사심관에게 누룩을 보낸 내용의 뒤에 인을 쓰고 있다. ④에서는 '石入拾伍斗(곡물, 수량)+인'으로 구성되어 곡물을 보낸 내용 끝에 인을 붙이고 있다. 보낸 물품은 도자기, 곡물, 누룩 등 물품으로 차이가 있으나, 내용이 끝난 부분에 인(印)을 적는 점에서 공통된다. 이를 종합적으로 보면, '연대+발송지+수신인+물품+인'과 같이 특정한 물품을 생산지에서 소비지로 보내는 과정에서 작성되었다는 것을 알 수 있다. 나-①③④는 인으로 문장을 마치는 것으로 보아 하나의 문서가 목간에 기록된 예이다. 나-②는 인 다음에도 문장이 이어지고 있어 다른 문서가 덧붙여져 하나의 목간을 구성하게 된다.

목간에 기입된 '인'과 화압은 문서의 끝에 붙는 싸인으로 별개의 문서가 하나의 목간에 기재되었다는 것을 보여 주는 것이다. 이것에는 2가지 형식이 있다.

Ⅰ형식 : 丁卯十月日田出正租貳拾肆石各入貳拾斗＋印 /

竹山縣在京典廐□同正 宋 화압(마도1호선 19번 목간)

Ⅱ형식 : ×(耽津)縣在京隊正仁守戶付砂器壹裏印 /

× 次知載舡 長 화압(태안선 2번 목간)

Ⅰ형식은 '丁卯十月日＋田出正租貳拾肆石各入貳拾斗＋印 / 竹山縣＋在京典廐□同正 宋 화압'으로 구성되어 있다. 이 목간은 '정묘십월일(연대)＋전출정조이십사석각입이십두(곡물, 수량)＋인'으로 이루어진 문서와 '죽산현(발송지)＋재경전구□동정(수신인) 송(발송인) 화압'으로 구성된 2개의 문서가 합쳐진 양식을 보여주고 있다. 전자는 수취와 관련된 내용으로 보아 수취문서의 일부로, 후자는 발송인이 존재하는 것으로 보아 운송문서의 일부로 추정할 수 있다. 이러한 2개의 문서를 기초로 새로운 마도 1호선 20번 목간을 작성하였다. 기초가 된 문서는 종이문서와 목간 모두를 상정할 수 있다. 만약 종이문서라면 실제로 도장이 찍혀 있었을 것이며, 이를 전재하는 과정에서 목간에는 인(印)이라고 표현하였던 것이다. 목간이라면 전자는 갈형 목간, 후자는 검형 목간으로 정의할 수 있다. 무엇을 가정하더라도 2개 이상의 문서가 하나의 목간으로 재구성되었다는 것을 알 수 있다. 따라서 Ⅰ형식은 운송과정에서 작성된 목간이라는 사실을 알 수 있다.

Ⅱ형식은 '×(耽津)縣在京隊正仁守戶付砂器壹裏印 / × 次知載舡 長 화압'이

적혀 있다. '× 현(발송지)+재경대정인수호부(수신인)+사기일리(물품, 수량)+인 / × 차지재강 장(선적인)+화압'으로 구성할 수 있다. 이 목간은 앞면은 발송지에서 수신인에게 도자기를 발송한다는 운송 문서이고, 뒷면은 이를 배에 실으면서 선적인이 확인하는 점검 문서이다. 먼저 작성된 운송 문서에 도장이 찍혀 있었고 이를 확인한 선적인이 싸인을 하는 과정에서 기초가 된 문서의 내용을 다시 목간에 적은 최종 문서인 것이다. 이와 같이 Ⅱ형식 목간은 '인'이 찍힌 운송 문서와 이를 확인하는 화압이 이루어진 점검 문서가 최종적으로 기입되어 제작되었다.

이 경우 인(印)은 두 가지 의미를 가지고 있다. 하나는 목간에 보이는 진흙인 봉니(封泥)에 찍은 음각도장이고, 목간의 형식이 남아 있는 상황을 반영하고 있다. 다른 하나는 종이문서에 찍은 양각도장이며, 인(印)이 적힌 목간은 종이문서를 다시 적은 것으로 종이문서에 찍힌 인장을 표시하는 문자로 사용되고 있다. 후자의 경우라면 종이문서의 존재를 상정할 수 있는 것이다.

〈그림 8〉 마도 2호선의 참기름을 담은 매병과 목간

인과 관련하여 동일한 위치에 적은 '봉(封)'이라는 문자가 주목된다. 마도 1호선 3번 목간에 '崔郎中宅上魚醢壹缸封', 마도 2호선 10번 목간에 '茂松縣□□宅上精蜜盛樽封', 마도 2호선 23·27번 목간에 '重房都將校吳文富宅上眞盛樽封'(그림 8) 등 목간 4점에 '봉'이 쓰여져 있다. 이 목간은 모두 '수신인+물품+수량+봉'이라는 형식으로 이루어진 것으로 '수신인+봉'은 검형 목간의 내용이고, '물품+수량'은 갈형 목간의 내용에 해당한다. 이것은 단지 '물건을 봉하였다'라는 밀봉 행위에만 초점을 맞추기 보다는 목간의 문서 행정에 사용된 "도장을 찍어 문서를 봉함하였다"라는 것이 원래적인 의미였다. 목간을 이용한 문서 행정이 이루어지던 시기의 봉인한다는 의미가 고려시대 목간에서 '봉'이라는 문자로 사용되고 있는 것이다. 목간의 '봉'도 '인'과 함께 검형 목간에 사용된 봉인한다는 의미의 문서양식을 반영하고 있다. 인이 도장이라는 실물을 반영한다면 봉은 도장을 찍어 봉함한다는 의미를 반영하고 있다.

그런데 도장을 찍어 봉함한다는 행위를 의미의 글자인 '봉'을 목간에 적었다는 사실은 '봉'이라는 문자가 종이문서에 쓰였다는 것을 알려 준다. 즉 목간에서 도장을 찍어 문서를 봉인한다는 행위가 종이문서에서 '봉'이라는 문자로 정착하였던 것이다. 이러한 종이문서의 양식이 다시 고려 출수 목간에 반영된 것이다.

3) 검형 목간

검(檢)형 목간과 관련하여 주목되는 형식이 수취인으로 구성된 내용상 I형식 목간이다. 태안선 14호 목간에서는 다른 목간과 달리 앞면에만 '崔大卿 宅上'이라고(그림 9) 기입되어 있다. 그 형태는 상단에 홈이 있고 하단을 직선으로 자른 것으로 총 3점이 출수되었다. 수신인만 존재하기 때문에 내용이 생략된 목간 정도로 보지만 이것도 하나의 목간 형식이다. 수신인만으로 하나의 문서로서 기능하였던 것이다.

목간이 문서 행정에 사용된 것은 진한 시대부터이다. 수신처만 표시하는 문서목간은 한대에 검(檢)이라고 불렀다.[27] 문서를 보낼 때 봉함의 기능을 하는 목간으로 나무의 일부분에 요철(凹凸)을 새기고 파진 부분에 진흙을 넣고

〈그림 9〉 '최태경 택상' 검형 목간

도장을 누른 뒤에 나무 위에 수신인(처)와 송달 방법을 기록하는 것이다. 검에는 2종류가 있었는데, 하나는 수신인(처)만 적은 것이고 다른 하나는 수신인(처)과 송달방법을 적은 목간이다.[28] 이때 사용한 도장을 찍는 진흙을 봉니라고 한다. 이는 수신인이 아닌 사람이 문서를 개봉할 수 없게 한 용도로 사용되었다. 검의 가장 중요한 요소가 수신인이 나오는 서(署)와 인(印)이다. 봉니에 인을 눌러 찍어 봉함하였기 때문에 봉(封)이라 하였던

것이다. 송달에 검이 사용되던 시기에 인은 봉니를 누르는 음각의 도장이며, 종이 문서에 찍는 양각의 도장과는 쓰임새가 달랐다. 중국에서도 양각의 도장을 종이 문서에 찍는 관행은 6세기 이후에 보편화되기 시작하였다.

고대의 검형 목간으로는 나주 복암리 유적 1호 수혈유구에서 출토된 백제목간이 있다(그림 10).[29] 그 형태는 기다란 장방형으로 상·하단에 구멍이 뚫려 있으며, 상·하단을 제외한 전체를 1㎜ 정도 오목하게 파서 '요(凹)'자형이다. '철(凸)'자형의 덮개가 발견되지 않았으나 요철 2개의 목간을 합하여 묶어서 고정한 이후에 봉인하는 형태이다. 경우에 따라서는 2개의 목간 사이에 문서를 끼우기도 하였다. 남아 있는 목간에는 '上', '十一'이라는 문자가 있어 '~에게 올림', '11(번)'이라는 의미로 읽힌다.

〈그림 10〉 나주 복암리유적의 검형 목간

이렇게 본다면 태안선 14번 목간은 그 자체로 봉함의 의미를 가지는 목간의 검이며, 검 중에서 수신인만 표현한 목간임을 알 수 있다. 검은 수신처를 위주로 기입하는 것이므로 내용물을 알려주는 갈(楬) 등의 목간이 함께 있었을 것이다. 검과 갈을 이용하여 물품의 포장을 재현한 것이

27) 大庭修 編, 『木簡』, 大修館書店, 1998, 38~39쪽.
28) 도미야 이타루 지음·임병덕 옮김, 앞의 책, 2005, 183~187쪽.
29) 국립나주문화재연구소, 『나주 복암리유적Ⅰ-1~3차 발굴조사보고서』, 2010.

〈그림 11〉 중국 한대 검(檢)[위]과 갈(楬)[아래]의 복원

<그림 11>이다.30) 그러나 태안선에는 갈의 기능을 가진 마도 1호선 7번 목간이 출수되었으나 다른 각도에서 종이 문서의 존재를 상정할 필요가 있다. 종이 문서에는 물품과 수량을 표시하는 목간인 갈에 해당하는 내용이 들어 있었을 것이다.

4) 갈형 목간

물품과 함께 전달하는 목간으로는 검과 함께 갈(楬)이라는 것이 있는데, 우리말로 번역하면 꼬리표 목간이다. 원래 중국 한대의 목간에서 갈은 머리 부분에 동그스름한 모양을 붙여 사선의 격자 문양이나 검게 칠한 문양에 끈을 넣는 구멍을 뚫는 형태와31) 목간의 상단에 홈을 넣어 끈을 걸도록 하는 형태가32) 있다.

부여 관북리에서 출토된 백제 목간 중에는 중국 한대와 같이 검은 칠이나

---

30) 기원전 2세기 전한시대의 관료인 이창의 부인 무덤(호남성 장사시 마왕퇴한묘)에서 출토된 죽행리(竹行李)의 복원복제품이다. 필자가 일본 국립역사민속박물관에 보관된 것을 당관 西谷大 선생의 호의로 촬영하였다.
31) 每日新聞社, 『古代中國の文字と至寶』, 湖南省出土古代文物展, 2004, 68쪽 도판 35·36.
32) 도미야 이타루 지음·임병덕 옮김, 앞의 책, 2005, 117쪽.

〈그림 12〉 부여 관북리 출토 백제 갈(楬)

격자 문양은 없으나 머리 부분이 둥근 갈과 동일한 형태(그림 12)가 있는데,[33] 백제에서는 7세기까지도 갈이라는 꼬리표 목간을 사용하였음을 알 수 있다. 이러한 형태의 갈은 창고나 문서고에 보관할 경우에 붙인 정리의 표식이라고 할 수 있다. 갈은 내용물의 개요가 적혀 있는 표찰이며, 물품명과 수량, 연대 등 목록에 해당하는 내용이 적히게 된다.

상단에 홈을 넣어 끈으로 묶은 목간에는 발송인이 추가되기도 한다. 이러한 형태의 갈에 해당하는 꼬리표 목간이 함안 성산산성에서도 발견되었는데, 6세기 중반대의 신라 목간이다. 목간에는 '급벌성문시이패석(及伐城文尸伊稗石)'과 같이[34] '지명(발송지)+인명(납부인)+곡물명+수량'이라는 양식으로 기록되어 있는데, 이는 갈인 꼬리표 목간에 해당한다.

고려 출수 목간 중에도 이에 해당하는 내용이 있다. 마도 1호선 7번 목간에는 '회진현여백미입이십사석(會津縣畲白米入貳拾肆石)'이 기입되어 있는데, '발송지(인)+물품+수량'의 형식이다. 발송지는 '회진현'이며, 물품은 '여백미'이고 수량은 '(입)이십사석'이다. 이 목간은 다른 마도 1호선 목간과 달리 나무껍질만 벗기고 다듬지 않고 적은 것이며, 물품을 매달기 위해 판 홈이 없다. 이것은 내용상으로 중국 목간의 갈에 해당하는 것으로 물품을 묶은 끈에 고정하거나 물품을 넣은 자루나 가마니 등에 넣었을 것이다. 고려 출수 목간에는 수취인이 대부분 적혀 있으나 이것에는 수취

---

33) 국립부여박물관·국립가야문화재연구소, 『나무 속의 암호, 목간』, 2009, 44쪽.
34) 국립부여박물관·국립가야문화재연구소, 앞의 책, 2009, 105쪽.

인에 해당하는 내용이 없다. 그 내용이 갈에 해당하므로 수취인이 없는 것이 당연하며, 수취인이 적힌 태안선 14번 목간과 같은 형식의 검이 따로 존재하였을 것이다.

4. 운송대장의 복원

고려 출수 목간이 제작되어 사용되던 시기에는 종이 문서가 제도적으로 확립된 시기였다. 그럼에도 불구하고 수취와 관련된 문서에서 목간도 일정한 기능을 수행하고 있었다. 목간이 종이 문서의 보조적인 위치에서 제한적으로 사용된 측면도 있으나 종이 문서로 대체할 수 없는 경우에는 목간 그 자체도 문서의 기능을 하였던 것이다. 나무는 종이와 달리 견고하여 출수 목간과 같이 물품의 이동과 관련하여 사용하였다. 목간을 여러 개 늘어놓고 정보를 집적하거나 그것을 정리하여 종이에 기록하였던 것이다. 이와 반대로 종이에 쓰인 정보는 분해하여 목간에 기록하기도 하였다.[35] 따라서 목간을 종이 문서와 결부하여 이해할 필요가 있으며, 목간을 통해 종이 문서의 양식을 일정 부분 추출할 수 있는 것이다.

고려 출수 목간은 기본적으로 조창이 있는 포구에서 배에 물품을 선적하면서 최종적으로 작성하였던 것이다. 경우에 따라서는 군현에서 물품을 조창으로 운송하는 과정에서 작성한 것도 존재하고 있다. 두 경우에 모두 운송과 관련되었다는 점에서 공통점을 가지고 있다. 그렇지만 목간의 내용 중에는 군현에서 일반 민호에게 조세를 수취한 물품도 존재하고 있으므로 생산지에서 수행한 물품의 수취에 관한 목간의 존재도 상정할 수 있다.

---

35) 市大樹, 『飛鳥の木簡』, 中央公論新社, 2012, 10쪽.

이 경우에 참조가 되는 것이 함안 성산산성 목간의 내용이다. 이것은 신라 상주(上州)에서 수취한 물자를 하주(下州)의 함안으로 보낸 목간으로 '지명(발송지)+인명(수납인)+곡물명+수량'이라는 양식으로 기록되어 있다. 이를 참고로 한다면, 고려시대 생산지에서 물품을 수취할 때에도 이와 유사한 내용을 담은 목간이 물품에 따라 붙었을 것이다. 그런데 민호에게 물자를 수취하기 위해서는 수취대장이 있었을 것이며, 종이 문서인 대장과 대조하면서 꼬리표 목간을 작성하였을 것이다. 이러한 개별 가호단위로 수취된 물품과 함께 꼬리표 목간도 군현에서 모아져 조창으로 운반되었을 것이다. 이 과정에서 개별 가호별로 모은 물품은 군현단위로 운송되면서 개별 가호는 내용에서 빠지고 '군현명+발송인+수취인+물품명+수량'이 기입되었을 것이다. 고려 출수 목간에서도 물품을 납부한 사람은 빠지고, 수취인이 첨가되며 군현명과 발송인만 남게된다. 마도 2호선 29번 목간에서는 '茂松縣(발송지 군현)+在京韓宅(수취인)+田出末醬壹石各入二十斗(물품)+使者金順(발송인)'으로 표현되었다. 여기에다가 발송한 날짜를 적고 발송인이 화압을 하기도 하였다. 이 단계에서 작성된 목간에는 '연대+물품(+수량)+인(봉)+발송지+수취인+발송인+화압'이 기입되었다. 고려 마도 1호선 19번 목간에서는 '丁卯十月日(연대)+田出正租貳拾肆石各入貳拾斗(물품)+印 / 竹山縣(발송지)+在京典廄□同正(수취인) 宋 화압(발송인)'으로 표현되었다. 이 목간의 완전한 내용은 종이 문서로 된 수취 및 운송 대장을 근거로 하였을 것이며, 이것을 물품과 대조하여 목간을 작성하였던 것이다.

군현 단위에서 수취물의 징수에 관여하고 실질적으로 책임을 졌던 것은 군현의 향리였을 것이다. 또한 물품을 조창으로 운반하는 업무도 향리의 몫이었다.[36] 출수 목간에서 호장 등 향리가 발송인으로 등장하는 것도

36) 박종진, 『고려시기 재정운영과 조세제도』, 서울대학교출판부, 2000, 103~104쪽.

이러한 이유에서였다. 고려에서 조세체계가 잘 유지되던 때에는 향리가 조세의 수취와 운송에서 안정적으로 임무를 수행하는 과정에서 가능하였을 것이다. 그런데 목간의 기재 내용으로 보아 발송인은 향리→ 사자→ 특수 인명 등으로 변화하고 있다. 고려에서는 초기에 국가의 지방 지배와 관련을 가지는 향리가 운송을 책임졌으나 차츰 물품의 발송에 대하여 사자가 책임을 수행하였고 다시 후기에는 특정 개인이 이를 담당하였음을 알 수 있다.

개별 가호에서 수취한 곡물은 조창으로 운송되는 과정에서 군현 단위로 모아서 조창으로 운반하였다. 하나의 군현에서 일시에 조창으로 운송한 것이 아니라 군현 내 지역을 나누어 시차를 두고 운송하였다는 것을 반영하고 있다. 이것은 마도 1호선 목간의 내용에서 알 수 있다. 여기에 나오는 죽산현의 수취물은 '정묘십월일', '정묘십이월일', '정묘십이월이십팔일', '무진이월십구일'에 보이는 바와 같이 1207년 10월, 12월, 12월 28일, 1208년 2월 29일에 각각 생산지인 죽산현에서 출발하고 있다.[37] 그 해 10월에서부터 이듬해 2월까지 운송을 하고 있는 상황을 알 수 있다. 조선시대에 각 군현에서 해당 조창으로의 운송 업무는 11월 1일부터 시작하여 다음해 정월까지 완료하였다고 한 상황과 유사한 것을 알 수 있다. 고려 당시에도 11월부터 1월까지 운송하는 원칙이 있었을 것이나 현지에서는 상황에 따라 대응하였을 것으로 보인다.

개별 군현에서 조창으로 운송된 수취물은 이듬해 2월부터 개경으로 조운되었다는 것으로 보아 2월부터 선적하였을 것이다. 군현 단위로 선적된 물품을 관리하는 것은 군현의 향리였으나 짐을 배에 싣는 임무는 조창에 있던 향리인 색전이 담당하였다. 목간에는 '차지재선 장', '차지재강호장

---

37) 죽산현이 발선처인지는 확실하지 않다. 만약 발선처라면 죽산현의 죽성포(竹城浦)일 가능성이 있으나 장흥창(長興倉)이 있는 조동포(潮東浦)로 보는 견해도 있으므로 판단을 유보한다(한정훈, 앞의 논문, 2011, 106~107쪽).

송' 등으로 표현되어 있다. 색전은 각 군현에서 도착한 물품을 선적할 경우에 확인하는 업무도 수행하였을 것이며, 이것이 출수 목간에 표현되었던 것이다. 이 단계에서 작성된 목간이 '연대+발송지(인)+수취인(처)+물품(+수량)+인(봉)+선적인+화압'이라 할 수 있다. 이 목간에는 수취용 꼬리표 목간에 있던 '발송지+물품'에다가 군현에서 운송하는 과정에서 '연대+발송지(인)+화압'이 첨가된 것을 반영하고 여기에다가 '선적인+화압'을 더하여 최종적인 완성형 목간을 만들었던 것이다. 고려 태안선 2호 목간에서는 '× 縣(발송지)+在京隊正仁守戶付(수신인)+砂器壹裏(물품, 수량)+印 / × 次知載舡 長(선적인)+화압'으로 표현되었다. 최종적으로 작성된 목간에는 이전에 작성한 종이문서나 목간의 내용이 합쳐져 기입되었다. 이것은 목간 내에 있는 '인'과 화압을 통해 알 수 있다.

따라서 고려 출수 목간에는 수취대장+운송대장이 합쳐진 내용이 들어갈 수 있었던 것이다. 그런데 실제로 출수된 목간의 각각에는 모든 내용을 담지 않고 있다. 이는 당시 수취 및 운송 문서가 목간만으로 이루어진 것이 아니라 종이 문서로 된 대장이 따로 존재하였기 때문에 가능하였던 것이다. 고려시대의 문서는 종이 문서를 근간으로 하고 있었으나 목간도 용도나 기능에 따라 사용하였다는 사실을 알 수 있다.

5. 맺음말

이 글은 고려 출수 목간을 대상으로 그 외형 및 내용의 구성 요소를 중심으로 게재된 내용을 분석하여 고려 문서 양식을 추출하고 그를 통해 운송체계의 일단을 밝히고자 하였다. 그 과정에서 고대 한국, 중국, 일본의 관련 목간과 종이 문서의 양식을 비교 검토하여 고려 목간의 시공간적인 위치를 조망하였다.

고려 목간은 외형적으로 홈의 유무를 기준으로 홈이 있는 I형, 홈이 없는 장방형의 II형, 홈이 없이 하단부가 뾰족한 III형으로 구분할 수 있으나, 홈형이 대부분이다. 내용상으로는 '연대+발송지(+발송인)+수취인+물품+인(봉)+선적인+화압' 등으로 구성되어 있다. 그 속에는 발송지+물품 등의 수취, 수취인+물품 등의 운송, 연대+선적인 등의 선적과 관련된 내용이 들어 있다. 이는 다양한 목적으로 작성된 목간이나 문서의 내용이 들어 있다는 사실을 의미하며, 선적하는 과정에서 최종적으로 작성하였다. 그 중에서 '수취인+물품'을 기입한 목간이 많은 것으로 보아 수취인과 물품이 가장 중요한 요소임을 알 수 있다. 그러나 문서양식상으로는 화압과 인(印)이 가장 중요한 요소이다.

목간에 보이는 인(봉)과 화압은 문서의 말미에 찍거나 싸인한 것으로 다른 성격의 문서가 하나의 목간에 기입되었다는 것을 보여준다. 화압에는 인명 전체를 싸인으로 처리한 불성초압, 성을 정서하고 이름만 싸인으로 처리한 착성초압, 성을 정서한 착성명, 이름만 정서한 성명 등이 있어 고려사의 규정을 준수하고 있다. 화압은 상위자의 경우에 착압을, 하위자의 경우에 착명을 사용하여 문서 결재의 원칙을 잘 보여주고 있다. 목간의 인은 실지로 도장을 찍은 것은 아니고 인이라는 글자로 도장을 찍었음을 표현하고 있다. 인은 목간 중에서 검에 사용한 음각도장을 의미하기도 하지만, 종이 문서의 말미에 찍은 양각도장의 날인을 나타내기도 한다. 인과 화압이 함께 존재하는 목간은 수취문서와 운송문서가 결합한 I형식, 운송문서와 점검문서가 결합한 II형식이 있다. 모두 2개 이상이 문서를 다시 목간에 옮겨 적었다는 점을 알 수 있다.

또한 고려 출수 목간에는 물품을 송부할 때에 작성된 봉함의 의미를 가지는 검 형식의 '수신인+연대+인(봉)', 창고의 목록이나 화물의 꼬리표로 갈 형식의 '발송인+물품+수량'이 포함되어 있다. 이러한 다양한 성격의 목간과 종이 문서의 양식이 합쳐져 출수 목간의 양식을 구성하게 되었던 것이다. 이러한 요소를 분석하여 고려 문서 양식을 추출할 수 있었다.

고려 출수 목간은 생산지에서 물품을 수취하는 과정에서 일차적으로 작성되었으며, 이를 군현에서 모아 조창으로 운반하는 과정에서도 작성하였다. 조창에서 배에 화물을 실을 경우에 최종적으로 '연대+발송지+수취인+물품(+수량)+인(봉)+선적인+화압'의 목간이 작성되었다. 지방사회에서 문서를 작성한 계층은 향리층으로 분류되며, 출수 목간에서도 향리층은 발송인과 선적인으로 주도적인 역할을 수행하고 있다.

고려시대의 문서 행정은 종이 문서를 주로 하고 목간을 용도에 따라 함께 사용하는 방식을 지향하고 있었다. 따라서 목간이 단지 화물에 따라 붙는 단순한 꼬리표 역할만 한 것이 아니었다. 고려 출수 목간의 내용에는 인과 화압이 들어 있는 종이 문서의 양식이 반영되어 있으며, 고대 목간의 검과 갈에 보이는 수취인과 인, 발송지와 물품 등의 내용도 들어가 있다.

관계와 소통
─고려왕조 중앙과 지방의 네트워크─

연구발표회 개요
–일시 : 2016년 7월 1일(금) 13시~18시
–장소 : 가톨릭대학교 성심교정 다솔관 301호
–주최 : 가톨릭대 고려다원사회연구소, 한국중세사학회 공동주최
–후원 : 한국연구재단

　2016년 7월 1일(금) 오후 1시부터 가톨릭대학교 성심교정 다솔관 301호에서 "관계와 소통─고려왕조 중앙과 지방의 네트워크"라는 주제에 대한 연구발표회가 성황리에 개최되었다. 한국연구재단의 토대연구 지원사업의 일환으로 진행된 연구발표회는 '관계와 소통, 통합과 자율의 다양성'(홍영의)에 대한 총론발표를 비롯해 "1부─다원성과 지역성", "2부─소통과 관계망", "3부─유통과 확산"이라는 주제 아래 총 6편의 발표를 진행하였다.

　이번 연구발표회에서는 고려시대 중앙과 지방사회 사이에 작동된 각종 네트워크와 그것을 통해 이루어진 교류·소통 양상에 대한 탐구에 중점을 두었다.

개별 발표 주제와 순서는 다음의 표와 같다.

	◦ 사회자 : 최봉준(가톨릭대 고려다원사회연구소) ◦ 개회사 : 김갑동(한국중세사학회 회장, 대전대)
총론발표	◦ 관계와 소통, 통합과 자율의 다양성 ◦ 발표 : 홍영의(국민대)
제1부 다원성과 지역성	
제1발표	◦ 고려전기 지방지배체제의 다원성과 계서성 ◦ 발표 : 채웅석(가톨릭대)
제2발표	◦ 고려중기 삼국부흥운동의 地域性과 抵抗性 ◦ 발표 : 신안식(가톨릭대)
제2부 소통과 관계망	
제3발표	◦ 고려시대 지방에 대한 관인층의 관계 양상 ◦ 발표 : 서성호(국립중앙박물관)
제4발표	◦ 나말여초 금석문에 나타난 불교사원과 승려의 교류와 소통 ◦ 발표 : 한준수(가톨릭대)
제3부 유통과 확산	
제5발표	◦ 고려전기 분묘 출토 자기해무리굽완의 확산과 소비양태 ◦ 발표 : 한혜선(가톨릭대)
제6발표	◦ 태안 침몰선 목간에 보이는 운송대장의 양식과 그 의의 ◦ 발표 : 김재홍(국민대)
제4부 종합 토론	
	◦ 사회 : 박종기(국민대)
	◦ 토론 : 윤경진(경상대), 한기문(경북대), 한정훈(목포대), 이진한(고려대)
	◦ 폐회사 : 채웅석(고려다원사회연구소 소장, 가톨릭대)

모두 6개의 연구발표가 이어진 후 4명의 전문 연구자를 초청하여 종합토론을 진행하였다. 각각의 논문에 대한 세세하고도 정확한 질문을 통하여 이후 연구 내용의 질적 향상을 도모할 수 있었다. 토론과정에서 제기된 가장 큰 문제는 다원성의 개념과 성격, 그리고 이것이 고려시대에는 어떻게 작용하였는가 하는 것이었다. 1차 년도에는 개념과 성격에 대한 문제가 제기되었다면, 2차 년도에는 고려의 중앙과 지방사회의 관계 속에서 나타나는 계서성과 관련하여 제기되었다는 점이 달랐다. 이러한 기회를 통하여

발표자를 포함한 연구소 구성원들은 문제의식의 구체적인 부분들에 관한 해답을 찾고 새로운 연구영역을 개척할 수 있는 발판을 마련할 수 있었다.

다른 한편으로 다원성과 계서성을 현대사회 문제와 관련해서는 어떻게 바라볼 수 있는가 하는 것에 대해서도 생각해 볼 수 있었다. 현대사회에서 통용되고 있는 다원주의는 둘 이상의 실제적인 존재 내지는 원리를 내세워 상호 경쟁·갈등·협력·공존의 관계로부터 현상 내지는 세계를 설명하는 이론이다. 이를 통해 개체간의 공존과 갈등의 문제, 원리 간의 공존과 갈등의 문제를 같이 생각해본다면, 고려사회의 다원성은 분명히 우리 사회의 문제점을 파악하고 해결점을 모색하는 데 도움을 줄 수 있다는 것도 재확인하였다.

그러나 역사인식의 측면에서 아직도 보완이 필요하다는 것도 분명한 현실이라 할 수 있다. 다원성과 계서성을 중심으로 고려사회를 파악할 때 공존과 갈등의 문제는 반드시 직면하게 되는 과제이다. 따라서 공존과 조화, 대립과 갈등 문제를 제대로 짚어내고 소화할 수 있어야 할 것이다. 그럴 경우 최근까지의 연구에서 밝혀진 귀화인과 다문화적 측면들을 과연 어떻게 서술하고 인식할 것인가 하는 문제도 마주하게 된다. 토론과정을 통하여 이 문제에 관한 해답과 연구의 방향성을 확인하고 더불어 3차년도 연구에 대한 전망도 할 수 있었다.

연구발표회 종합토론

박종기(사회) 1차 년도의 '경쟁과 조절, 다양한 삶의 양식과 통합 조절'이라는 주제에 이어 2차 년도에는 '관계와 소통, 중앙과 지방의 네트워크'를 주제로 하였다. 역사학은 실증주의를 방법론으로 하고 그것은 여러 가지 사례를 모아 일반화하여 법칙으로 구성하는 것이다. 그런데 고려사회를 다원사회로 보고 하나의 원리가 아닌 다양한 원리를 찾는 것은 종래의 방법과는 다르다. 따라서 생소한 점이 있을 것이다.

오늘 발표는 완성된 원고가 아니라 중간발표의 성격을 가지고 있으며 이를 기초로 후에 논문으로 다시 발표될 예정이다. 토론자 선생님들께서도 고려 다원사회론의 보완, 새로운 이야기의 출발을 위한 보론을 제시해 주시길 기대한다.

〈제1부〉 다원성과 지역성

윤경진　　1부의 두 발표문은 공통적으로 특정한 개념을 채용하고 있다. 다원성과 계서성, 지역성과 저항성이 그것인데 내용을 체계적으로 이해할 수 있는 강점이 있는 반면 내용이 불명확하거나 개념이 충돌하거나 지표가 모호할 경우 이해가 어려워지는 난점이 있다.

일단 첫 번째 발표자(채웅석)의 발표에서 나타난 다원성과 계서성은 일차적으로 상충되는 개념이다. 다원성은 여러 가지 기준이 공존할 수 있다는 전제에서 출발하고 계서성은 계층 혹은 서열을 만들기 위한 하나의 기준을 전제로 한다. 반면, 다른 면에서 접근하자면 계서성이 가진 일원적 성격도 넓게 보자면 다원성에 포함된다고 할 수도 있을 것이다. 따라서 전자의 경우뿐만 아니라 후자의 경우도 계서성의 언급 없이 다원성 하나로만 설명할 수 있지 않을까?

또, 주현과 속현을 발표자는 계서성과 연관하여 설명하고 있다. 그러나 외관은 군현제에 속한 존재가 아니고 주현과 속현은 외관의 존재 유무가 아니라 읍사의 관계에 따라 결정되는 것이라고 한다면 그것은 계서적인 관계가 아닌 병렬적인 관계이다. 오히려 군현제는 계서성이 아니라 다양한 관계를 보여주는 다원성의 지표로서 더 적합한 것이라고 생각된다.

두 번째 발표자(신안식)의 경우도 마찬가지이다. 지역성과 저항성보다는 발표문 안에 보이는 지역적 집단성과 배타성이 더 본질적인 개념이 아닌가 한다. 지역성의 키워드는 3경이고 그것이 서적과 남적, 다음으로 고구려와 신라의 부흥운동과 연결되는데 이것이 저항성으로 연결되는 부분은 찾기 어려웠다.

또한, '다원적 영역인식'이라는 개념도 어렵고 이것과 연결된 다경제가 개경의 위상을 높인다는 설명도 이해하기 어려웠다. 시기나 단계마다 각 경(京)이 가진 위상은 달라질 수 있지만 분산적인 다경제가 어떤 과정을 통하여 개경의 위상을 높이는지에 대한 설명이 필요하다.

한편, 3경 문제와 삼국부흥운동을 연결시키는 구도에서 서경과 동경은 이해가 쉬운데 문제는 백제의 경우이다. 백제 지역에는 경(京)이 없었다. 동경과 신라, 서경과 고구려를 연결할 경우 백제는 이해가 어렵게 된다. 따라서 삼국부흥운동 중 신라와 고구려만을 다루는 것이 어떤지 제안 드린다.

박종기　다원성과 계서성 문제, 삼국부흥운동과 다원적 영역인식, 3경제의 연결 문제를 답변해 주시길 부탁드린다.

채웅석　개념적으로 다원성의 반대는 일원성이고, 계서성의 반대는 병렬성이다. 초기의 다원주의는 병렬성을 강조했는데, 최근에는 병렬성을 전제로 다원성에 접근할 필요가 없다고 한다. 서로 다른 정치적 정체성과 권력 배분에서의 이해관계를 갖는 다양한 개체와 집단이 다원주의의 기본 전제인데, 신다원주의에서는 개체 간 관계에 평등성과 병렬성이 전제되지 않고 위계성과 층위성이 나타날 수 있다고 본다. 전근대나 현대나 동등한 권력을 갖는 개체들이나 집단은 없으며 분명히 힘의 관계가 작용하고 있다.

제가 이해하는 다원성, 다원주의는 둘 이상의 실제적인 존재 내지 원리 사이의 상호 경쟁·갈등·협력·공존의 관계로부터 현상 혹은 세계를 설명하는 이론이다. 그런 관점에서 보면, 고려전기 지방제도가 국가의 지배의지를 관철시키면서도 나말여초 자위조직들의 다양한 양태와 그 지방세력의 자립성·자율성을 바탕으로 구성되었고, 그 바탕 위에서 지방제도의 편성 원리 내지 지배방식도 다원적이었다는 점이 부각된다.

한편, 지방제도 상에서 계서성은 주현이 속현을 지배한다는 의미가 아니라 지배 방식의 층위성을 고려한 표현이다. 예컨대 읍격 승강을 보면 상벌의 수단으로 이용되었다. 그 관련 사료가 여말선초에 집중되어 있기는 하다. 고려전기에는 지방제도가 안정적이어서 읍격 승강이 잘 제어되고 있었다고 짐작되고, 군현이나 부곡제 지역의 특례 승강이 고려후기에 많이 나타나는 것은 지배체제의 이완과 관련하여 보아야 한다.

박종기   토론자께서 더 하실 말씀이 있는가?

윤경진   군현의 특례 승격이 고려전기에 억제되고 있었다면 이는 고려의 원형이 아니라 변화의 산물이라는 의미이다. 그렇다면 고려의 지배원리라고 할 수 없지 않은가?

채웅석   계서적 지방제도는 고려초기 지방사회의 자율성과 다양성을 감안하여 만든 것이다. 특례 승격이 빈번하게 일어나게 되면 계서적 지배질서 자체가 이완되게 되기 때문에 지배체제가 안정적으로 유지되기 위해서는 억제가 필요하였다. 고려중기에 사회 변화에 따라 점차 모순이 드러나면서 특례 승격 등이 많이 나타나게 되었는데, 부곡제 지역의 감소, 감무 파견 등 지방제도 상의 변화가 시작되는 시점도 그때부터였다.

윤경진   계서적 지배원리가 원래 내재하고 있다는 것인가?

채웅석   그렇다.

박종기   처음 제도가 만들어지면 일정한 시간이 지나야 변화되는데 그 변화의 시점을 시작으로 볼 것인지 아닌지에 대한 논의였다. 또한 계서성은 권력관계 혹은 계급관계로 정치권력만이 아닌 의례나 관습에 의해 차별받는 것도 포함한다. 이러한 문제는 고민해야 하는 것으로 토론자께서 잘 지적해 주셨다. 다음 발표자의 답변 부탁드린다.

신안식   우선, 삼국부흥운동에 대한 지적은 전부 인정한다. 그러나 기존의 관례를 따라 삼국부흥운동이라는 단어를 사용했고 지적대로 경(京)이 없기 때문에 '권역'이라는 용어를 사용했다. 이 부분에 대해서는 더 고민해 보겠다.

다경제와 개경 위상의 문제에 대하여 말씀드리겠다. 개경은 기본적으로 고려 역사 내내 천도운동에 시달리는 불우한 역사를 가지고 있다. 그러나 실제 천도가 시행된 것은 대몽항쟁기의 일시적인 일이었다. 또, 서경이나 동경은 필요와 사건에 의해 격이 올라가거나 내려갔지만 개경의 국도라는 위상은 분명했다.

'다원적 영역인식'이라는 용어는 다원성과 통합성이라는 주제에 입각해 과감하게 던진 용어였는데 지적에 따라 좀 더 고민하겠다.

박종기   토론자께서 상당히 중요한 지적을 하셨고 발표자들도 이 점을 충분히 감안하시길 바란다.

〈제2부〉 소통과 관계망

한기문   2부의 첫 번째 발표자(서성호)는 관인층과 지방민의 관계와 소통을 목표로 하였는데 소통에 대한 이야기는 많지 않다. 지방관의 토호 제어와 관련하여 수령 5사와 조선시대 수령 7사를 비교하였는데 그보다는 봉행 6조를 고려하는 것이 좋을 것 같다.

다음으로 지방민의 교류와 혼인에 대하여 사회경제적인 변화와 그 요인 및 배경에 대한 해석을 유보하였는데 그 부분에 대한 본인의 생각을 밝히는 것이 좋겠다.

퇴거지 선정에서 본향·처향·외향 등이 고려되는 것은 조선후기의 본향 중시와는 차이가 있다. 이에 대한 지방민의 반응이나 소통, 사회적인 배경 등을 설명할 필요가 있다.

두 번째 발표자(한준수)는 너무 선승과 선종 위주로 설명하고 있어 반론 의 여지가 많다. 또 지방제도의 자율성을 철불을 예로 설명하고 있는데, 철불의 기술적 측면을 볼 때 지역에서 자체적으로 이루어졌다고 보기에는 어렵다고 생각된다.

발표에서 지적된 교종의 선종에 대한 배타성 문제는 화엄종에서 선종으 로 이행하는 경우도 많은데다가 철불 가운데 많은 수가 화엄종의 상징인 비로자나불이라는 점도 설명하기 어렵다.

태조와 결연을 맺은 승려들의 중국 승맥이 다양하다는 점을 지적하였는 데 여기에는 세대 차이가 있을 뿐만 아니라 계보로는 이해하기 어려운 점이 있다. 오히려 태조 측근의 승려와 지방의 관계와 역할을 주목해야 한다. 선승 비문에 나타나는 지방세력의 명단 등은 여러 연구가 있지만 이를 통하여 지방의 자율성과 독자성, 관계망의 형성 등에 대한 이야기가 첨부되는 것이 좋을 것 같다.

마지막으로 용어에 대한 개념 보충이 필요하다고 생각된다.

박종기　토론자께서는 주로 논증의 문제를 지적하였는데, 이에 대한 답변 을 부탁드린다.

서성호　토론자께서 지적하신 봉행 6조 문제는 확인하고 좀 더 생각해 보겠다.

은퇴지, 일시 퇴거지, 장지 선택에 대한 지적은 중요하다. 논문 형태를 갖추기 위해서는 이에 대한 근거가 더 필요한 것은 사실이다. 그러나 자료의 부족으로 이 이상을 말하기는 어렵지만, 향후 사회경제적 배경과 관련해 더 면밀하게 보완하도록 하겠다.

한준수　토론자께서 지적해 주신 부분은 본인 역시 부족한 부분이라고 생각하고 있다. 열심히 보완하도록 하겠다. 감사하다.

박종기　세 번째 토론 부탁드린다.

〈제3부 유통과 확산〉

한정훈　3부의 첫 번째 발표자(한혜선)는 해무리굽완 부장 분묘 분석에서 10세기 말과 11세기에 중점을 두었는데 해무리굽완이 13세기까지 제작이 된 것을 염두에 둘 필요가 있다. 또, 차 문화의 물질문화로 해무리굽완에 접근한다면 분묘의 공반 유물을 분석하고 그 중 해무리굽완이 주요 부장품 임을 설명해야 할 것 같다. 또, 해무리굽완을 부장한 대부분의 분묘가 지배층의 것이라면 이것이 대읍에 주로 집중되었다는 내용의 부각이 반드 시 필요한 것인지 설명을 부탁드린다.

확산의 배경과 경로에서 해당지역의 역사적 환경을 함께 고려하는 것이 중앙과 지방의 소통이라는 측면에서 더 좋은 관점이 아닌가 한다. 또한 전국적인 확산의 중요 배경으로 교통로와 운송시스템의 정비를 강조하였 는데 도자기 유통에 인적·물적 자원이 어떻게 활용되었는지에 대한 고민 이 필요할 것 같다. 조운에 결합시킨 도자기 유통은 결국 서남해의 도자가 개경을 경유하여 다시 지방으로 확산된다는 것인데 별도의 경로는 없었는지 하는 것이다. 예를 들면 해운과 수운 같은 것들이다.

11세기 단계에 지방의 차 문화 향유 정도와 차 문화를 중앙의 문화나 중앙지향성으로 표현하는 것이 적절한지도 의문이다. 차 문화의 확산과 관련해서는 다양한 의견이 있는데 본인의 경우 지방의 차 문화는 발표자가 생각한 것보다 더 보편적이었다고 생각한다. 차 문화나 도자가 과연 개경 중심이었는지에 대해서는 재고의 여지가 있다.

두 번째 발표자(김재홍)의 발표문에서 우선, 내용 분류에서 네 가지 사례의 발송자를 향리로 규정할 수 있는가 하는 문제, 특정인을 수신인으로 지정한 물품을 수취의 사례로 파악할 수 있는지에 대한 답변을 듣고 싶다. 한편, "차지재선 ○장(次知載船 ○長)"을 조창에 있는 색전(色典)으로 파악한 점은 특징적이다.

다음으로 고려시대 목간에서 수결과 화압이 나타나는데 이것은 고대 목간에서도 나타나는가 하는 점이 궁금하다. 이것이 확인된다면 고려 목간은 단순한 꼬리표가 아니라 특수한 기능을 가지고 있다는 점이 부각될 것이다.

또, 고려 출수 목간의 유형이 세 가지라는 것인지, 그렇다고 한다면 왜 첫 단계와 두 번째 단계의 목간이 침몰선에서 나온 것인지, 목간의 기재양식이 다양한 것처럼 수취대장과 운송대장이 따로 존재했다는 것인지도 답변을 부탁드린다.

마지막으로 이것이 과연 조세의 성격을 띤 물자인지를 규명하는 것은 근본적인 문제이다. 현재의 연구 성과에 따르면 이는 긍정적으로 받아들여지고 있지 않은데 만약 그렇다면 민간에서 운영된 목간이 국가의 문서행정 체계에서 어떤 의미를 가진 것인지 궁금하다.

박종기　토론자의 문제 제기는 보완해서 해결될 문제가 아니다. 그러나 시간관계상 발표자들에게 이러한 문제 제기를 유념해 주실 것을 간청드리며 토론을 마치도록 하겠다.

〈전체토론〉

이진한　전체적인 발표와 별도로 다원성 아젠다에 대한 여러 가지 말씀을 드리고자 한다. 원래 본인은 고려사회가 다원적이라는 것에 대해서 의심하지 않았다. 그런데 이러한 다원성이 조선후기와 비교해서 만들어진 고려시대 사회상일 수도 있다. 즉, 과연 고려사회만 다원적인가라는 근본적인 의문을 가질 필요가 있다.

다원성 논의에 주목하는 이유 중 하나는 현재 한국사회가 다문화사회로 변화하는 데 대한 해결책을 역사 속에서 찾자는 것도 있다. 그러나 그 내용은 다분히 선언적이다. 연구 범위를 고려에 한정하지 말고 비교사적 관점을 통해 시대성과 특수성을 고찰해야 한다.

다음으로 고려의 중국 문화 수용을 두고 개방적인 사회라고 평가하나 실질적으로는 고려의 문화적 수준이 낮고, 정치사상 문화적 기반이 취약했다는 것을 반증하는 것으로 볼 수 있다. 그러나 뭔가 전환점이 필요하고, 필자는 다원성이 적절하다고 생각하나 다원성의 의미에 대해서는 되새겨 볼 필요가 있다.

마지막으로 다원적 사회에서 각 요소들의 상호작용을 통해 어떤 결과가 일어났는지, 새로운 것이 만들었는지, 아니면 상호 존중과 공존하는 것에 그쳤는지도 고찰해야 한다. 따라서 고려시대 다원사회론을 비교사적으로 검토하는 것과 더불어 다원사회론 자체에 대한 인식과 발상의 전환이 필요하다고 생각한다. 더불어 우리는 다원적인 것만 이야기하고 그 영향에 대해서는 거의 이야기하지 않았다. 다원적인 것 사이의 영향력을 적극적으로 검토하는 동시에 모든 것을 다원적인 것으로 규정하는 것에서 벗어나야 올바른 이해가 가능하다.

박종기　　본질적인 문제로서 비교의 필요성을 강조하였다. 이 문제에 대해 연구책임자(채웅석)의 답변을 부탁드린다.

채웅석　　다원성에 대한 논의는 한국사 특히 고려시대사 연구에서 그동안 역사를 일원적 발전과정으로 인식하고 또 중앙집권화를 역사 발전의 지표로 강조하였던 것에 대한 반성적 성찰에서 출발하였다. 한국사 연구에서 다원성을 어떻게 볼 것인가 하는 문제는 편차가 있을 수 있다. 다원성을 고려시대만의 고유한 성격으로 파악하거나 또는 한국사를 다원성의 관점에서 보되 그런 성격이 고려시대에 가장 부각되는 점을 고려하여 연구하거나 하는 차이가 있다.

　이 논의를 발전시키기 위해서는 지적하신 것처럼, 다른 시대 또는 다른 지역과의 비교사적 고찰이 필요하다. 비교사적 검토를 위하여 2차 년도에 콜로키움을 진행하고 있지만, 우리 연구에 도움이 되도록 다원성의 시각을 갖고 연구하는 분들이 아직 많지 않은 것이 한계이다. 내년에도 제언해 주신 문제를 유념하며 연구를 진행하도록 하겠다.

박종기　　다원사회론의 최초 제기자로서 말하자면 본인은 기본적으로 역사는 이론과 실천의 문제라고 생각한다. 이론의 문제에서 다원주의로 역사의 인식을 확대해보자는 것이다. 종래에는 하나의 가치 원리를 찾기 위해 연구를 했기 때문에 역사인식의 확대가 멈췄다. 다양한 모습을 살펴 역사인식을 확대하고 그동안 보지 못했던 한국사를 보자는 것이다.

　고려가 다원사회적 요소가 강한 것은 사실이다. 이를 더 확대한다면 우리 역사에서 단일한 가치의 강조라는 흑백논리로 갈 수밖에 없기 때문에 이론적 확대로서 다원주의를 제기한 것이다.

현실적인 문제 해결을 대립과 갈등으로 풀 수 없고 조화와 균형, 타협과 공존도 있기 때문에 실천적 문제에서 인식의 지평을 넓히는 데 다원주의적 가치로 역사를 보는 것이 필요하다.

채웅석　오늘 역사문화의 다원성과 통합성이라는 전체 주제 하에 2차년도 연구 성과를 발표하고 검증받는 학술대회를 진행하였다. 우리 연구팀은 아직 담론적 심화와 확산 쪽에 비중을 두어 연구를 진행하고 있다.

　1960~70년대 선배 연구자들은 고려시대 연구를 통하여 역사학계의 담론을 추동한 것에 비교한다면, 80년대 이후에는 실증적인 성과는 많이 제시되었지만 고려시대의 사회성격 또는 한국사 전체를 이해하는 데 도움을 줄 수 있는 담론 생산은 부진했다. 담론은 과거와 현재의 대화 속에서 미래를 전망하는 것인데, 우리 연구팀은 '다원성'과 '개방성', '소통'과 '관계' 등을 중심으로 중세사회의 특징을 파악하고, 나아가서 한국사 연구를 위한 담론으로 발전시켜보고 싶다는 희망을 갖고 있다. 아직 여러 가지 미흡한 점들이 많다. 연구팀에 대해 관심을 갖고 조언해 주시기를 부탁드린다.

정리 | 김창회

ㄱ

이 책에 실린 글은 각 필자가 기존 학회에서 발표하거나 논문으로 게재한 것을 일부 수정·보완한 것이다. 출처는 다음과 같으며, 순서는 목차순이다.

구분	필자	논문명	게재지	발행처	연도
총론1	홍영의	관계와 소통, 통합과 자율의 다양성	한국중세사연구 47	한국중세사학회	2016
총론2	박종기	고려 다원사회의 형성과 기원	한국중세사연구 36	한국중세사학회	2013
1부	채웅석	고려전기 지방지배체제의 다원성과 계서성	한국중세사연구 47	한국중세사학회	2016
1부	신안식	고려중기 삼국부흥운동의 '地域性'과 '抵抗性'	한국중세사연구 47	한국중세사학회	2016
2부	서성호	고려시대 지방과 지방 사람에 대한 관인층의 관계 양상	한국중세사연구 47	한국중세사학회	2016
2부	한준수	나말여초 금석문에 나타난 불교사원과 승려의 교류와 소통	한국중세사연구 47	한국중세사학회	2016
3부	한혜선	고려전기 분묘 출토 자기 해무리굽완의 확산과 소비 양태	한국중세사연구 47	한국중세사학회	2016
3부	김재홍	태안 침몰선 고려 목간의 문서양식과 운송체계	한국중세사연구 47	한국중세사학회	2016

필자_

홍영의 | 국민대학교 한국역사학과
박종기 | 국민대학교 한국역사학과
채웅석 | 가톨릭대학교 국사학과
신안식 | 건국대학교 사학과
서성호 | 국립중앙박물관
한준수 | 국민대학교 한국역사학과
한혜선 | 이화여자대학교 미술사학과
김재홍 | 국민대학교 한국역사학과

고려시대 역사·문화의 다원성과 통합성 연구총서 2
고려의 중앙과 지방의 네트워크

채 웅 석 편저

초판 1쇄 발행 2019년 1월 30일

펴낸이 오일주
펴낸곳 도서출판 혜안

등록번호 제22-471호
등록일자 1993년 7월 30일

주 소 ㉾04052 서울시 마포구 와우산로35길3 (서교동) 102호
전 화 3141-3711~2
팩 스 3141-3710
이메일 hyeanpub@hanmail.net

ISBN 978-89-8494-624-8 93910

값 25,000 원

이 도서는 2014년 정부(교육부)의 재원으로 한국연구재단의 지원을 받은 연구임(NRF-2014S1A5B4062928)